Ute Massler / Petra Burmeister

CLIL und Immersion

Fremdsprachlicher Sachfachunterricht in der Grundschule

westermann

Um die Kopiervorlagen auf ein DIN-A4-Blatt zu vergrößern, verwenden Sie bitte den Faktor 126 %.

Druck A[1] Jahr 2010

Redaktion: Stephanie Manz
Herstellung: Heike Freese; PER Medien+Marketing GmbH, Braunschweig
Satz und technische Umsetzung: PER Medien+Marketing GmbH, Braunschweig
Illustrationen: Mariona Zeich
Druck und Bindung: westermann druck GmbH, Braunschweig

ISBN 978-3-14-**162133**-4

Inhalt

Wir danken der Europäischen Union für die Finanzierung dieses Forschungsprojektes. Unser besonderer Dank gebührt den Lehrenden, den Lernenden und den Schulleitungen unserer Projektklassen, unseren Studierenden sowie insbesondere unserer Projektmitarbeiterin Claudia Steiert, deren großer Einsatz zum Gelingen des Projektes und des Buches wesentlich beigetragen haben.

Vorwort

Von 2006–2009 erforschte das EU-Projekt „ProCLIL – *Providing Guidelines for CLIL Implementation in Primary and Pre-Primary Education*" die Erfahrungen mit CLIL-Modulen, also fremdsprachlich unterrichteten Sachfacheinheiten, an Grundschulen in Deutschland, Zypern, Spanien und der Türkei. Die Leitung des deutschen Teilprojektes oblag Ute Massler von der Pädagogischen Hochschule Weingarten.

Im Rahmen dieses Projekts wurde im April 2009 eine CLIL-Konferenz an der PH Weingarten ausgerichtet. Ein thematischer Schwerpunkt lag darin, Chancen und Herausforderungen von CLIL-Programmen unterschiedlicher Intensität zu diskutieren. So wurden Ergebnisse aus Grundschulen vorgestellt, in denen vereinzelte englischsprachige Einheiten in Sachfächern unterrichtet wurden sowie Ergebnisse aus Immersionsprogrammen mit einem sehr hohen Anteil an CLIL. Ein weiterer Fokus der Tagung bestand darin, Gemeinsamkeiten der unterschiedlichen Implementierungsformen von CLIL im Hinblick auf die didaktisch-methodischen Prinzipien herauszustellen und zu diskutieren, welche Mindestanforderungen erfüllt sein sollten, damit CLIL an Grundschulen nachhaltig erfolgreich ist.

Bevor wir am Ende dieses Vorworts den Inhalt der einzelnen Beiträge skizzieren, möchten wir zunächst das dem vorliegenden Band zugrundeliegende Verständnis von CLIL erläutern. Analog zu den nordamerikanischen Definitionen (z.B. Genesee 1987) oder der Begriffbestimmung der Europäischen Kommission (European Commission 2008), verstehen wir *Content and Language Integrated Learning* (CLIL) als Sachfachunterricht, der in einer Fremdsprache erteilt wird.

Während das grundlegende Ziel des Fremdsprachenunterrichts das Erlernen der Fremdsprache ist, finden didaktisch-methodische Entscheidungen im CLIL-Unterricht grundsätzlich ihren Ausgangspunkt in den Zielen des jeweiligen Sachfaches. Auf der Basis der sachfachlichen Ziele wird entschieden, wie man die jeweiligen Themen inhaltlich und fremdsprachlich verständlich präsentieren kann, und wie die Lernumgebung gestaltet werden sollte, damit inhaltliches und fremdsprachliches Lernen angebahnt werden kann (z. B. Lorenz/Met 1989).

Aus diesen Gründen ist es wichtig, eine klare Grenze zwischen CLIL und Fremdsprachenunterricht zu ziehen, obwohl Letzterer natürlich auch inhaltsbasiert ist. In diesem Band wird daher nur von CLIL gesprochen, wenn der Unterricht in einem Sachfach stattfindet und die jeweiligen Sachfachinhalte im Vordergrund stehen.

Darüber hinaus verwenden wir CLIL als Oberbegriff, der ein Kontinuum zwischen zwei extremen Formen umfasst. Auf der einen Seite gibt es Programme, in denen sporadisch fremdsprachliche Einheiten, sogenannte CLIL-Module, in Sachfächern unterrichtet werden. Auf der anderen Seite gibt es Programme mit

Immersion, in denen ein substantieller Anteil des Sachfachunterrichts während der gesamten Grundschulzeit in einer Fremdsprache unterrichtet werden. Von Immersionsprogrammen sprechen wir in diesem Band nur, wenn mindestens 50 % des Unterrichts über einen längeren Zeitraum in der Fremdsprache erteilt wird.

Im Folgenden werden die Inhalte der Beiträge dieses Buches skizziert. Die einzelnen Kapitel sprechen unterschiedliche Aspekte von CLIL an mit dem Ziel, theoretische Ausführungen mit konkreten, in der Praxis erprobten Unterrichtsbeispielen zu verbinden.

Das erste Kapitel behandelt die Implementierung von CLIL-Modulen und immersiven Schulprogrammen. Ute Massler und Claudia Steiert stellen die Chancen und Risiken der Implementierung von CLIL-Modulen aus der Perspektive von Lehrenden, Grundschulkindern und deren Eltern dar und diskutieren die Ergebnisse hinsichtlich ihrer Bedeutung für eine erfolgreiche Implementierung von CLIL-Programmen. Caroline Tamm berichtet über die Einführung eines immersiven Zweiges an einer Tübinger Grundschule und geht dabei auch auf die didaktische Konzeption dieses Modells und den bilingualen Schulalltag der ersten Klasse ein.

Der Entwicklung der Fremdsprache in CLIL-Programmen widmet sich das zweite Kapitel. Der Beitrag von Andreas Rohde fokussiert lexikalische Strategien, die den Lernenden nicht nur im Muttersprachenerwerb zur Verfügung stehen, sondern auch das Erlernen einer Fremdsprache, etwa in CLIL-Kontexten, unterstützen. Julia Festman und Kristin Kersten beleuchten in ihrem Beitrag die Auswirkungen von Zweisprachigkeit auf die kognitiven Fähigkeiten von Kindern und übertragen die Bedeutung dieser Ergebnisse auf den Unterricht mit CLIL-Modulen.

Kapitel drei ist das umfangreichste und erörtert verschiedene didaktisch-methodische Aspekte von CLIL. Ute Massler und Sophie Ioannou-Georgiou erläutern sprach- und inhaltsbezogene Unterstützungstechniken, die es den Lernenden erleichtern, fremdsprachliche Inhalte zu verstehen und sich trotz ihrer begrenzten Sprachkompetenzen aktiv und bedeutungsvoll im CLIL-Unterricht zu beteiligen. Der Beitrag von Daniel Stotz diskutiert die kognitiven Anforderungen an die Lernenden im frühen CLIL-Unterricht und erörtert Aspekte wie Handlungsorientierung, Sprachsupport und Sprachaufbau. Richard Keily greift die bedeutsame Frage nach der Rolle der Muttersprache im CLIL-Unterricht auf. Auf der Basis von Unterrichtsanalysen formuliert er Empfehlungen, wie sich Muttersprache und Fremdsprache sinnvoll ergänzen können. Wie sich Sachfachdidaktik und Fremdsprachendidaktik effektiv verbinden lassen, erläutern Petra Burmeister und Michael Ewig. Anhand konkreter Unterrichtsbeispiele zeigt der Beitrag von Sophie Ioannou-Georgiou, wie Lieder und Spiele den CLIL-Unterricht in der Grundschule bereichern können. Claudia Steiert stellt Materialien für den CLIL-Unterricht vor. Im darauffolgenden Beitrag diskutiert Ute Massler theoretisch fundierte Richtlinien und praktisch erprobte Unterrichtsmaterialien, mit denen sachfachliche und fremdsprachliche Lernerträge im CLIL-Unterricht der Grundschule angemessen erhoben werden können.

Kapitel vier verdeutlicht anhand konkreter, in der Praxis erprobter Unterrichtsstunden, die Umsetzung von CLIL in verschiedenen Sachfächern. Auf der editierbaren CD-ROM befinden sich alle Kopiervorlagen (im word- und pdf Format), die Verlaufspläne im pdf-Format, Flashcards und einige Fotos zu den praktischen Unterrichtseinheiten.

Anhand von vier verschiedenen Unterrichtsszenarien für die Klassen 1, 3 und 4 zeigt Gertrud Heine auf, wie Liedbearbeitung, Instrumentenkunde und die Begegnung mit Werken und Komponisten im englischsprachigen Musikunterricht behandelt werden können. Mithilfe der *Newspaper Games* erklärt Veronika Lanz, wie sich Sportunterricht bereits im ersten Schuljahr (= erstes Lernjahr der Fremdsprache) in Regelgrundschulen ohne besondere bilinguale Ausrichtung auf Englisch durchführen lässt. In der Unterrichtseinheit von Kathrin Auer und Lena Dahlin lernen die Kinder Keith Haring, einige seiner Werke und deren wichtigste gestalterische Mittel kennen und kreieren Figuren im Keith Haring Stil. Die Unterrichtsstunde von Bianca Baier übt das korrekte Verhalten bei drei wichtigen Verkehrszeichen, die den Kindern täglich begegnen. Georgia Müller zeigt, wie man im CLIL-Biologieunterricht der dritten Klasse das Thema Enten behandeln kann. Die Phase des Zahnwechsels vom Milchzahn- zum Dauergebiss sowie die Bedeutung einer gründlichen Zahnpflege im Sachunterricht thematisieren die Unterrichtsentwürfe von Viktoria Bee und Maxine Deichfuß für den CLIL-Unterricht der ersten Klasse. Kerstin Hager und Mirijam Schnaitter beschreiben, wie Kinder als Lebensmitteltester im CLIL-Unterricht wichtige Eigenschaften ausgewählter Milchprodukte entdecken und eigene Butter herstellen können. In der Unterrichtsstunde von Tobias Kindl werden Niederschlagsarten voneinander abgegrenzt und die Entstehung von Regen mithilfe eines Experiments verdeutlicht. Bei *10 wins* handelt es sich um ein Strategiespiel für den CLIL-Mathematikunterricht, das die Kommunikation fördert. Kerstin Hager erläutert detailliert das Vorgehen sowie die spezifischen Vorteile des Spieles.

Weingarten, im Mai 2010
Petra Burmeister und Ute Massler

Literaturangaben

European Commission (2008). Language teaching – Content and language integrated learning. http://ec.europa.eu/education/languages/language-teaching/doc236_en.htm (Zugriff vom 1. Juni 2010).

Genesee, F. (1987). *Learning through two languages: Studies of immersion and bilingual education.* Cambridge, Mass.: Newbury House.

Lorenz, E.B./Met, M. (1989). *Planning for Instruction in the Immersion Classroom. Teacher's Activity Manual.* Rockville, MD: Montgomery Public Schools. Office of Instruction and Program Development. Division of Academic Skills.

Ute Massler und Claudia Steiert

Implementierung von CLIL-Modulen – Die Perspektive von Lehrenden, Kindern, Eltern

Wie Lehrende, Grundschulkinder und deren Eltern den CLIL- bzw. Immersionsunterricht wahrnehmen und beurteilen, wurde bislang kaum beachtet. Der Beitrag widmet sich daher diesem Thema. Er erörtert zunächst den Kontext und die Datenerhebung im Rahmen der Studie. Im Anschluss daran stellt er ausgewählte Einstellungen, Bedürfnisse und Bewertungen der genannten Gruppen bezüglich der Einführung von CLIL-Programmen vor und diskutiert sie vor dem Hintergrund relevanter Forschungserkenntnisse sowie hinsichtlich ihrer Bedeutung für eine erfolgreiche Implementierung von CLIL-Programmen.

Lehrende, Kinder und Eltern als Beteiligte bei der Einführung neuer Schulprogramme

In Studien zur Einführung von CLIL- bzw. Immersionsprogrammen sowie Forschungsberichten über den Verlauf und Erfolg dieser Programme fehlt die Perspektive der beteiligten Lehrenden zumeist (vgl. Walker/Tedick 2000: 6). Auch Berichte zur Sicht von Grundschulkindern und deren Eltern liegen unserem Wissen nach aus nur sehr wenigen Kontexten vor; so wurden z. B. Eltern von Immersionskindern in Finnland zu ihrer Beurteilung des Immersionsunterrichts befragt (Björklund 1997: 97). Der Mangel an derartigen Befragungen ist bedauerlich, da diese aktiv und direkt an innovativen Schulprogrammen beteiligten Gruppen maßgeblich zum Verlauf und Erfolg eines Implementierungsprozesses beitragen. Die Schulentwicklungsforschung belegt eindeutig, wie wichtig die Lehrenden für das Gelingen innovativer Schulprogramme sind (vgl. Fullan 1993). Die Perspektiven dieser Gruppen nicht zu erheben bzw. sie zu ignorieren, ist zudem problematisch, da sie reflektiert und differenziert über unterrichtliche Bedingungen des Lehren und Lernens Auskunft geben können, wie es zahlreiche Studien im Kontext des Fremdsprachenunterrichts belegen (z. B. Johnson 1999, Schocker-von Ditfurth 2001). Der Diskurs mit den CLIL-Lernenden sowie den CLIL-Experten und Expertinnen der Praxis hilft Forschenden maßgeblich zu erkennen und zu verstehen, welche Themen, Probleme und Ergebnisse CLIL-Unterricht beinhaltet und wie er funktioniert (vgl. Walker/Tedick ebd.) und befähigt sie somit, praxisrelevantes fachdidaktisches Wissen zu generieren (vgl. Schocker-von Ditfurth 2001: 23). Seit kurzem versuchen vereinzelte Studien, mithilfe der Lehrerperspektive CLIL- und Immersionsunterricht besser zu verstehen. Beispielsweise untersucht die Studie von Fortune/Tedick/Walker (2008), wie die Lehrenden sprachliches und inhaltliches Lernen verknüpfen und anleiten.

Rahmenbedingungen und Datenerhebung

Zwischen 2007 und 2009 führte Pro-CLIL an sechs Kooperationsschulen in Baden-Württemberg CLIL-Unterricht ein und evaluierte dessen Verlauf. Den insgesamt elf Lehrkräften stand frei, in welcher Form sie CLIL unterrichten wollten. Aufgrund ihrer geringen bzw. fehlenden Unterrichtserfahrung mit CLIL und der wenigen vorhandenen Unterrichtsmaterialien entschieden sie sich sämtlich für eine modulare Umsetzung von CLIL. Sie gingen davon aus, dass ein modularer Ansatz eher dem Leistungsvermögen der Kinder entsprechen und die Zustimmung der Elternschaft, der Kollegien und der jeweiligen Schulleitung finden würde. Die Befragungen der Eltern bestätigten die Annahme der Lehrenden: 74 % (2008) bzw. 72 % (2009) aller Eltern bevorzugten CLIL-Module, dagegen stimmten nur 12 % (2008) bzw. 14 % (2009) dafür, ein bis zwei Fächer immer als CLIL zu unterrichten, nur 2 % (2008) bzw. 14 % (2009) konnten sich vorstellen, die Hälfte aller Fächer im Rahmen von CLIL zu haben. Ebenso unterstützten die meisten Schulleiter das Projekt vor allem deshalb, da es einen modularen Zugang zu CLIL ermöglichte.

Im Folgenden wird über die Ergebnisse der Fragebögen und Interviews berichtet, mit denen die Einstellungen und Bedürfnisse von Lehrkräften und Eltern der Klassen 1 bis 4 und der Kinder der Klassen 3 bis 4 ermittelt wurden. Die Perspektive der Kinder der 1. und 2. Klassen wurden bei diesen beiden Erhebungen nicht abgefragt.

	Interviews	**Schriftliche Befragungen**
2008	8 GS-Lehrerinnen und Lehrer (1. – 4. Klasse)	
	2 x 4 Kinder (3. Klasse) 2 x 6 Kinder (4. Klasse) 2 x 6 Kinder (4. Klasse)	49 von 55 Kinder aus 3 Klassen (aus zwei dritten und einer vierten Klasse)
		49 Eltern der 3. und 4. Klassen (Rücklauf: 49 von 80)
2009	7 GS-Lehrerinnen und Lehrer (1.- 4. Klasse)	
		137 Kinder der 3. und 4. Klassen
		164 Eltern von 7 Klassen (aus zwei ersten, einer zweiten, zwei dritten und zwei vierten Klassen (Rücklauf: 162 von 236)

Die Studie ist qualitativ ausgerichtet. Sie untersucht, was sich zum Zeitpunkt der Erhebung an Erfahrungen, Bedürfnissen und Erwartungen auf den drei zu untersuchenden Ebenen des Systems Schule darstellte. Die Erhebung der Perspektive der Beteiligten erfolgte mittels der introspektiven Verfahren des Fragebogens und des Einzel- und Gruppeninterviews. Die Erhebungsinstrumente wurden auf der Grundlage relevanter Forschungsergebnisse zur Implementierung und zur Durchführung von CLIL-Unterricht sowie auf der Basis bisheriger Unterrichtsbeobachtungen erstellt. Die Datenauswertung erfolgte mittels der strukturierenden Inhaltsanalyse (Rustemeyer 1992). Kategorien wurden sowohl aus der Theorie an das Material herangetragen, daran überprüft und modifiziert als auch induktiv aus dem Material abgeleitet. Im Folgenden werden zunächst die Hauptthemen ‚allgemeine Bewertung des CLIL-Unterrichts' und ‚Lernertrag in Muttersprache, Fremdsprache und Sachfach' erörtert. Im Anschluss daran wird das Thema ‚Anforderungen, die sich für die Lehrperson durch die CLIL-Implementierung ergeben', gesondert und vornehmlich aus der Sicht der Lehrenden dargestellt.

Allgemeingültige Aussagen können auf dieser sehr begrenzten Datenbasis nicht getroffen werden. Darüber hinaus gilt es zu bedenken, dass kein Klassenzimmer dem anderen gleicht und die darin agierenden Lehrenden eigene Schwerpunkte setzen und individuelle Kompetenzen mitbringen. Die Ausführungen der Befragten spiegeln daher subjektive Einschätzungen innerhalb eines spezifischen Kontextes wieder. Inwieweit die Ergebnisse Tendenzen zeigen, die auch in einem anderen, ähnlichen Kontext gelten und welche Konsequenzen daraus gezogen werden können, muss im konkreten Fall entschieden werden.

Allgemeine Bewertung des CLIL-Unterrichts

Alle Projektlehrenden hielten CLIL insgesamt für einen sehr positiven Unterrichtsansatz. Auf die Schwierigkeiten, die sie aber auch sahen, wird in den Ausführungen zum Lernertrag und zur Lehrperson eingegangen (s. u.). Für CLIL sprach nach Ansicht der Lehrenden vor allem, dass die Schülerinnen und Schüler die Fremdsprache anders erfahren als im herkömmlichen Englischunterricht:

„... was ich jetzt festgestellt habe, ist, dass die Kinder eine größere Bereitschaft haben, sich auf die Sprache einzulassen. Ich denke, das kommt daher, dass sie die Sprache oder die fremde Sprache in ganz verschiedenen Situationen erleben. Es ist in einer Sporthalle natürlich etwas ganz anderes wie im Klassenzimmer und auch, wenn man jetzt beim Basteln aktiv wird. [...] also ich denke, dass die Kinder, die Englisch in verschiedenen Situationen erfahren, sich besser darauf einlassen können. [...] Ich denke, sie merken, dass Englisch nicht nur aus dem Singen und Spielen besteht und dem Bildersortieren an der Tafel, sondern dass es einfach etwas ist, was man auch brauchen

kann, um jetzt zum Beispiel ein Spiel zu verstehen in Sport oder dass es ein Handwerkszeug ist.“ (L6, Interview 2009)

Diese Sicht wurde von Lernenden (S) bestätigt:
I: *(Interviewer): „Ok, und wenn ihr jetzt an [die Unterrichtseinheit] ‚Stars and Planets‘ denkt und sonst an den Englischunterricht, gibt es da Unterschiede? Also ihr sagt, ihr macht Themen, lernt ihr auch das Englisch irgendwie anders?“*
S: *„Ja, weil nämlich da kann man sich irgendwie es besser vorstellen.“*
I: *„Wie meinst du das?“*
S: *„Also das man dann, zum Beispiel wenn es jetzt ‚Stars and Planets‘ als Thema ist, dann kann man sich irgendwie die Wörter, die Bedeutung von den englischen Wörtern besser vorstellen.“* (Kind, 4. Klasse, Interview 2008)

Darüber hinaus unterscheidet sich CLIL nach Meinung einiger Kooperationslehrenden positiv vom herkömmlichen Englischunterricht der Grundschule, den sie zum Teil stark kritisierten:
„... [CLIL-Unterricht] ist weniger so dieses, ja, ein bisschen Beschäftigungstherapie. Ich denke Englischunterricht wirkt, er ist es nicht, aber er wirkt oft so, jetzt beschäftigen wir mal die Kinder noch und lernen acht nette Wörter dazu und dann malen wir noch viel und die Zahlen bis zehn und bewegen uns, und es ist sehr so viel dieses Grundschulmäßige. Aber in den CLIL-Einheiten, habe ich das Gefühl, wird auch ganz stark der Intellekt angesprochen und da reagieren die Kinder ganz positiv darauf.“ (L1, Interview 2008)

Das bewirkte nach Meinung einer anderen Lehrkraft auch, dass die Lernenden im Unterricht aufmerksamer waren:
„Dann ist es auch so, dass sie sich anders konzentrieren in der Fremdsprache, da ist eine höhere Aufmerksamkeit.“ (L3, Interview 2008)

Darüber hinaus erleichterte die Behandlung von Themen ihrer Einschätzung nach einigen Kindern den Zugang zum Fremdsprachenlernen:
„Ich habe Kinder in der Klasse, die haben im ersten Schuljahr Englisch überhaupt nicht ernst genommen und da jetzt ganz mit was anderem Zugang zu Englisch gefunden ...“ (L2, Interview 2008)

Diese Ansicht wurde von Schülerseite bestätigt:
„Hm, weil es Spaß macht und ich finde Englisch eigentlich nicht so gut, aber dann, wenn man so Themen macht, finde ich es eigentlich besser.“ (Kind, 4. Klasse, Interview 2008)

Die Befragungen der Elternschaft 2008 und 2009 ergaben, dass der Ansatz, eine Fremdsprache im Kontext eines Sachfaches zu erlernen, auch die Eltern mehrheitlich überzeugte. Nur 5 % der Eltern sahen in beiden Jahren keinen Vorteil im

CLIL-Unterricht. Viele Eltern hoben die Vorteile für den Fremdsprachenerwerb (78 % / 2008 bzw. 36 % / 2009) hervor:
„Englisch wird gelernt wie bei Kleinkindern die Muttersprache; den Kindern wird schon im kleinsten Schulalter (hoffentlich) die Hemmung vor der Sprache genommen; Englisch wird ‚selbstverständlich' und nicht nur Unterrichtsfach." (Eltern, Fragebogen 2008)

Während die Eltern noch 2008 mehrheitlich vor allem Vorteile für die fremdsprachliche Kompetenz der Kinder sahen, scheint die Erfahrung vieler Eltern mit dem CLIL-Programm im ersten Projektjahr dazu zu führen, dass sie 2009 vermehrt der Ansicht waren, dass ihre Kinder von CLIL auch in allgemeiner Hinsicht profitieren können (ca. 17 % / 2008 bzw. 45 % / 2009). Sie glaubten u. a., dass CLIL-Unterricht die Kinder stärker motiviert, sie sich dadurch mit anderen Kulturen beschäftigen und einen Vorteil für weiterführende Schulen bzw. den Beruf haben.

Auch bei den Schülerinnen und Schülern fand der CLIL-Unterricht insgesamt guten Zuspruch. Dementsprechend gaben 2008/2009 86 % bzw. fast 80 % der Lernenden an, dass sie MeNuK-Themen (der Fächerverbund Mensch-, Natur- und Kulturunterricht (MeNuK) in baden-württembergischen Grundschulen entspricht in etwa dem traditionellen Sachunterricht der Grundschule) auf Englisch sehr gut oder gut fanden.

	sehr gut	gut	nicht so gut	schlecht
2008	25 = 50 %	18 = 36 %	5 = 10 %	2 = 4 %
2009	51 = 37 %	57 = 42 %	25 = 18 %	4 = 3 %

Auch die Frage, ob CLIL-Unterricht in anderen Fächern als im MeNuK-Verbund stattfinden soll, befürworteten die meisten Lernenden:
„Möchtest du auch in anderen Fächern Themen auf Englisch machen?"

	ja, sehr oft	ab und zu	selten	nein, gar nicht
2008	10 = 20 %	27 = 56 %	7 = 14 %	5 = 10 %
2009	58 = 36 %	76 = 47 %	13 = 8 %	16 = 10 %

Zusammenfassend kann festgehalten werden, dass alle befragten Gruppen den CLIL-Unterricht in allgemeiner Hinsicht mehrheitlich gut bis sehr gut bewerteten und sich durchaus eine Ausweitung auf andere Fächer vorstellen könnten. Diese allgemein positive Einschätzung wird im Folgenden differenzierter anhand der Themen des fremdsprachlichen und sachfachlichen Lernertrags diskutiert.

Lernertrag: Deutsche sachfachliche Sprachkompetenz, Lernen in Fremdsprache und im Sachfach

Da sich das Erkenntnisinteresse des ProCLIL-Projektes vornehmlich dem Implementierungsprozess widmete, wurden keine Tests zur Erhebung des Lernertrags im Bereich der Fremdsprache, des Sachfachs und der Deutschkenntnisse durchgeführt. Aussagen darüber, wie sich der Lernertrag in den CLIL-Modulen gestaltet, können daher nur vorsichtig aus den Aussagen der Lehrenden und der Lernenden sowie aus den Unterrichtsbeobachtungen abgeleitet werden.

Die Entwicklung der Lernenden in der deutschen sachfachlichen Sprachkompetenz

In Bezug auf mögliche Nachteile des CLIL-Unterrichts befürchteten 11 % (2008) bzw. 12 % (2009) der Eltern, dass CLIL-Unterricht die deutsche Sprachentwicklung ihrer Kinder negativ beeinflussen könnte, beispielsweise im Bereich der deutschen sachfachlichen Sprachkompetenz. Forschungsergebnisse aus immersiven Kontexten, in denen die herkömmliche Unterrichtssprache aufgrund des viel höheren Anteils an L2-Unterricht wesentlich geringer repräsentiert ist als in CLIL-Modulen, zeigen zwar, dass die Lese- und Schreibkompetenz in der Schulsprache (hier Deutsch) nicht nur nicht leidet, sondern die Immersionskinder sogar bessere Leistungen als einsprachig auf Deutsch unterrichtete Kinder aufweisen (vgl. Zusammenschau der hierfür relevanten Forschungserkenntnisse in Festman/Kersten in diesem Band). Allerdings weist eine explorative Studie im gymnasialen Biologieunterricht der Sekundarstufe I darauf hin, dass die Schülerinnen und Schüler das deutsche Fachvokabular signifikant schlechter beherrschen als die deutsch unterrichteten Vergleichsklassen (Kondring/Ewig 2005).

Da die ProCLIL-Lehrenden zu Projektbeginn ähnliche Befürchtungen äußerten, wurde dieses Thema in den Lehrerfortbildungen von ProCLIL methodisch-didaktisch behandelt. Im Anschluss an die Fortbildungen belegen Unterrichtsbeobachtungen sowie Analysen der Arbeitsmaterialien, dass es den Lehrenden gelang, auch im Rahmen von CLIL-Modulen, gezielt den Aufbau der Sachfachkompetenz in der Schulsprache anzubahnen und zu fördern. Das geschah beispielsweise, indem sie während der Stunde die Sachfachtermini sowohl in der Fremdsprache als auch in der Schulssprache vermittelten. Darüber hinaus fragten sie in den Leistungsüberprüfungen im Anschluss an die CLIL-Module die Fachtermini sowohl in der Schulsprache und der L2 ab. Somit war auch für die Schülerinnen und Schüler deutlich, dass beide Sprachen relevant sind.

Die Entwicklung der Fremdsprache

Auch modular geführter CLIL-Unterricht scheint sich, so die Einschätzung der ProCLIL-Lehrkräfte und Lernenden, positiv auf die fremdsprachliche Kompetenz der Lernerinnen und Lerner auszuwirken. Nach Meinung der Projektlehrenden redeten mehr Kinder nicht nur früher und häufiger, sondern auch schneller in Mehrwortsätzen als im herkömmlichen Fremdsprachenunterricht. Sie glaubten auch, dass sich die Schülerinnen und Schüler im Bereich des Hörverständnisses, beim freien Sprechen und in ihrer Lexik verbesserten (Interviews 2008 und 2009). Die Kinder bestätigten die positive Meinung der Lehrenden in der Befragung. Sie wurden 2009, nicht jedoch 2008, gefragt, wie sich ihrer Einschätzung nach der CLIL-Unterricht auf ihr Englisch auswirkte: 90 % gaben an, dass sich ihr Englisch verbesserte, 2 % meinten, die Fremdsprache hätte sich ein wenig verbessert und 8 % sahen keine Verbesserung.

In der Forschung existieren bislang keine Erhebungen zu den Auswirkungen von modularen CLIL-Programmen auf die Fremdsprachenkompetenz. Eine Forschungsstudie, die spät einsetzenden fremdsprachigen Sachfachunterricht untersucht, kommt zu folgendem Ergebnis: der Spracherwerb von Schülerinnen und Schüler der 9. Klasse des Gymnasiums wird durch drei Jahre durchgehenden fremdsprachlichen Sachfachunterricht zumindest in einem, in der Mehrzahl aber in zwei oder drei Fächern über das Maß des traditionellen Fremdsprachenunterrichts hinaus gefördert (DESI-Konsortium 2009). Für immersive Programme der Sekundarstufe, die mindestens 50 % aller Sachfachstunden in der Fremdsprache erteilen, belegen Studien langfristig positive Auswirkungen auf den Erwerb der Fremdsprache. Zumeist ist die Sprachentwicklung signifikant höher als im normalem Fremdsprachenunterricht (z. B. Bredenbröker 2002, Wesche 2002). Positive Effekte ergeben sich in Bezug auf die kommunikative Kompetenz (z. B. Wode 1994). Mehr Schülerinnen und Schüler erreichen das anvisierte Ziel B2 (wie im Gemeinsamen europäischen Referenzrahmen für Sprachen formuliert) als im "Normalunterricht" (Haunold 2006) und mehr Lernende erwerben sehr gute Fremdsprachenkompetenzen (z. B. Eder 1998, Mewald 2004).

Inwieweit der Lernertrag in der Fremdsprache in den ProCLIL-Modulen jedoch ausreichte, um das sachfachliche Lernen sicherzustellen, wird im nächsten Abschnitt diskutiert.

Die Entwicklung im Sachfach

Zu Projektbeginn befürchteten sowohl einige der Kooperationslehrenden als auch 21 % bzw. 19 % (2008/2009) der Eltern, dass der sachfachliche Lernzuwachs der Schulkinder durch den Unterricht in einer Fremdsprache verlangsamt werden oder geringer ausfallen könnte:
„Ohne zusätzliche Unterrichtszeit kann derselbe Unterrichtsstoff nicht beigebracht werden." (Eltern, Fragebogen 2008)

Insgesamt ergaben die Aussagen der Schülerinnen und Schüler in den Interviews (2008) und den Fragebögen (2008/2009) diesbezüglich ein uneinheitliches Bild. Auf die Frage, was die Kinder bei einem bestimmten Sachfachthema, das in ihrer Klasse auf Englisch unterrichtet wurde, verstehen, meinten durchschnittlich immerhin ca. 80 % der Lernenden alles bzw. das meiste, ca. 17 % nicht viel und ca. 4 % fast nichts zu verstehen:
„Wenn meine Lehrerin auf Englisch über ‚*Fire/Feuer*' redet, verstehe ich:"

	alles	das meiste	nicht viel	fast nichts
2008	10 = 20 %	28 = 58 %	9 = 18 %	2 = 4 %
2009	10 = 8 %	91 = 71 %	21 = 16 %	6 = 5 %

Auch den Lernertrag englischsprachiger Sachfachmodule beurteilten die Grundschulkinder sehr positiv (diese Frage war im Fragebogen 2008 nicht enthalten):
„Wie gut hast Du die MeNuK-Themen gelernt, die Ihr auf Englisch gemacht habt?"

sehr gut	gut	nicht so gut	gar nicht
40 = 32 %	72 = 57 %	14 = 11 %	0 = 0 %

Außerdem nahmen viele Kinder den spezifischen Mehrwert des CLIL-Unterrichts wahr und nannten von sich aus den dualen Fokus des Unterrichts:
I: *„Ok, und wenn ihr ‚Stars and Planets' auf Deutsch gemacht hättet? Hättet ihr da mehr gelernt?"*
S: *„Glaub ich weniger, nämlich jetzt haben wir ja was über ‚Stars and Planets' gelernt und auch was für Englisch gelernt. Also eigentlich beides."* (Kind, 4. Klasse, Interview 2008)

Bemerkenswert ist, dass einige der Kinder auch die lebensweltliche Bedeutung der Behandlung sachfachlicher Themen in der Fremdsprache erkannten:
„Wenn man dann in England im Wald ist, und eine Freundin gefunden hat, dann kann man mit ihr über den Wald reden." (Kind, 4. Klasse, Interview 2008)

Auf der anderen Seite jedoch belegen die Schülerinterviews, dass der Sachfachunterricht in der Fremdsprache für manche Lernenden sehr anspruchsvoll war. Aussagen wie die folgenden sind keine Seltenheit:

I: *„Was fällt Euch schwer im CLIL-Unterricht?"*
S1: *„Wir brauchen länger, um es zu verstehen."* (Kind, 3. Klasse, Interview 2008)
I: *„Was fällt Euch schwer im CLIL-Unterricht?"*
S1: *„Englisch, weil man auch nichts versteht."*
S2: *„Ein bisschen. Ich verstehe ein bisschen nur."* (Kinder, 3. Klasse, Interview 2008)

Im Fragebogen 2009 hießen die Schülerinnen und Schüler mehrheitlich den CLIL-Unterricht gut, immerhin verneinten 72 % der Lernenden die Frage, ob sie lieber ausschließlich auf Deutsch lernen wollen. 26 % jedoch würden Deutsch als Unterrichtssprache vorziehen. Darüber hinaus gilt es auch zu beachten, dass 14 % bzw. 21 % (2008/2009) den CLIL-Unterricht nicht so gut oder sogar schlecht fanden.

Auch die ProCLIL-Lehrenden beurteilten den sachfachlichen Lernertrag in den CLIL-Modulen nach einem bzw. zwei Projektjahren durchaus kritisch. Zwar meinten die meisten Lehrenden, dass die Fachbegriffe aus den Sachfächern in beiden Sprachen gleich gut gelernt würden (L7, Interview 2009). Auch sahen sie keine Schwierigkeiten für lernstarke Kinder. Doch kritisierten einige, dass insbesondere die lernschwächeren Kinder im CLIL-Unterricht benachteiligt wären. Die Lehrerin einer städtischen Brennpunktschule sah dies besonders kritisch:
„Die lernschwächeren Schüler, die tun sich einfach schwerer dann, es hängt nicht damit zusammen, ob es Ausländer sind oder Deutsche, aber einfach die Lernschwächeren, die schwieriger Wörter lernen und abspeichern. Fast die Hälfte sind am Rande oder überfordert." (L3, Interview 2008)

Nicht alle Lehrkräfte sehen eine so starke Überforderung der schwächeren Kinder durch CLIL und begründen dies mit der methodischen Gestaltung des Unterrichts:
„Und ich denke, CLIL müsste eigentlich auch den Schwachen sehr weit entgegenkommen, weil einfach sehr viel visualisiert ist, weil es einfach auch langsamer und kleinschrittiger ist. Meine Schwachen machen mit, die sind da schon dabei." (L7, Interview 2009)

Die Lehrenden bemängeln außerdem, dass die Schülerinnen und Schüler für die gleiche Menge Stoff im englischsprachigen CLIL-Unterricht mehr Zeit benötigten als im muttersprachlichen Sachfachunterricht:
„Also Sachfachlernen … Es ist jetzt nicht so, dass sie nichts lernen, aber sie brauchen länger Zeit." (L9, Interview 2009)

Um Zeit zu sparen und die Schwächeren nicht zu benachteiligen, wechselten einige der Lehrkräfte, bei inhaltlich anspruchsvollen Themenbereichen in die Muttersprache:

„Wenn es aber dann ins Detail geht [...], na beim Wetter, gibt es natürlich Feinheiten, wie bestimmte Wettermessgeräte funktionieren, das sind Dinge, die kann ich nicht mehr auf Englisch machen. Also da muss dann einfach die Muttersprache her. Wie ein Barometer funktioniert oder wie das ist, mit den Satelliten, die da im Weltall sind und ... also da, auch wenn ich ‚Stars and Planets' mache, das sind dann Inhalte, die verstehen ja viele auf Deutsch nicht richtig und da hört es dann auf. [...] Das würde viel zu lange dauern, um das auch noch eben auf Englisch zu behandeln." (L7, Interview 2009)

Ein anderer Lösungsweg, den einige Lehrenden wählten, ist, das Thema auf das Wesentliche zu reduzieren:
„... dass er [der Lehrer] sich mehr Gedanken machen muss, was das Wesentliche ist, was er vermitteln will, was an seinem Thema wirklich wichtig ist, weil dadurch, dass der bilinguale Unterricht sehr anschaulich sein muss, kann man sich ja auch nur auf das Wesentliche beschränken. Man braucht viel mehr Zeit dafür, dass heißt, ich muss mir vorher genau überlegen, was will ich denn eigentlich wirklich an die Kinder ran bringen oder was sollen die davon mitnehmen?" (L1, Interview 2008)

Manche Lehrerinnen und Lehrer sahen außerdem die Notwendigkeit, die Sachfachinhalte inhaltlich zu vereinfachen:
„Der sachfachliche Aspekt [kann] leicht auf der Strecke bleiben, weil man das so runtertransponieren muss, dass die Gefahr ist, dass das Sachfachliche nicht genügend klar ist." (L3, Interview 2008)

Weder der Wechsel in die Muttersprache noch die Vereinfachung der Sachfachinhalte sind optimale Lösungen. Sie sind auch nicht zwangsläufig nötig, wie Ergebnisse aus Immersionsstudien verdeutlichen, in denen Lernende das Sachfach in seiner ganzen Tiefe durchgängig in der Fremdsprache lernen (z. B. Genesee 1987, Wesche 2002). Im Gegensatz zu den geschilderten, subjektiv empfundenen und nicht durch Tests belegten Problemen im Bereich des Sachfachlernens in den ProCLIL-Klassen, entspricht oder übersteigt das mithilfe von Tests erhobene Sachfachlernen in den meisten nordamerikanischen und europäischen Studien in der Vollimmersion und in intensiven Teilimmersionsprogrammen den Lernertrag des Unterrichts in der Schulsprache (vgl. auch Festman/Kersten in diesem Band). Wenn man darüber hinaus den Lernertrag in Studien zur Vollimmersion mit dem Lernertrag in unterschiedlich intensiven Teillimmersionsprogrammen vergleicht, so scheint der Lernertrag mit dem Anteil des Unterrichts in der L2 zuzunehmen. Beispielsweise deutet die Studie von Bournot-Trites/Reeder (2001) (vgl. Festman/Kersten in diesem Band), in der Schülerinnen und Schüler, die 80 % aller Unterrichtsstunden in der Fremdsprache und 20 % in der Schulsprache unterrichtet wurden, auf zweierlei hin: Zum einen schneiden die Lernenden in einem Mathematiktest in der Schulsprache wesentlich besser ab als Lernende, die 50 % in jeder Sprache (Schulsprache und L2) unterrichtet wurden.

Dies weist darauf hin, dass sich bei entsprechend hoher Sprachbeherrschung der L2 (durch den erhöhten Anteil der L2-Unterrichtssprache) akademische Fähigkeiten erfolgreich etablieren können d. h. der Lernerfolg ist höher. Zum anderen bedeutet dies, dass die Kinder zudem in der Lage sind, die erlernten Konzepte auf die Erstsprache zu übertragen. Auch Swain (1996) führt den Unterschied in den Sachfachkenntnissen zwischen Vollimmersion und geringer Teilimmersion in der 6. Klasse auf den relativ niedrigen Anteil an L2-Unterricht zurück. Sie argumentiert, dass der geringere Sprachstand in der L2 für die Komplexität der fachlichen Inhalte in diesem Fall nicht genügt. Dies erklärte auch für eine ProCLIL-Lehrkraft die zum Teil eher unbefriedigende Einschätzung des Sachfachlernens im CLIL-Unterricht:
„*... wenn eine Klasse jetzt zum Beispiel ‚MeNuK' immer auf Englisch hat, dann überschreiten die auch sehr schnell diesen Schwellenwert an sprachlichen Mitteln, sage ich mal, den sie einfach benötigen, um den Stoff gut verstehen zu können. Und wenn ich aber immer nur Sequenzen mache, dann dauert das eben auch sehr lange, bis die Kinder sprachlich so weit sind, dass sie den Inhalt gut erfassen können.*" (L6, Interview 2009)

Eine andere Erklärung, weshalb die ProCLIL-Lehrenden und deren Schülerinnen und Schüler den Sachfachlernertrag subjektiv eher gering einschätzen, kann darin liegen, dass zu Projektbeginn nur zwei der elf Lehrenden über Erfahrung mit CLIL-Unterricht verfügten. Evtl. vermochten es daher noch nicht alle Lehrenden, immer die richtigen Wege und Mittel zu finden, um den Inhalt angemessen in der Fremdsprache zu vermitteln.

Weitere mögliche Erklärungen, die von den ProCLIL-Befragten erwähnt wurden, auf die jedoch an dieser Stelle nicht eingegangen werden kann, sind die Auswahl der Kinder sowie das Stundenkontingent für den CLIL-Unterricht.

Die Projektergebnisse deuten darauf hin, dass der fremdsprachliche und der sachfachliche Lernertrag in CLIL-Modulen unter Umständen kritisch betrachtet werden müssen. Zumindest die ProCLIL-Klassen, die zwei Jahre lang modularen CLIL-Unterricht erhielten, erreichten innerhalb dieser Zeit nicht ein ausreichendes fremdsprachliches Niveau, um den fremdsprachlichen Sachfachinhalt ohne inhaltliche Reduktion oder Wechsel in die Muttersprache zu verstehen. Weitere Forschung könnte beispielsweise klären, ob die Lernenden einfach nur mehr Zeit gebraucht hätten. Ebenso müsste der Frage verstärkt nachgegangen werden, ob nicht auch CLIL-Module, bei denen inhaltlich anspruchsvollere Teile des Unterrichts auf Deutsch erteilt werden, Vorteile beispielsweise in motivationaler oder kognitiver Hinsicht erbringen können.

Lehrperson

CLIL-Unterricht stellt in sachfachlicher, fremdsprachlicher und methodischer Hinsicht hohe Anforderungen an die Lehrkräfte. Daher sollten CLIL-Lehrende sowohl das Sachfach als auch die Fremdsprache studiert haben. Im Idealfall verfügen sie darüber hinaus über eine Aus- oder Weiterbildung in bilingualer Methodik. In der Realität – und diese spiegelte sich in ProCLIL sehr gut wider – sind sie zumeist entweder Sach- oder Fremdsprachenlehrende und die nötige CLIL-Methodik erwerben sie sich sozusagen im eigenen CLIL-Unterricht. Nur zwei der insgesamt elf Lehrkräfte verfügten zu Projektbeginn bereits über Erfahrungen bzw. eine Ausbildung in CLIL-Unterricht.

Bereitschaft und Möglichkeit zur Fortbildung

Persönliche Einstellungen wie die Bereitschaft zur Erweiterung der Sprachkompetenz und zu Mehrarbeit, aber auch ausreichende zeitliche Ressourcen, waren daher wichtige Faktoren, die wesentlich beeinflussten, ob die Projektlehrenden CLIL als Chance für die Entwicklung ihrer professionellen Identität wahrnahmen oder als Überlastung:
„Man ist selber wieder gefordert, sich da weiter zu bilden und (Pause), ja, man hat wieder einen Anreiz, auch die eigene Sprache wieder (lacht) auf Vordermann zu bringen." (L5, Interview 2008)

Zwei Lehrende, die das Projekt nach dem ersten Schuljahr verließen, begründeten dies damit, dass sie die sprachlichen Anforderungen, die CLIL an sie stellte, nicht erfüllen können. Sie sahen jedoch in ihrer momentanen Lage für sich keine Chance, dieses Defizit aufzuholen. Trotzdem bezeichneten beide CLIL als vielversprechenden Ansatz, mit dem sie gerne weitergearbeitet hätten.

Darüber hinaus erkannten die Lehrenden vor allem die Notwendigkeit, ihren Unterricht verstärkt methodisch-didaktisch zu reflektieren, um angemessene Entscheidungen treffen zu können. Die Lehrkräfte mussten sich beispielsweise mit der häufig genannten Gefahr der verstärkten Lehrerzentrierung im CLIL-Unterricht auseinandersetzen, um nur eine der vielen methodischen Fragen zu nennen.
„Mein CLIL-Unterricht hat sich insofern verändert, dass ich ihn stärker auf Sprechanlässe für die Schüler überprüfe. Also auch die Kunststunden, wenn ich diese konzipiere, dass ich jetzt zum Schluss dann über die Planung gehe und dann sage: ‚Dürfen und können deine Schüler sprechen?'" (L5, Interview 2009)

Der CLIL-Unterricht führte bei einigen Lehrenden auch dazu, administrative Richtlinien für das frühe Fremdsprachenlernen, wie sie in ihrem Schulkontext

bestanden, zu hinterfragen, wie beispielsweise den Einsatz der Schrift in der ersten und zweiten Klasse, die laut Lehrplan (2004) in Baden-Württemberg erst in der 3. Klasse vorgesehen ist:
„... wir bewegen uns etwas weg von der Methode des Englischunterrichts in der Grundschule, weil ich brauche viel früher eigentlich Schrift, ich brauche viel früher Text. Ich habe viel früher den Anspruch, ihr arbeitet in dieser Sprache, mit dieser Sprache, ..." (L1, Interview 2008)
„Was natürlich auch beinhaltet, dass man ein bisschen das Schriftbild braucht. Man kann nicht jede Arbeitsanweisung nur noch malen oder sie auf Deutsch angeben. Da muss ich einfach ausprobieren, wie viel wird gemalt, wie viele Wörter füge ich ein." (L1, Interview 2008)

Zahlreiche CLIL- und Immersionsstudien bestätigen, dass im Hinblick auf angemessene Unterrichtsmethoden und eine gute Fremdsprachenkompetenz Aus- und Fortbildungsangebote für Lehrpersonen, die mit CLIL arbeiten, sowohl während der Ausbildung als auch begleitend zur Unterrichtspraxis unerlässlich sind (Björklund 1997, LePape Racine 2000, Wilton/Obadia/Roy/Saunders/Tafler 1984).

Erarbeiten von CLIL-Unterrichtsmaterialien

Die CLIL-Lehrenden benötigten nicht nur zusätzliche Zeit, um sich fortzubilden und den Unterricht zu planen: Aufgrund der immer noch sehr begrenzt vorhandenen Unterrichtsmaterialien stellte der CLIL-Unterricht zusätzlich hohe Anforderungen an die zeitlichen Ressourcen der Lehrenden, da sie u.a. eigene Materialien erstellen bzw. vorhandene Materialien entweder adaptieren oder übersetzen mussten. Eine Lehrerin, die über fast 30 Jahre Unterrichtserfahrung verfügte, beschrieb es so:
„Ja, also ich denke ein Nachteil ist, jetzt für den Lehrer gesehen, es ist wahnsinnig zeitaufwändig (...) und ein Teil dieses Aufwands besteht darin, dass man unendlich Material sucht. (...), wenn ich jetzt ganz durchgängig bilingual unterrichten müsste, äh, ich wüsste nicht, wann ich das vorbereite. Ich sitze für so eine Einheit mit 5 Unterrichtsstunden, sitze ich im Moment noch lässig, lässig 15 bis 20 Zeitstunden. Und ich schüttle ja schon aufgrund meiner Erfahrung relativ viel aus dem Ärmel." (L1, Interview 2008)

Für die erfolgreiche Implementierung von CLIL-Programmen benötigen CLIL-Lehrende daher zum einen die verfügbaren CLIL-Materialien sowie auf das jeweilige Sachfach bezogene Unterrichtsmaterialien in der L2, die sie adaptieren können. Zum anderen sollte den CLIL-Lehrenden gerade in den ersten Jahren genügend zusätzliche Vorbereitungszeit für die langwierige selbstständige Materialerstellung zur Verfügung gestellt werden (vgl. Met/Lorenz 1997), um so eine gute Qualität des Unterrichts sicherzustellen und dem Gefühl der Überforderung vorzubeugen. Im Kontext des Kieler Immersionsprojekts war dies in den ersten Jahren z. B. ein Erlass von zwei Unterrichtsstunden (Kersten 2010), in ProCLIL eine Unterrichtsstunde pro Schuljahr und beteiligter Lehrperson.

Kooperation versus Einzelkämpfertum

Den Untersuchungen des kanadischen Schulforschers Fullan (1993) zu Folge können die Administration, aber auch einzelne Lehrpersonen mit einer Vision Innovationen im Schulsystem effektiv und nachhaltig implementieren. Dazu müssen die Lehrkräfte selbst aktiv werden, statt die institutionellen Rahmenbedingungen zu bedauern und auf Veränderungen von „oben" zu warten. Die ProCLIL-Lehrenden waren hierzu mehrheitlich bereit. Diejenigen von ihnen jedoch, die als Einzelkämpfer in ihren Schulen CLIL einführten, hatten es aus mehreren Gründen besonders schwer.

Zunächst mussten sie sämtliche geschilderten Aufgaben allein tragen, es sei denn sie verfügten über externe Berater oder Kooperierende. Des Weiteren war den CLIL-Lehrerinnen und Lehrern die Kooperation mit den Lehrenden der Parallelklassen, die in der Grundschule weit verbreitet ist und die Arbeit erleichtert, kaum noch möglich:
„Und zum Einen ist das eine Vorbereitungssache, wenn man immer alles selber vorbereiten muss, ist das sehr schwierig, aber auch sehr zeitaufwändig und zum anderen möchte man ja immer mit dem Parallellehrer auch parallel bleiben und das schränkt einen dann doch ein." (L6, Interview 2009)

Darüber hinaus belegt die Schulentwicklungsforschung, dass Veränderungen des Systems Schule zumeist nur dann erfolgreich verlaufen, wenn Lehrpersonen miteinander kooperieren (Fullan 1993). Kaum einer der ProCLIL-Lehrenden warb im Kollegium sendungsbewusst für sein Anliegen und um Kooperationspartnerinnen oder -partner. Taten sie es dennoch, hatten sie, auch nach zwei Jahren Projektarbeit, zumeist keinen Erfolg:
„Ansonsten hat sich jetzt im Kollegium nichts verändert. Wobei ich auch sagen muss, dass ich jetzt nicht so viel Werbung dafür gemacht hab. Ich habe mich natürlich mit einzelnen Kolleginnen unterhalten, aber viele können sich, denke ich, immer noch nicht wirklich vorstellen, wie es läuft." (L6, Interview 2009)

„Aber sie wollten jetzt noch nie eine Stunde sehen oder auch Kollegen … hätten jetzt noch nie mal mitarbeiten wollen. […] Sie schauen auch mit Interesse Plakate an, Material, das so rumliegt, aber dass sie sich da selber mal in einer Einheit an mich ranhängen wollten oder dass man das mal zusammen macht, das war bisher noch nicht der Fall. Das ist immer zeit- und arbeitsintensiv." (L7, Interview 2009)

Wie schwierig es ist die Kooperation zwischen Lehrpersonen zu fördern, um damit Innovationen wie die Implementierung von CLIL voranzubringen, zeigen auch die Untersuchungen des amerikanischen Schulforschers Lortie, der das *Autonomie-Paritäts-Muster* (vgl. Lortie 1975) in Lehrerkollegien analysierte. Er fand heraus, dass der Versuch der Profilierung eines Lehrers oder einer Lehrerin, wie z. B. die Teilnahme an besonderen Fortbildungen oder Projekten, im Kollegium von den Kollegen negativ wahrgenommen wird. Nach Lorties Autonomie-Paritäts-Muster gehen Lehrkräfte davon aus, dass ihre Fähigkeiten paritätisch verteilt sind. Profilierungen beschweren den tabuisierten Konsens, an die paritätisch verteilten Fähigkeiten innerhalb eines Lehrerkollegiums zu glauben, und sorgen für Konflikte. „Egalitarismus dient dazu, die Autonomie zu schützen" (Lortie 1975: 195). CLIL-Lehrende bekommen häufiger Anerkennung, Rückmeldung und z. T. auch eine materielle Ausstattung, die dem konventionellen Unterricht in der Schulsprache nicht zuteil wird. Dass dies zu einem Ungleichgewicht innerhalb des Teams führen kann, ist nicht verwunderlich. Im schlimmsten Fall kann es zur Frontenbildung zwischen Lehrpersonen kommen, die noch verstärkt wird, wenn Zuständigkeitsbereiche nicht klar definiert sind (vgl. Kersten et al 2009).

Um die Implementierung innovativer Schulprogramme zu fördern, bedarf es deshalb, nicht nur im Bereich der Kooperation, der aktiven Unterstützung durch die Schulleitung. Da in der Immersionsforschung festgehalten wurde, dass die Hauptverantwortung für das Gelingen der Immersion bei den Lehrkräften liegt, ist bei ihrer Auswahl besondere Sorgfalt geboten (vgl. Met/Lorenz 1997). Daher müssen Schulleiter die bevorzugte Zuweisung von geeigneten, in CLIL ausgebildeten Lehrpersonen mit der zuständigen Schulverwaltung aushandeln. Sie sollten sich darüber hinaus dafür einsetzen, dass möglichst viele Lehrkräfte einer Schule daran beteiligt sind. Bei der Implementierung des CLIL-Ansatzes gilt es nicht nur, das Misstrauen des Kollegiums gegenüber den Kollegen zu überwinden, die bereit und in der Lage sind, Unterricht mit diesem innovativen Ansatz zu wagen. Die Unterrichtsentwicklung zu fördern, bedeutet auch, dass die Leitung im Kollegium das Bewusstsein fördert, dass „Kooperation nötig ist, sich lohnt und auch Spaß macht" (Helmke 2003: 21).

In einem Team innerhalb der eigenen Schule an der Entwicklung des CLIL-Unterrichts arbeiten zu können, ist klar von Vorteil. Damit dies erfolgreich umgesetzt werden kann, müssen die Lehrkräfte Veränderungsbereitschaft und Engagement mitbringen. Dieser Prozess muss als eigener Prozess wahrgenommen werden, der selbst gesteuert und angestrebt werden kann. Schratz (1998) verwendet in diesem Zusammenhang den Begriff *ownership*. Die Mitarbeit von Kollegen anzuordnen, ohne ihren Konsens zu erwirken, birgt daher die Gefahr, den gegenteiligen Effekt zu bewirken. Dies zeigte sich auch im ProCLIL-Projekt: Zwei Schulleiterinnen und Schulleiter verpflichteten je drei Lehrkräfte dazu,

CLIL einzuführen. Zum Teil wurden dabei bestehende Interessen oder Projekte der Lehrpersonen ignoriert. Der Misserfolg bzw. das frühe Ausscheiden zwei dieser Lehrkräfte spricht für sich. Drei weitere dieser Lehrkräfte unterrichteten zwar offiziell während der ganzen Projektzeit CLIL, am Ende wurde jedoch deutlich, dass es sich eher um Lippenbekenntnisse gegenüber der Schulleitung und den Forschenden als um wirkliche Umsetzungen in der Schulrealität gehandelt hatte.

Sind Lehrende aus eigenem Antrieb und Überzeugung zur Kooperation bereit, so obliegt es ebenfalls zu weiten Teilen der Schulleitung, die Kooperation zu unterstützen und zu ermöglichen. Das bedeutet, dass Freiräume in zeitlicher aber auch räumlicher Hinsicht geschaffen werden müssen. Die Schulleitung darf auch nicht abgeneigt sein, originelle Lösungen zu fördern: beispielsweise erarbeiten an einer Grundschule, die nicht am ProCLIL-Projekt teilnahm, sämtliche Sachfachlehrenden einer Klassenstufe jeweils eine bestimmte Anzahl von CLIL-Modulen. Die Klassen werden abwechselnd von jedem Sachfachlehrenden in seinen CLIL-Modulen unterrichtet und lernen dadurch ganzjährig das Sachfach in der Fremdsprache. Das Modell erleichtert nicht nur jedem einzelnen Lehrenden die Arbeit, es ermöglicht vor allem, dass die Schülerinnen und Schüler CLIL kontinuierlich erfahren, ein Faktor, den eine Kooperationslehrerin als sehr wichtig erachtete:
„Ja und mir ist durch das Projekt aber auch bewusst geworden, wie wichtig Kontinuität ist, wenn man es effektiv unterrichten will. Das heißt, ich habe jetzt zwar meine Versuche gemacht und habe mal hier mal dort ein bisschen unterrichtet, aber richtig zufriedenstellend ist es weder für mich noch für die Kinder, denke ich. Ja, die erleben das nicht so bewusst, aber so einen richtigen Fortschritt kann ich jetzt dadurch auch nicht verzeichnen und ich denke, diese Kontinuität ist ganz wichtig." (L6, Interview 2009)

Kontinuität bedeutet natürlich auch, die Fortsetzung des CLIL-Unterrichts nach der Grundschule. Auch hier sind vor allem die Schulleiter gefordert, in ihren Gemeinden die entsprechenden Entscheidungen anzubahnen (s. auch Wode et al 1999, Kersten et al 2009).

Gut ausgebildete, motivierte Lehrkräfte, die sich im Team gegenseitig unterstützen, scheinen ein entscheidender Faktor für die erfolgreiche Einführung von CLIL zu sein. Zudem verdeutlichen die Aussagen der ProCLIL-Lehrenden die Bedeutung der Faktoren Unterstützung und Zeit gerade zu Beginn des Implementierungsprozesses.

Resümee

Die im ProCLIL-Projekt erhobenen Daten zeigen, dass die Implementierung von CLIL über Module den Lehrenden, Kindern und Eltern die Schwellenangst vor CLIL-Unterricht nehmen und bei ihnen die Bereitschaft wecken konnte, sich auf das innovative Schulprogramm einzulassen. Wie ausführlich beschrieben, erfuhren die Schülerinnen und Schüler die CLIL-Module mehrheitlich als Bereicherung. Bei der Elternschaft führten die CLIL-Module zunächst dazu, dass ihnen CLIL-Unterricht überhaupt ein Begriff wurde. Noch 2008 kannten nur 2 % der Eltern CLIL, wohingegen das Konzept 2009 schon 67 % bekannt war. Darüber hinaus schien der Einsatz im Unterricht die meisten Eltern für CLIL einzunehmen: wären 2008 noch knapp 70 % der Eltern bereit gewesen, ihr Kind auf eine Grundschule mit fremdsprachlichem Sachfachunterricht zu schicken oder dies zumindest zu erwägen, waren es 2009 bereits fast 80 %.

	Ja	Vielleicht	Nein	Ich weiß nicht
2008	44 %	24 %	24 %	4 %
2009	49 %	29 %	13 %	3 %

Der Einstieg über Module konnte auch den Lehrkräften den Zugang zu CLIL erleichtern, indem sie mit dem Konzept zunächst experimentierten, sich in die Methodik einarbeiteten, die Materiallage sichteten und wenn nötig eigene Unterrichtsmaterialien erstellten:
„Also ich habe auf jeden Fall mehr Motivation bekommen das wieder umzusetzen, denn als ich neu angefangen habe nach dem Studium, schien mir das alles zunächst einmal sehr schwierig, wahrscheinlich auch bedingt dadurch, dass wir eben sehr strikte Vorgaben hatten, wie es zu laufen hat im Studium. [...] Und dadurch, dass ich durch das CLIL-Projekt erfahren habe, dass man das auch viel lockerer sehen kann, habe ich da auch mehr Motivation bekommen das stärker einfließen zu lassen und sehe auch mehr Möglichkeiten für den Alltag und sehe es auch inzwischen auch als praktizierbar an." (L6, Interview 2009)

Auf lange Sicht beinhalteten die CLIL-Module jedoch auch Risiken. Als Hauptproblem kristallisierte sich heraus, dass die Lernenden durch den zeitlich bedingten beschränkten fremdsprachlichen Input nur sehr langsam oder gar nicht das fremdsprachliche Niveau erreichten, das benötigt wurde, um die sachfachlichen Inhalte in der geforderten Tiefe in der Fremdsprache zu bearbeiten. Darüber hinaus liefen die CLIL-Module, vor allem wenn sie nur von einer einzigen Lehrkraft erteilt wurden und nicht fest im Schulprogramm institutionalisiert waren, eher Gefahr, ohne große Nachhaltigkeit zu enden, wenn die betreffende Lehrperson die Schule verließ, in ein anderes Projekt eingebunden wurde oder aufgrund ihres Einzelkämpfertums aus Überlastung den CLIL-Unterricht beendete. Letzteres traf leider bei einigen ProCLIL-Lehrkräften nach Abschluss des Projektes zu.

Literaturangaben

Björklund, S. (1997). "Immersion in Finland in the 1990s. A state of development and expansion." In: Johnson, R.K./Swain, M. (1997). *Immersion education: International perspectives*. Cambridge, UK: Cambridge University Press, 84–101.

Bournot-Trites, M./Reeder, K. (2001). "Interdependence revisited: Mathematics achievement in an intensified French immersion program." *The Canadian Modern Language Review 58*, 27–43.

Bredenbröker, W. (2002). „Förderung der fremdsprachlichen Kompetenz durch bilingualen Sachfachunterricht: Empirische Untersuchungen." In: Breidbach, S. (Hrsg.). *Bilingualer Sachfachunterricht: Didaktik, Lehrer-/Lernerforschung und Bildungspolitik zwischen Theorie und Empirie*. Frankfurt: Lang, 141–149.

DESI-Konsortium (2006). *Unterricht und Kompetenzerwerb in Deutsch und Englisch. Zentrale Befunde der Studie Deutsch-Englisch-Schülerleistungen-International (DESI)*. Frankfurt a. M.: Deutsches Institut für Internationale Pädagogische Forschung. PDF-Datei bei: http://www.dipf.de/de/pdf-dokumente/projekte-materialien/desi-zentrale-befunde/view. (Zugriff am 19.02.2010).

Eder, C. (1998). *English Across the Curriculum*. Diplomarbeit. University of Klagenfurt.

Festman, J./Kersten, K. (2010). „Kognitive Auswirkungen von Zweisprachigkeit." In: Massler, U./Burmeister, P. (Hrsg.). *CLIL und Immersion: Erfolgsbedingungen für fremdsprachlichen Sachfachunterricht in der Grundschule*. Westermann: Braunschweig, 38–52.

Fortune, T. W./Tedick, D. J./Walker, C. L. (2008). "Integrated language and content teaching: Insights from the language immersion classroom." In: Fortune, T./Tedick, D. J. (Eds.). *Pathways to multilingualism: Evolving perspectives on immersion education*. Clevedon, England: Multilingual Matters, Ltd., 71–96.

Fullan, M. (1993). *Change Forces, Probing the Depths of Educational Reform*. London/New York/Philadelphia: The Falmer Press.

Gemeinsamer europäischer Referenzrahmen für Sprachen: lernen, lehren, beurteilen (2001). Berlin u. a.: Langenscheidt.

Genesee, F. (1987). *Learning through two languages: Studies of immersion and bilingual education*. Cambridge, Mass.: Newbury House.

Haunold, C. (2006). *English as a medium of instruction in Austrian secondary education*. MA thesis. University of Vienna.

Helmke, A. (2003). *Unterrichtsqualität*. Seelze: Kallmeyersche Verlagsbuchhandlung.

Johnson, K. (1999). *Understanding Language Teaching. Reasoning in Action*. Boston: Heinle & Heinle.

Kersten, K./Fischer, U./Burmeister, P./Lommel, A. (2009). *Immersion in der Grundschule. Ein Leitfaden*. Kiel: Verein für Frühe Mehrsprachigkeit an Kindertagesstätten und Schulen e. V. (als PDF-Datei zum Download unter: http://www.fmks-online.de/ Zugriff am 18.02.2010).

Kersten, K. (2010) „DOs and DONT's bei der Einrichtung immersiver Schulprogramme." In: Bongartz, C.M./Rymarczyk, J. (Eds.). *Languages Across the Curriculum. Ein Multiperspektivischer Zugang*. Frankfurt a. M.: Peter Lang, 71–92.

Kondring, B./Ewig, M. (2005). „Aspekte der Leistungsmessung im bilingualen Biologieunterricht." IDB Münster: Ber. Inst. Didaktik Biologie 14, 49–62, http://miami.uni-muenster.de/servlets/DerivateServlet/Derivate-3154/Ewig_bili.pdf (Zugriff am 08.04.2010).

LePape Racine, C. (2000). *Immersion – Starthilfe für mehrsprachige Projekte. Einführung in eine Didaktik des Zweitsprachenunterrichts*. Beromünster: Verlag Pestalozzianum.

Lortie, D.C. (1975). *Schoolteacher*. Chicago: University of Chicago Press.

Met, M./Lorenz, E. B. (1997). "Lessons from US immersion programs: Two decades of experience." In Johnson, R./Swain, M. (Eds.), *Immersion Education: International Perspectives*. Cambridge: Cambridge University Press, 243–264.

Mewald, C. (2004). *Paradise Lost and Found: A Case Study of Content Based Foreign Language Education in Lower Austria.* Unpublished PhD Thesis. Norwich: University of East Anglia.

Rustemeyer, R. (1992). *Praktisch-methodische Schritte der Inhaltsanalyse. Eine Einführung am Beispiel von Interviewtexten.* Münster: Aschendorffsche Verlagsbuchhandlung.

Schocker-v. Ditfurth, M. (2001). *Forschendes Lernen in der fremdsprachlichen Lehrerbildung.* Tübingen: Gunter Narr Verlag.

Schratz, M. (1998). *Die lernende Schule. Arbeitsbuch pädagogischer Schulentwicklung.* Weinheim und Basel: Beltz Verlag.

Swain, M. (1996). "Integrating language and content in immersion classrooms: Research Perspectives." *The Canadian Modern Language Review 52*, 257–280.

Walker, C. L./Tedick, D. J. (2000). "The complexity of immersion education: Teachers address the issues." *The Modern Language Journal*, Vol. 84, No. 1. (Spring, 2000), 5–27.

Wesche, M. B. (2002). "Early French Immersion: How has the original Canadian model stood the test of time?" In: Burmeister, P./Piske, T./Rohde, A. (Eds.) (2002). *An Integrated View of Language Development. Papers in Honour of Henning Wode.* Trier: Wissenschaftlicher Verlag Trier, 357–379.

Wilton, F./Obadia, A./Roy, R.R./Saunders, B./Tafler, R. (1984). *National study of French immersion teacher training and professional development.* Ottawa: Canadian Association of Immersion Teachers.

Wode, H. (1994). *Bilinguale Unterrichtserprobung in Schleswig-Holstein: Bericht zur Entwicklung eines kommunikativen Tests für die Überprüfung des Englischen bei Schülern der 7. Jahrgangsstufe. Bd. 1: Testentwicklung und holistische Bewertung.* Kiel: L&F Verlag.

Wode, H./Burmeister, P./Daniel, A./Rohde, A. (1999). „Verbundmöglichkeiten von Kindergarten, Grundschule und Sekundarstufe I im Hinblick auf den Einsatz von bilingualem Unterricht." *Zeitschrift für interkulturellen Fremdsprachenunterricht* [Online], 4.2 (1999), 17 Seiten. http://spz1.spz.tu-darmstadt.de/projekt_ejournal/jg-04-2/beitrag/wode2.htm (Zugriff am 20.09.2009).

2

Caroline Tamm

Eine Schule macht sich auf den Weg: Einführung eines bilingualen Zuges an der Grundschule an der Hügelstraße

Im Folgenden wird von Erfahrungen mit englisch-deutsch bilingualem Unterricht an der Grundschule an der Hügelstraße in Tübingen berichtet. Zunächst wird die Genese des bilingualen Zweiges vom Start des Modells im Kinderhaus Französische Allee bis zur Verwirklichung der ersten bilingualen Klasse beschrieben. Danach wird die didaktische Konzeption des bilingualen Zweiges dargelegt. Abschließend zeigt ein Blick in den bilingualen Schulalltag der ersten Klasse, wie CLIL bzw. Immersion methodisch an Grundschulen umgesetzt werden kann.

Am Anfang eines langen Weges

Der Startpunkt des langen Weges der Schule an der Hügelstraße lag nicht an der Schule selbst, sondern im benachbarten Kinderhaus Französische Allee. Hier stellten im September 2003 Eltern die Idee in den Raum, ein bilinguales Konzept einzuführen, bei dem neben deutsch sprechenden Erzieherinnen und Erziehern muttersprachig englisch sprechende Kräfte eingesetzt werden, um die Kinder im Sinne eines Sprachbades an die englische Sprache heran zu führen.

Die Idee stieß innerhalb der Leitung des Kinderhauses auf Zustimmung. Aus einer Idee wuchs im Laufe der Zeit ein Konzept, welches wissenschaftlich begleitet wurde. Nach weiteren zwei Jahren intensiver Elternarbeit, wurde das Projekt schließlich durch den Gemeinderat verabschiedet, sodass das Modellprojekt Kinderhaus Französische Allee im Oktober 2006 starten konnte. Nach dem Prinzip „eine Person, eine Sprache" (z. B. Nauwerck 2005) arbeiten muttersprachig Englisch sprechende Kräfte und Deutsch sprechende Kräfte in der Einrichtung. Die englische Sprache wird den Kindergartenkindern auf anschauliche Weise und in motivierenden Aktivitäten in den Bereichen Musik, Kunst, Naturwissenschaft oder Technik sowie in allen Alltagssituationen angeboten, sodass eine ganzheitliche Förderung der Kinder erfolgt. Die Teilnahme an den auf Englisch durchgeführten Aktivitäten ist – im Gegensatz zum schulischen Fremdsprachenunterricht, der in Baden-Württemberg in Klasse 1 beginnt – für die Kinder freiwillig.

Aufgrund der hohen Akzeptanz der bilingualen Arbeit in dem Kinderhaus äußerten sowohl Eltern als auch Erzieherinnen des Kinderhauses sehr bald großes Interesse an einem Anschluss in der Grundschule. Auf ihrer Suche nach einer geeigneten Schule stießen sie auf die Grundschule an der Hügelstraße.

Das bilinguale Konzept, das die Rektorin der Hügelschule in den folgenden Wochen mit ihrem Team erarbeitete, wurde im September 2008 genehmigt. Es basiert auf den Erfahrungen von teilimmersiven Grundschulen in Norddeutschland, in denen die Mehrzahl der Fächer in englischer Sprache unterrichtet werden (z. B. Burmeister 2006, Piske 2006, Wode 2009).

Didaktische Konzeption – so kann es klappen

Seit dem Schuljahr 2008/2009 wird an der Grundschule an der Hügelstraße in Tübingen jeweils eine der beiden Parallelklassen ‚bilingual' nach der Immersionsmethode unterrichtet. Der Schulversuch ist zunächst auf vier Jahre angelegt, was bedeutet, dass bis zum Jahre 2012 durchgängig in jeweils einer ersten, einer zweiten, einer dritten und einer vierten Klasse bilingual unterrichtet wird. Ziel des Schulversuchs ist es
„zu prüfen, ob sich auf diesem Wege das Fremdsprachenangebot im öffentlichen Erziehungssystem, die Zahl der pro Schüler gelernten Sprachen und das für sie erreichbare Niveau, den Erfordernissen der zukünftigen Entwicklungen in Europa entsprechend, erhöhen lässt" (aus dem Konzept zum Schulversuch der Grundschule an der Hügelstraße).

Die Kinder sollen durch die Immersionsmethode und im Rahmen der derzeit gültigen Bestimmungen (Bildungspläne für die verschiedenen Fächer und Fächerverbünde) gefördert werden. Abgesehen von Deutsch, Mathe und Religion als deutschsprachigen Fächern, werden alle anderen Fächer (s. u.) durchgängig in englischer Sprache erteilt, wobei Fachtermini zusätzlich auch auf Deutsch vermittelt werden. Der Einsatz der Zielsprache Englisch ist im Rahmen von einzelnen Modulen auch in den Fächern Mathematik und Religion möglich. Der Anteil des englischsprachigen Sachfachunterrichts beläuft sich demnach auf etwa 50 %.

Die beiden lehrplanmäßig vorgeschriebenen Englischstunden werden im Rahmen der Möglichkeiten der Kontingentsstundentafel bedarfsorientiert eingesetzt. Dies bedeutet, dass diese Stunden dem bilingualen Sachfachunterricht angegliedert werden können oder dazu genutzt werden können, fremdsprachliche Besonderheiten gesondert zu vertiefen.

In der ersten Klasse sieht dies wie folgt aus:
Von insgesamt 24 Wochenstunden (davon 2 Klassenlehrerstunden im Rahmen der Ganztagesschule) werden erteilt:

auf Deutsch	auf Englisch
Deutsch 6h (6, 7, 7)	MeNuK 5h (5, 7, 7)
Mathematik 4h (5, 5, 5)	BSS[1] 3h
Religion 2h	Englisch 2h
	Klassenlehrerstunden 2h
Gesamtstundenzahl	
12h (13, 14, 14)	12h (13, 14, 14)

(die in Klammern gesetzten Zahlen beziehen sich auf die entsprechenden Stundenzahlen in den Klassen 2, 3 und 4)

Wer darf kommen? Die teilnehmenden Kinder

Wie bereits erwähnt, wird jeweils eine von zwei ersten Klassen bilingual unterrichtet. In der Parallelklasse wird alternativ ein musischer Zug angeboten, bei dem zusätzlicher Flöten- und Rhythmikunterricht in den Schulalltag integriert ist. Somit ist gewährleistet, dass beide Klassen ein attraktives Profil bieten können.

Die Hälfte der insgesamt 24 zur Verfügung stehenden Plätze der bilingualen Klasse ist für Kinder des Kinderhauses Französische Allee reserviert, um ihnen eine Fortführung des bilingualen Konzepts zu ermöglichen.

Darüber hinaus können Kinder auch ohne Vorerfahrung mit Englisch aufgenommen werden. Da andere bilingual arbeitende Grundschulen in Deutschland ebenfalls so verfahren, gibt es Beispiele, die dieses Vorgehen stützen (z. B. Piske 2006, Fischer 2007). In der Regel haben alle Kinder am Ende des ersten Schuljahres ein fremdsprachliches Niveau erreicht, das es ihnen erlaubt, erfolgreich am fremdsprachlichen Sachfachunterricht teilzunehmen.

Die endgültige Entscheidung über die Aufnahme in die bilinguale Klasse trifft die Schulleitung. Einbezogen werden Elternwunsch sowie Ergebnisse der beratenden Kindergarten-Kooperationsverfahren. Kriterien für die Aufnahme in die bilinguale Klasse sind beispielsweise eine gute akustische Wahrnehmung, eine ausreichende Konzentrationsfähigkeit, Freude am Umgang mit Sprachen sowie die sichere Beherrschung der Muttersprache. Diese Muttersprache muss nicht zwangsläufig die deutsche Sprache sein. Es soll hiermit sichergestellt werden, dass zumindest eine Sprache sicher beherrscht wird und mögliche sprachliche Defizite vermieden werden. Kinder mit Migrationshintergrund, wie sie an der Grundschule an der Hügelstraße aufgrund des gemischten sozialen Umfeldes zahlreich anzutreffen sind, haben demnach gleichberechtigte Aufnahmechancen. Die Schule hat die Entscheidung getroffen, keine ‚Eliteklasse' einzurichten, sondern möchte gerade den Kindern mit Migrationshintergrund die Möglichkeit bieten, durch den Unterricht in der für alle neuen Sprache endlich einmal „im selben Boot wie die Kinder deutschsprachiger Familien“ zu sitzen (Piske 2007: 30).

Ist Unterstützung notwendig? Die Rolle der Eltern

Es ist sehr wichtig, die Eltern von Beginn der ersten Klasse an in ausreichendem Maße einzubeziehen. Neben Informationen über wissenschaftliche Ergebnisse und über die methodisch-didaktischen Prinzipien im bilingualen Unterricht, gilt es, die Eltern darüber zu informieren, wie sie ihre Kinder zu Hause unterstützen können. Es kann nicht die Aufgabe der Eltern sein, zu Hause Fremdsprachenförderung zu betreiben. Diese Aufgabe liegt bei der Schule. Die Eltern können jedoch ihre Kinder durch Interesse am Unterricht unterstützen, indem sie sich z. B. bei den Kindern erkundigen, welche Unterrichtsinhalte vermittelt wurden und sich erzählen lassen, was die Kinder Neues gelernt haben. Da es sich beim bilingualen Unterricht jedoch nicht um expliziten Fremdsprachenunterricht handelt, ist ein „Vokabelpauken“ nicht notwendig und kann im schlimmsten Fall demotivieren und damit kontraproduktiv wirken.

Sprachförderung seitens der Eltern ist jedoch, wie bei Kindern in nicht immersiven Kontexten, in der jeweiligen Muttersprache erwünscht. Eine ausgeprägte Erzählkultur, regelmäßiges Vorlesen und gemeinsames Lesen können das Sprachbewusstsein fördern und den Wortschatz anreichern. So kann gesichert werden, dass neben dem Englischen die L1 altersgemäß entwickelt wird (Kersten et al 2009, Wode 2009).

Wer kann bilingual unterrichten? Anforderungen an Lehrkräfte

Um die Unterrichtsqualität in den bilingual unterrichteten Fächerverbünden sicherzustellen, wurden sukzessive solche Lehrkräfte eingestellt, die für den Einsatz in bilingualen Programmen qualifiziert sind. So unterrichten bereits drei Lehrkräfte an der Schule, die durch das Studium des Europalehramts[2] (an den Pädagogischen Hochschulen Freiburg und Karlsruhe) die Befähigung zum bilingualen Lehren erzielt haben. Eine weitere Lehrkraft wurde über eine schulbezogene Stellenausschreibung gefunden. Auch wird angestrebt, über Projekte wie Comenius englischsprachige Lehrkräfte einzubinden. Zu beachten hierbei ist, dass eine hohe fremdsprachliche Qualifikation der Lehrkräfte allein nicht ausreichend ist. Bilinguales Lernen setzt bestimmte Unterrichtsprinzipien voraus (s. u.), die von der Lehrkraft beherrscht werden müssen.

Wie geht es weiter? Anschlussmöglichkeiten an weiterführenden Schulen

Im Sinne einer Kontinuität ist es wünschenswert, auch an weiterführenden Schulen bilinguale Klassen mit der Unterrichtssprache Englisch einzurichten. Entsprechende Gespräche mit den aufnehmenden Gymnasien, Realschulen und Hauptschulen müssen frühzeitig geführt werden.

Es gilt, ein Konzept zu entwickeln, das die Schülerinnen und Schüler, die in dem bilingualen Grundschulzweig bereits ein hohes Maß an Fremdsprachenkenntnissen erworben haben, adäquat weiter fördert. Die Kinder benötigen keinen speziellen Englischvorlauf in der 5. Klasse, wie er in vielen bilingualen Zweigen an weiterführenden Schulen angeboten wird, sondern sollten von Anfang an in Sachfächern auf Englisch unterrichtet werden.

Ein Blick in den bilingualen Schulalltag

Auf den ersten Blick unterscheidet sich der Alltag einer bilingualen Klasse kaum von dem einer traditionell unterrichteten. Viele Methoden sind aus der Grundschuldidaktik und der Didaktik des frühen Fremdsprachenlernens übertragbar und anwendbar. In den bilingual unterrichteten Fächern verwenden die Lehrkräfte vom ersten Schultag an ausschließlich Englisch. Das Verstehen der englischen Sprache ist für die Kinder zwar anfangs eine Herausforderung, es stellt sich jedoch bald heraus, dass sie alle Kinder gut meistern können. Bereits die Begrüßung der Kinder auf der Bühne im Rahmen der Einschulungsfeier findet auf Englisch statt. Mit großen Augen und offenen Ohren folgen die Schultüten-Kinder dem Geschehen, und keines verpasst seinen Auftritt auf der Bühne. Aus all dem Sprachsalat kann jedes Kind seinen Namen heraus hören. Ein allererster Erfolg!

Begleitet werden die Kinder nicht nur von ihrer Englisch sprechenden Klassenlehrerin, sondern gleichfalls von ihrem Maskottchen, Mr. Bear. Er begrüßt die Kinder täglich, erzählt von erlebten Abenteuern und spannenden Beobachtungen. Für die Kinder ist er ein Sympathieträger und bietet ihnen emotionale Sicherheit. Für die Lehrperson stellt er einen wichtigen Gesprächspartner in einer authentischen Kommunikation dar. Neben der Lehrerin erleben die Kinder auch das Maskottchen als Sprachmodell und können beobachten, wie es auf Fragen reagiert und mögliche sprachliche Hilfestellungen anbietet. Der Einsatz des Maskottchens bietet Anlass für zahlreiche Rituale und Routinen, die den Kindern Rahmen und Strukturen bieten (z. B. Burmeister 2006). In Routinesituationen wissen die Kinder, was auf sie zukommt und was von ihnen (auch sprachlich) erwartet wird.

Das erste Schuljahr beginnt mit demselben Thema, das auch in der nicht-bilingualen Parallelklasse auf dem Plan steht: *Ich und meine Schule – my first days at school.* So wird zunächst der Schulranzen geleert und alle Dinge werden auf Englisch gezeigt, geordnet und benannt. Auch wird das Schulhaus auf Englisch erkundet, wobei zuvor ‚englische Stempel' in Form von Beschriftungen von Türen, Möbeln etc. hinterlassen wurden[3].

Mittels dieser Einheit werden die meisten der so genannten *classroom phrases* bereits in den ersten Wochen vermittelt. Rasch können die Kinder *chunks* verstehen und den Anweisungen in dem Spiel: *Simon says: Open your pencil case! Take out your pencil!* folgen. Sehr bald sind dann auch die ersten *code-mixings* zu beobachten, in denen englische Begriffe mit aller Selbstverständlichkeit in deutsche Sätze eingebaut werden: „Gib mir mal deinen *glue*!" oder „Soll ich deine *scissors* auf dein *desk* legen?"

Im nächsten Schritt stehen die Schülerinnen und Schüler selbst im Vordergrund: Welche Hobbys haben sie, was ist ihr Lieblingsessen, wer sind ihre Freunde und wer gehört zu ihrer Familie? Auch das Gefühlsleben spielt eine große Rolle. Mithilfe des Buches *My many coloured days* werden den Gefühlen Farben zugeordnet und die Kinder unterscheiden zwischen Tagen, an denen sie *happy* sind, und solchen, an denen sie *sad* sind. Verdeutlicht werden die Unterrichtsinhalte durch visuelle Hilfen. Zu diesen zählen neben Realien und Bildkarten auch die eigene Gestik und Mimik. Jede Einheit verfügt über einen elementaren Wortschatz, der im Unterrichtsverlauf ständig umgewälzt wird. Diesen Wortschatz sollten die Kinder aktiv beherrschen. Daneben steht der weitaus größere Wortschatz, den die Lehrperson verwendet, um den Lernenden authentischen Input zu liefern (z. B. Burmeister 2006). Beispielsweise gehören in der oben angesprochenen Einheit Farbwörter zum aktiven Wortschatz aller Kinder, ebenso die Bezeichnungen für die Gefühle. Im rezeptiv-passiven Bereich bleiben Bezeichnungen wie *favourite food, favourite colour* oder *favourite toy.* Zu Beginn können die Schülerinnen und Schüler aus dieser Sprachflut nur wenige Informationen entnehmen. Deshalb muss der Sprachanteil stark gegliedert, klar strukturiert und repetitiv aufgebaut werden. Nach und nach verstehen die Schülerinnen und Schüler immer mehr, sodass freier erzählt, der Sprachanteil erhöht sowie der Einsatz visueller Hilfen reduziert werden kann. Ebenfalls von großer Bedeutung, besonders in der Anfangszeit, ist handlungsorientierter Unterricht (z. B. Burmeister 2006). Wird den Kindern aktives Handeln ermöglicht, werden sie direkt am Unterrichtsgeschehen beteiligt, so hilft ihnen das, die Unterrichtinhalte aus dem eigenen Handeln abzuleiten. Die Sprache hat hierbei unterstützende Funktion, ist jedoch nicht Kern des Unterrichts.

Neben Themen wie *left and right, road safety* und *waste separation* steht beispielsweise das große Thema *autumn* an. Hier werden die verschiedenen Baum- und Blätterarten unterschieden, gesammelte Blätter gepresst, sortiert und beschriftet, der Aufbau eines Baumes beschrieben sowie die Entwicklung eines Samens zum Baum beobachtet. Auch der Baum im Laufe der Jahreszeiten wird thematisiert. Wichtig ist der behutsame und gezielte Einsatz des Schriftbildes, um den Kinder von Anfang an die Bedeutung der Schrift nahezubringen

(Burmeister/Piske 2008, Rymarczyk 2008). Viele Kinder können zu Beginn, aufgrund der noch nicht erfolgten Alphabetisierung, mit dem dargebotenen Schriftbild noch nichts anfangen. Sie stören sich jedoch auch nicht daran (Burmeister/Pasternak 2004, Burmeister/Piske 2008). Nach etwa vier Monaten fangen fast alle Kinder an, die englische Schrift einzubeziehen. Ausspracheprobleme auf Grundlage der Abweichung der englischen Sprache gegenüber der deutschen Sprache, wie sie bei Kindern der dritten Klasse meist auftreten, wenn dort das Schriftbild erst nach zwei Jahren Englischunterricht eingeführt wird, konnten nicht festgestellt werden. Vielleicht stärkt dies die jüngste Diskussion, das Schriftbild bereits möglichst früh auch in den regulären Grundschul-Englischunterricht einzubinden (Diehr/Rymarczyk 2008, Rymarczyk 2008).

Auch auf Arbeitsblättern gewinnt die englische Schrift zunehmend an Bedeutung. Dabei ist es wichtig, die Kinder nicht zu überfordern, da der Alphabetisierungsprozess im Deutschen noch nicht abgeschlossen ist. Gegen Ende der ersten Klasse können die Schülerinnen und Schüler bereits kleine Texte frei schreiben. Hier zeigt sich, dass sie bei einigen Wörtern bereits das korrekte Schriftbild abspeichern, während viele weitere Wörter lautgetreu geschrieben werden.

Was die Entwicklung des Hörverstehens angeht, so zeigen die Beobachtungen, dass die Kinder am Ende der ersten Klasse dem englischsprachigen Unterricht gut folgen können. Nicht ganz so schnell entwickelt sich das aktive Sprechen der Kinder. Es gilt, die Kinder immer wieder zu ermutigen, Englisch zu sprechen. Die Erfahrungen zeigen, dass viele Kinder spätestens zu Beginn des ersten Schuljahres in kurzen Sätzen antworten oder beispielsweise Sportspiele in eigenen Worten erklären können (vgl. Wode 2009).

Ein Gespräch zwischen einer Viertklässlerin und einer Erstklässlerin zeigt, wie selbstverständlich die Kinder selbst mit der Fremdsprache umgehen. Die Viertklässlerin kommt ins Klassenzimmer und hört die englischsprachige Anweisung der Lehrerin. Perplex erkennt sie, dass alle Erstklässler der Anweisung folgen. Als diese dann hinaus in die große Pause gehen, fragt sie ein Mädchen aus der bilingualen Klasse: *„Woher könnt ihr eigentlich so gut Englisch?"* Daraufhin antwortet diese: *„Weiß ich nicht, das können wir halt!"*.

Es ist zu wünschen, dass sich weitere Schulen auf den Weg machen, Immersionsprogramme umzusetzen, um den Kindern so einen natürlichen und für sie selbstverständlichen Erwerb der Fremdsprache zu ermöglichen.

Anmerkungen

1 Fächerverbund Bewegung, Sport und Spiel

2 Das Europalehramt
An den Pädagogischen Hochschulen in Karlsruhe und Freiburg werden Lehrkräfte gezielt für das bilinguale Unterrichten ausgebildet. Der Studiengang *Europalehramt* an Grund-, Haupt- bzw. Realschulen vermittelt bilinguale Kompetenzen und setzt die Lehrkräfte in die Lage, Sachfächer bilingual zu unterrichten. Darüber hinaus vermittelt der Studiengang durch Lehrveranstaltungen im Bereich „Europäische Studien" Kompetenzen im sozialen und kulturellen Bereich. Eine Spracheingangsprüfung entscheidet über die Zulassung zu diesem Studiengang, der in der Regelstudienzeit acht Semester sowie ein verbindliches Auslandssemester umfasst.

3 Siehe auch das Themenheft 'School' der Zeitschrift für frühes Englischlernen *Take Off 3/2008*.

Literaturangaben

Bildungsplan 2004 Baden-Württemberg. Stuttgart: Ministerium für Kultus, Jugend und Sport.

Burmeister, P./Pasternak, R. (2004). „Früh und intensiv: Englische Immersion in der Grundschule am Beispiel der Claus-Rixen-Grundschule in Altenholz." In: Fachverband Moderne Fremdsprachen fmf, Landesverband Schleswig-Holstein (Ed.). *Mitteilungsblatt August 2004*, 24–30.

Burmeister, P. (2006): Frühbeginnende Immersion. In: Jung, U. O. H. (Hrsg.): *Praktische Handreichung für Fremdsprachenlehrer.* Frankfurt a. M.: Peter Lang Verlag, 385–391.

Burmeister, P./Piske, T. (2008): Schriftlichkeit im fremdsprachlichen Sachfachunterricht an der Grundschule. In: Böttger, H. (Hrsg.): *Fortschritte im frühen Fremdsprachenlernen. Ausgewählte Tagungsbeiträge Nürnberg 2007.* München: Domino Verlag, 183–193.

Diehr, B./Rymarczyk, J. (2008): „Ich weiß es, weil ich so spreche". Zur Basis von Lese- und Schreibversuchen in Klasse 1 und 2. *Grundschulmagazin Englisch/The Primary English Magazine.* Heft 1/2008, 6–8.

Fischer, U. (2007). „Bilingualer Unterricht an der Grundschule: Welchen Herausforderungen muss man sich stellen?" In: *Grundschule Heft 4/2007*, 32–34.

Kersten, K./Fischer, U./Burmeister, P./Lommel, A. (2009). *Immersion in der Grundschule. Ein Leitfaden.* Kiel: Verein für frühe Mehrsprachigkeit an Kindertagesstätten und Schulen e.V. (als PDF-Datei zum Download unter: http://www.fmks-online.de/; Zugriff am 18.02.2010).

Konzept zum Schulversuch der Grundschule an der Hügelstraße. Förderung der Englischkenntnisse bei Grundschülern durch Einrichtung einer bilingualen Klasse an der Grundschule an der Hügelstraße (2007).

Nauwerck, P. (2005): *Zweisprachigkeit im Kindergarten. Konzepte und Bedingungen für das Gelingen.* Freiburg: Fillibach Verlag.

Piske, T. / Burmeister, P. (2008): „Erfahrungen mit früher englischer Immersion an norddeutschen Grundschulen." In: Schlemminger, G. (Hrsg.): *Erforschung des Bilingualen Lehrens und Lernens. Forschungsarbeiten und Erprobungen von Unterrichtskonzepten und -materialien in der Grundschule.* Baltmannsweiler: Schneider Verlag Hohengehren, 131–150.

Piske, T. (2006). „Zur Entwicklung der Englischkenntnisse bei deutschsprachigen Immersionsschülerinnen und -schülern im Grundschulalter." In: Schlüter, N. (Hrsg.). Fortschritte im frühen Fremdsprachenlernen – Ausgewählte Tagesbeiträge. Weingarten 2004. Berlin: Cornelsen, 206–212.

Piske, T. (2007). „Bilingualer Unterricht an Grundschulen: Voraussetzungen, Erfahrungen und Ergebnisse." In: *Grundschule Heft 4/2007*, 28–30.

Rymarczyk, J. (2008): „Früher oder später? Zur Einführung des Schriftbildes in der Grundschule." In: Böttger, H. (Hrsg.): *Fortschritte im Frühen Fremdsprachenlernen. Ausgewählte Tagungsbeiträge Nürnberg 2007.* München: Domino Verlag, 170–182.

Wode, H. (2009): *Frühes Fremdsprachenlernen in bilingualen Kindergärten und Grundschulen.* Braunschweig: Westermann.

3

Julia Festman und Kristin Kersten

Kognitive Auswirkungen von Zweisprachigkeit

In diesem Beitrag beleuchten wir die Auswirkungen von Zweisprachigkeit auf die kognitiven Fähigkeiten von Kindern, die im zweisprachigen Unterricht oder in der Familie eine weitere Sprache erwerben. Dazu werden wir zunächst erläutern, was unter verschiedenen kognitiven Fähigkeiten zu verstehen ist. Dann werden wir darauf eingehen, wie diese in zweisprachigen Familien und in verschiedenen Formen von bilingualem Unterricht erworben werden. Zum Schluss werden wir die Bedeutung dieser Ergebnisse auf den Unterricht mit CLIL-Modulen übertragen.

Einleitung

Forschung zu Zweisprachigkeit in der Familie und in immersivem Unterricht hat gezeigt, dass bilinguales Lernen bestimmte kognitive Vorteile bewirken kann. Der Umfang dieser Vorteile scheint von ganz bestimmten Faktoren abzuhängen, wie zum Beispiel von der Häufigkeit der Sprachbegegnung, dem erworbenen Wissensstand und der Häufigkeit der Sprachverwendung.

Bei modularem CLIL handelt es sich um ein Unterrichtsverfahren, das Zweisprachigkeit fördert, aber dies auf weniger intensive Weise als in der Immersion oder in zweisprachigen Familien, weil zumeist nur eine begrenzte Anzahl von Modulen innerhalb eines Unterrichtsfachs in der zweiten Sprache unterrichtet wird. Welche kognitive Auswirkung kann die Sprachbegegnung im Rahmen von modularem CLIL für die Kinder haben? Ausgehend von dem jetzigen Forschungsstand kann die Antwort auf diese Frage nur angedeutet werden. Aber wir können verschiedene Faktoren benennen, die im Rahmen des CLIL-Unterrichts kognitive Vorteile begünstigen könnten.

Kognition

Wenn wir von Kognition sprechen, meinen wir das „Denken" oder die Informationsverarbeitung im menschlichen Gehirn im allgemeinen Sinn. Genauer gesagt geht es um eine Vielzahl von kognitiven Fähigkeiten und Prozessen, z. B. Wahrnehmen, Aufmerksam sein, Lernen sowie den Transfer von Gelerntem. Darüber hinaus zählen Planen, Antizipieren, Bewerten, Entscheiden, Ausführen von Handlungen dazu, aber auch das logische und abstrakte Denken, Schlussfolgern, Probleme lösen und kreativ sein. Schließlich gehören die Fähigkeit, eigene Erlebnisse und eigenes Verhalten wie auch Dinge im Allgemeinen zu beobachten und zu analysieren, zur Kognition (z. B. Funke/Frensch 2006).

Auswirkungen von Zweisprachigkeit auf die Kognition

In vielen Studien werden verschiedene dieser kognitiven Fähigkeiten untersucht und dabei in manchen Bereichen Vorteile bei zweisprachigen Personen gefunden. Hierbei werden meist die Leistungen von monolingualen und bilingualen Kindern verglichen.

Metalinguistisches Bewusstsein (metalinguistic awareness)

Unter diesem Begriff wird allgemein die Fähigkeit verstanden, die Aufmerksamkeit auf die systematischen Elemente der Sprache zu lenken und über diese nachdenken zu können. In entsprechenden Tests wird zum Beispiel das Bewusstsein für Wörter oder für Grammatik überprüft (Bialystok 2001). Bilinguale Kinder zeigen bei Tests des Wortbewusstseins ein verbessertes Verstehen der Beziehung von Wörtern und deren Bedeutungen und ein feineres Verständnis für die Zweideutigkeit von Namen als monolinguale Kinder. Das Bilden von Nonsens-Sätzen ist einer dieser Tests. Hierbei wird Kindern beispielsweise der Satz „Morgen wollen wir baden gehen." vorgegeben. Kinder bilden Nonsens-Sätze, indem sie das Wort „wir" mit „Spaghetti" ersetzen. Bilinguale Kinder akzeptieren derartige Sätze („Morgen wollen Spaghetti baden gehen.") eher als monolinguale. In dieser Fähigkeit kommt zum Ausdruck, dass sie weniger an eine festgelegte Bedeutung von Wörtern gebunden sind.

Zudem wirkt sich der Vorteil des metalinguistischen Bewusstseins für bilinguale Kinder auch auf den Bereich der Zahlen aus. So haben sie weniger Schwierigkeiten, die Willkürlichkeit von Zahlen und ihre funktionelle Rolle beim Zählen zu akzeptieren, als monolinguale Kinder (Bialystok 2001). In einer Studie von Saxe (1988) müssen monolinguale und bilinguale Kinder entscheiden, wer in einer dargestellten Szene richtig zählt: eine Figur, die zum Zählen Buchstaben oder eine, die Zahlen verwendet. Die bilingualen Kinder geben weitaus häufiger die richtige Antwort.

Intelligenz und mentale Flexibilität

In einer Studie mit Intelligenztests von Peal/Lambert (1962) übertreffen die bilingualen (die beide Sprachen gleich gut beherrschen) die monolingualen Kinder in den meisten Aufgaben, vor allem in solchen, für die ein hohes Maß an mentaler Manipulation, Reorganisation von visuellen Strukturen, Konzepterstellung und symbolischer Flexibilität erforderlich sind. Die Autoren folgern daraus, dass die hier untersuchten zehnjährigen bilingualen Kinder in diesem Alter eine höhere Flexibilität im Denken besitzen als monolinguale Altersgenossen sowie die Fähigkeit, unabhängiger von Wörtern zu denken, und eine Überlegenheit bei der Konzeptbildung und eine breiter gefächerte Intelligenz.

Das Phänomen der *mentalen Flexibilität* kommt unter anderem in divergentem Denkvermögen zum Ausdruck. Divergentes Denken kann als flüssiges, originelles Denken beschrieben werden, bei dem die Produktion möglichst vieler Lösungsmöglichkeiten angestrebt wird. Um divergentes oder auch kreatives Denken zu messen, wird bewertet, wie produktiv die Untersuchungsteilnehmer im Bezug auf eine Vorgabe sind. Sie sollen zum Beispiel benennen, wie ein vorgegebenes Objekt (beispielsweise ein Eimer) verwendet werden könnte. Bislang wurde beobachtet, dass Bilinguale bei derartigen Tests flexibler und origineller wie auch elaborierter und flüssiger reagieren, d.h. dass sie eine größere Zahl an akzeptablen Lösungen produzieren (Baker 2000). Peal/Lambert (1962) vermuten, dass dieser Vorteil durch die Erfahrung von Zweisprachigen bedingt ist, die Welt auf zwei verschiedene Weisen beschreiben zu können. Diese Erfahrung mache es ihnen möglich, vieles aus unterschiedlichen Perspektiven zu sehen und resultiert in einem gewissen Maß an Flexibilität in der Interpretation (Bialystok 2005). Baker (2000) schlägt vor, dass diese erhöhte „Elastizität" im Denkvermögen von der Tatsache herrührt, dass Bilinguale für jedes Objekt, Konzept oder auch jede Idee Zugriff auf eine größere Anzahl an lexikalischen Alternativen und Assoziationen haben.

Kognitive Kontrollfähigkeit

Wächst ein Kind von Geburt an mit zwei Sprachen auf, muss es zwischen beiden Sprachen hin- und herwechseln, wenn es zum Beispiel mit Mutter und Vater in zwei verschiedenen Sprachen spricht (der *eine Person – eine Sprache* Ansatz, Döpke 1992). Um einen Wechsel von der einen zur anderen Sprache zu realisieren, muss das Kind die jeweils andere Sprache unterdrücken. Dadurch trainiert es die so genannte kognitive Kontrolle. Und hierin liegt vermutlich der Kernfaktor, der den Anstoß gibt, dass sich die kognitive Kontrolle eines bilingualen Kindes schneller entwickelt als die eines monolingualen (Bialystok 2001).

Bilinguale Kinder haben einen ausgewiesenen Vorteil in Tests, die darauf beruhen, dass sie ihre Aufmerksamkeit auf Elemente eines Problems fokussieren, die sie wahrnehmen oder über die sie bereits etwas wissen, und die im Konflikt mit anderen Teilelementen stehen. In diesen Tests muss das Kind die irrelevanten oder irreführenden Teilelemente hemmen, um sich auf die wesentlichen, relevanten Informationen zu konzentrieren und schließlich eine richtige Antwort produzieren zu können. Ein Beispiel hierfür ist der Kartensortiertest, in dem das Kind einen Stapel Karten nach wechselnden Kriterien sortieren muss, z. B. nach Farbe, Form oder Zahl. Bialystok (1999) fand heraus, dass bilinguale vierjährige diesen Test so gut ausführen wie monolinguale fünfjährige Kinder. Gerade im Vorschulalter machen Kinder vergleichsweise große Entwicklungsschübe im Bereich der Selbstkontrolle von Gedanken, Verhaltensweisen und Emotionen (für einen Überblick siehe zum Beispiel Carlson 2005). Es scheint, als sei dies der Zeitraum, in dem die Zweisprachigkeit große Auswirkungen auf die Kontrollfähigkeit der Kinder haben kann.

In einer neueren Studie von Carlson/Meltzoff (2008) werden sechsjährige Kindergartenkinder getestet: Gruppe 1 (bilinguale Gruppe) umfasst frühe bilinguale Kinder, die Englisch und Spanisch von Geburt an erlernt haben. Sie werden mit monolingualen englischsprachigen Kindern verglichen, die keine Fremdsprache erlernen (Gruppe 2, monolinguale Gruppe) und monolingual englischsprachigen Kindern (Gruppe 3, Immersionsgruppe), die im Kindergarten pro Tag ca. drei Stunden Spanisch oder Japanisch immersiv erlernen.

Es zeigt sich, dass die bilinguale Gruppe in einer ganzen Reihe von kognitiven Kontrolltests wesentlich besser abschneidet als die Immersions- und die monolinguale Gruppe. Der Vorteil zeigt sich insbesondere bei Tests, in denen ein Konflikt die *selektive Aufmerksamkeit* besonders fordert. Unterschiede zwischen der Immersions- und der monolingualen Gruppe gibt es nicht. Dies liegt wahrscheinlich daran, dass die Zeitspanne zu kurz war, um Unterschiede in der kognitiven Verarbeitung zu zeigen: die Kinder hatten nur sechs Monate immersiven Kontakt zur L2 im Kindergarten, und das nur die Hälfte des Tages.

Interessant ist, dass die bilinguale Gruppe zunächst benachteiligt schien: So waren ihre verbalen Fähigkeiten (gemessen mit einem Bildbenennungstest) insgesamt schlechter als die der anderen Gruppen; zudem hatten ihre Eltern ein wesentlich geringeres Einkommen und eine niedrigere Bildung und lasen ihren Kindern seltener vor als die Eltern der anderen beiden Gruppen. Trotz der schlechteren Rahmenbedingungen zeigten die frühen Bilingualen die genannten kognitiven Vorteile gegenüber den monolingualen Kindern und der Immersionsgruppe.

Selektive Aufmerksamkeit

Selektive Aufmerksamkeit bedeutet, dass man sich stärker auf eine bestimmte Information konzentriert und irrelevante Informationen weniger beachtet. Gegenüber monolingualen haben bilinguale Kinder große Vorteile, wenn Tests auf selektiver Aufmerksamkeit beruhen (Baker 2006). Dieser Vorteil wird zum einen durch ihre bessere Fähigkeit erklärt, Sprachwissen wie auch Wissen über die Sprache mental zu repräsentieren und zu analysieren, zum anderen durch eine größere Aufmerksamkeitskontrolle bei der internen Sprachverarbeitung.

Bialystok (2001) behauptet, dass die selektive Aufmerksamkeitsfähigkeit auch in anderen, nicht sprachlichen Bereichen von Bedeutung ist, wie zum Beispiel in Aufgaben, die die Fähigkeit zur nonverbalen Problemlösung testen. Mit dem so genannten Türmetest hat sich gezeigt, dass bilinguale Vorschulkinder irreführende Informationen besser ignorieren können (Bialystok/Codd 1997): Die Kinder sollten mit Legosteinen Türme bauen, wobei die Steine zwei Größen hatten. Die fertig gestellten Türme sollten nun mit Wohnhäusern assoziiert werden. Den Kindern wurde erklärt, dass jeder Stein (egal, ob es ein kleiner oder großer Legostein war) einer Wohnung entsprach, in der eine Familie wohnt. Wenn die Kinder nun zählten, wie viele Familien in jedem Turm wohnten, „verzählten" sich die monolingualen Kinder häufiger, da sie die Steingröße nicht ignorieren konnten, sondern immer so zählten, als würden in jedem großen Stein zwei Familien wohnen. Im Gegensatz zu den monolingualen ließen sich die bilingualen Kinder von der Größe der Steine nicht ablenken. Sie beachteten nicht die Steingröße (also die irreführende Information), sondern zählten einfach nur die Steine ungeachtet ihrer Größe.

Auch der Vorteil der Flexibilität und Kreativität beruht laut Bialystok auf der verbesserten selektiven Aufmerksamkeit. Je besser irrelevante, störende, ablenkende und unpassende (sprachliche) Informationen gehemmt werden können, um so besser können sich die Versuchsteilnehmer auf die Aufgabe an sich konzentrieren und diese erfolgreicher erfüllen, zum Beispiel indem sie eine neue Strategie finden und anwenden oder neue Alternativen generieren.

Sprach- und Kontrollfähigkeit

Ein weiterer kognitiver Unterschied zwischen Bilingualen und Monolingualen betrifft die Vernetzung und Speicherung von Informationen im menschlichen Gehirn. Bilinguale sind zum Beispiel während ihrer Sprachverwendungsprozesse kognitiv stärker herausgefordert als Monolinguale, weil beide Sprachen aktiv sind und bei der Sprachproduktion und deren Vorbereitung eine wichtige Rolle spielen (Festman et al. 2010). Außerdem zeigt die neuere Forschung das enge Zusammenspiel von Sprache und Kognition. Festman et al. (2010) haben herausgefunden, dass erwachsene Bilinguale, die eine bessere Kontrollfähigkeit im Hinblick auf die Zielsprache haben, auch eine bessere kognitive Kontrolle in Planungs-, Flüssigkeits- und Hemmungstests zeigen. Mehrsprachige Sprachproduktion darf also nicht getrennt von kognitiven Kontrollmechanismen gesehen werden, da diese stark in die Produktion eingebunden sind bzw. diese lenken.[1]

Zusammenfassung

Wie genau hängt die frühe Mehrsprachigkeit mit der Ausbildung der kognitiven Kontrolle zusammen, die sich als kognitiver Vorteil in diversen Tests zeigt?

Kinder, die früh mit zwei Sprachen aufwachsen, lernen weitaus mehr als nur die Sprachen. Das Erlernen der zweiten Sprache bewirkt, dass sich Denkvorgänge im Hinblick auf den Umgang mit Sprache ändern und abstrakter werden (metalinguistisches Bewusstsein). Insbesondere lernen diese Kinder, sich auf die jeweils relevante Sprache zu konzentrieren und die andere bereit zu halten, aber dennoch zu unterdrücken, damit sie in der gerade gewünschten Sprache kommunizieren können. Dies trainiert die Hemmungs- und Arbeitsgedächtnisfähigkeiten der Kinder in besonderem Maße. Da diese Fähigkeiten nicht spezifisch sprachlicher Natur sind, sondern allgemein kognitiver, können sie auch bei anderen Aufgaben zum Einsatz kommen, in denen zum Beispiel eine bestimmte Auswahl getroffen oder unnötige Informationen ignoriert werden müssen. Zudem begünstigen sie die Denk- und Handlungsvorgänge im Allgemeinen. Die Auswirkungen dieser Fähigkeiten zeigen sich in mentaler Flexibilität, erhöhter Kreativität und verbesserten Planungs- und Problemlösungsstrategien.

Auswirkung der Immersion auf die Kognition

Dass nicht nur frühe Bilingualität kognitive Vorteile mit sich bringt, sondern auch schulische Sprachförderung durch Immersion, hat insbesondere die Forschung in kanadischen Immersionsprogrammen gezeigt (siehe z. B. den Überblicksartikel von Lazaruk 2008). In diesen Immersionsprogrammen wird ein substantieller Teil des Schulcurriculums über mehrere Jahre in einer zweiten Sprache vermittelt. Die Kinder in Immersionsverfahren lernen dabei nicht nur die L2, sondern auch das lehrplangemäße Sachfachwissen.

Zu unterscheiden sind die Vollimmersion (engl. *total immersion*) und die Teilimmersion (engl. *partial immersion*). In der Vollimmersion findet der gesamte Unterricht und auch die Alphabetisierung in der L2 statt, die L1[2] kommt als Unterrichtsfach erst in der 3. oder 4. Klasse hinzu. Teilimmersion bedeutet, dass nicht alle Fächer in der L2 unterrichtet werden. Die Alphabetisierung kann in der L1 oder in der L2 erfolgen.

Erklären lassen sich diese Vorteile in der Immersion mit der *Interdependenz-Hypothese* von Cummins (2000), die besagt, dass akademische Fähigkeiten in beiden Sprachen Zeichen einer gemeinsamen zugrunde liegenden Fertigkeit sind und daher von der einen in die andere Sprache übertragen werden können. Obwohl Immersionskinder im Unterricht deutlich weniger muttersprachlichen Input erhalten, hat die Forschung auf lange Sicht keine Nachteile in der Muttersprache und in den fachlichen Inhalten in Vollimmersion und intensiver Teilimmersion gezeigt, im Gegenteil. Verschiedene kognitive Vorteile, zum Beispiel im Sachfachlernen, in der Muttersprache und in allgemeinen kommunikativen Fähigkeiten, ergeben sich insbesondere in vollständigen Immersionsprogrammen, in denen zu Beginn gar kein Unterricht in der Muttersprache erteilt wird (Genesee 1987).

Die Fähigkeit, in der L2 erworbenes mathematisches Können zu übertragen

Die Studie von Bournot-Trites/Reeder (2001) ist ein Beispiel, das die Interdependenz-Hypothese bestätigt. Schüler, die 80 % in der Fremdsprache (auch in Mathematik) und 20 % in der Muttersprache unterrichtet wurden, schneiden am Ende des sechsten Schuljahres wesentlich besser in einem Mathematiktest in der Muttersprache ab als Schüler, die 50 % in jeder Sprache (L1 und L2) unterrichtet wurden. Dies weist darauf hin, dass sich bei entsprechend hoher Sprachbeherrschung der L2 (durch den erhöhten Anteil der L2-Unterrichtssprache) akademische Fähigkeiten erfolgreich etablieren können und dass die Kinder zudem in der Lage sind, die erlernten Konzepte auf die Erstsprache zu übertragen.

Auch aus deutschen Immersionsschulen werden ähnliche Ergebnisse berichtet. So schneiden im Fach Mathematik die Immersionskinder von der 1. bis zur 3. Klasse genauso gut und teilweise sogar besser ab als ihre monolingualen Vergleichsklassen (Zaunbauer/Möller 2006, 2007).

Die Fähigkeiten in der Muttersprache und nonverbale Intelligenz

Auch wenn Kinder zunächst nur in der Zweitsprache literalisiert werden, leidet die Muttersprache nicht. Dies haben Ergebnisse aus kanadischen Immersionsprogrammen gezeigt, in denen die Kinder Lesen und Schreiben nicht in ihrer Muttersprache, sondern während der ersten Schuljahre in der Zweitsprache gelernt haben. In einer Studie von Swain (1974) erreichen bzw. übertreffen ca. zwölfjährige Schüler, die früh immersiv eine Zweitsprache erworben haben, in ihrer Erstsprache das Sprachniveau von Schülern, die die L2 im traditionellen Sprachunterricht vermittelt bekamen. Die bestehenden Verzögerungen im Lesen und Schreiben in der Erstsprache, das im immersiven Unterricht erst ab der 3. oder 4. Klasse unterrichtet wurde, hatten die Schüler sehr schnell aufgeholt. Da bereits in der Zweitsprache grundlegende Lesefähigkeiten vorhanden waren, konnten die Schüler diese erfolgreich auf die Erstsprache übertragen.

Auch in deutschen Teilimmersionsklassen erzielen Kinder ähnliche Ergebnisse. In denselben Studien, die wir im Zusammenhang mit den mathematischen Fähigkeiten bereits erwähnt haben (Zaunbauer/Möller 2006, 2007), werden zudem die Lese- und Rechtschreibfähigkeiten von Klasse 1–3 untersucht. Auch hier schneiden die Immersionskinder genauso gut wie monolingual unterrichtete Kinder ab. Diese Studien zeigen zudem, dass die Ergebnisse nicht von der Schulform abhängen, sondern von der Intelligenz und der Gedächtnisleistung der Immersionskinder. Da in Deutschland nur an wenigen Schulen Immersionsunterricht angeboten wird, bzw. diese Schulen nur einige Klassen als Immersionsklassen unterrichten, findet in gewissem Maß eine Auswahl statt. Zu klären bleibt, ob die Immersionskinder vielleicht schon zu Schulbeginn, also vor dem Start der Immersion in der Schule, bessere kognitive Fähigkeiten, höhere Intelligenz, mehr Interesse an Schule, eine höhere Motivation für das Lernen hatten als Kinder in den monolingualen Vergleichsklassen. Konnten sie deshalb bei den hier vorgestellten Klassenvergleichen besser abschneiden? In der Studie von Zaunbauer/Möller (2007) wird ganz explizit auf diese Frage eingegangen, indem eine genaue Prüfung einer Vielzahl von Hintergrundfaktoren für jedes Kind stattfand (familiärer Hintergrund, vorschulische Tätigkeiten und Kenntnisse, elterliches Hausaufgabenengagement, schulfachspezifisches Interesse, Konzentration, Intelligenz und Verbalgedächtnis, siehe Zaunbauer/Möller 2007, 143–144). In der Tat unterschieden sich die Kinder im Hinblick auf den familiären Hintergrund: Eltern von Immersionskinder hatten eine höhere Bildung (Abitur, Hochschulabschluss, Promotion) als Kinder in den Regelklassen, und die Immersionskinder hatten eine höhere nonverbale Intelligenz, Verbalgedächtnisspanne und Verbalgedächtnisleistung. Keine Unterschiede wurden bei Konzentrationsleistung, vorschulischen Tätigkeiten, vorschulischen Kenntnissen, oder dem Hausaufgabenengagement gefunden. Die Kinder aller Schulklassen waren, wie auch ihre Eltern, gleichermaßen in Deutschland geboren, hatten zu Hause Deutsch gelernt und Deutsch gesprochen. Auch die Einschätzung des familiären Wohlstands unterschied sich nicht. In mancher Hinsicht waren also die „besseren" Schüler in den Immersionsklassen. Zaunbauer/Möller haben diesen Unterschied in den Analysen statistisch einberechnet, und dennoch übertrafen die Immersionskinder in einigen Mathetests die Kinder in den Regelklassen, und unterschieden sich nicht in ihrer Lese- und Rechtschreibfähigkeit. Dies legt nahe, dass die Immersionskinder in dieser Studie von der stimulierenden Erfahrung, eine zweite Sprache und Sachfachunterricht immersiv erlernen zu können, profitieren konnten, aber sie gibt keinen Hinweis darauf, dass die Kinder aus den Regelklassen dies nicht ebenso gekonnt hätten. Insbesondere im Bereich der nonverbalen Intelligenz zeigen sich diese Vorteile. Der in diesen Studien verwendete Test verlangt, dass die Kinder Muster vervollständigen oder vergleichen. Somit erfasst der Test die Wahrnehmung wie auch die Fähigkeiten zum logischen Denken, zum Erkennen von Regeln und deren Anwendung sowie zum räumlichen Denken.

Wahrnehmung und kommunikatives Einfühlungsvermögen

Kinder, die immersiv unterrichtet werden, zeigen höheres Einfühlungsvermögen in Gesprächssituationen als monolinguale Kinder. In einem Test (Genesee et al. 1975) sollen Kinder ein Brettspiel erklären. Kinder, die mit der Immersionsmethode unterrichtet wurden, nehmen die Kommunikationssituation und auch ihren Gesprächspartner und dessen Bedürfnisse weitaus genauer wahr und gehen auf diese umfassender ein. Bei monolingualen Kindern wird dies nur in geringerem Maße beobachtet. Erklärt wird dieses Verhalten der bilingualen Kinder dadurch, dass sie daran gewöhnt sind, in jeder Kommunikationssituation prüfen zu müssen, was die passende Sprache und Kommunikationsform ist (Baker 2006).

Zusammenfassung

Kinder, die im Immersionsunterricht eine zweite Sprache erwerben, lernen dadurch nicht nur diese Sprache. In der Vollimmersion und in intensiven Teilimmersionsprogrammen erlernen sie inhaltliche Fähigkeiten ebenso gut oder sogar besser als in monolingualem Unterricht.[3] Das Erlernen der zweiten Sprache bringt keinen Nachteil für den Erstspracherwerb. Immersionskinder lernen genauso Lesen und Schreiben in beiden Sprachen wie monolinguale Kinder. Zudem haben Immersionskinder keinen Nachteil im Lernen im Allgemeinen, sondern können akademische Fähigkeiten von der einen in die andere Sprache übertragen. Die Wahrnehmung im Allgemeinen scheint nachhaltig beeinflusst zu sein: Die Perzeption von visuellen Mustern (in den Studien von Zaunbauer) wie auch die Kommunikationssituationen (Genesee et al. 1975) werden umfassender und detaillierter wahrgenommen und die Kinder versuchen, auf die wahrgenommene Komplexität einzugehen. Die Immersionskinder zeigen zudem verbesserte analytische Fähigkeiten wie auch breitere Möglichkeiten der Erkennung und Anwendung von Regeln.

Lassen sich aus diesen Ergebnissen bestimmte Faktoren ableiten, die diese Vorteile der Zweisprachigkeit für die Kognition bewirken?

Erfolgsfaktoren für den Zweitspracherwerb

Faktor 1: Sprachkenntnis in beiden Sprachen

Nach dieser Bestandsaufnahme der bisherigen Forschung wird deutlich, dass der Grad der Sprachbeherrschung eine wesentliche Rolle dabei spielt, ob durch die Zweisprachigkeit verbesserte kognitive Fähigkeiten sichtbar (bzw. messbar) verbessert werden. Dies entspricht der *Schwellen-Hypothese* (*Threshold Hypothesis,*

z. B. Cummins/Swain 1986), die besagt, dass erst wenn mindestens eine Sprache ausreichend gut beherrscht wird, auch positive Auswirkungen auf die kognitiven Fähigkeiten beobachtet werden können. Zu geringe Sprachkenntnisse in beiden Sprachen, die zum Beispiel durch nicht kontinuierliche Förderung oder Abbruch der Muttersprache zustande kommen können (*Semilingualismus*, Cummins 2000), können sich hingegen sehr negativ auf die Kognition auswirken. Altersentsprechende Sprachkenntnisse in einer Sprache erlauben es dem bilingualen Kind, auch kognitiv die gleiche Leistung wie ein gleichaltriges monolinguales Kind zu zeigen.

Nach den dargestellten Ergebnissen lässt sich sagen, dass sich die positivsten kognitiven Auswirkungen dann zeigen, wenn das Kind in beiden Sprachen altersgemäße Sprachkenntnis erreicht hat. Auch bei vollständigen Immersionsprogrammen und einigen Formen der Teilimmersion, nämlich solchen Teilimmersionsprogrammen mit einem relativ hohen Anteil von L2-Unterricht, lassen sich Vorteile messen. Bei welchem Sprachstand in der Zweitsprache jedoch die Schwelle dafür liegt, dass sich die kognitiven Vorteile ausprägen, ist unbekannt (Wode 1994). Auch muss genauer untersucht werden, welche Art von Fähigkeiten durch welche Form der zweisprachigen Erziehung am stärksten gefördert werden kann.

Faktor 2: Sprachprogramm und Unterrichtsform

Der erreichbare Sprachstand in der L2 hängt in nicht zu unterschätzendem Maße von der Form der Sprachvermittlung und den Faktoren ab, die durch das ausgewählte Sprachprogramm bedingt werden. Die Forschung hat verschiedene Faktoren identifiziert, die für die Vermittlung und die daraus resultierenden Fähigkeiten von Bedeutung sind (Übersichten z. B. in Burmeister 2006, Kersten 2010, Kersten et al. 2009a, 2009b, Met/Lorenz 1997, Piske et al. 2001, Wesche 2002). Faktoren, die bei verschiedenen Formen der Immersion zum Tragen kommen, sind:

- das Alter, in dem mit dem L2-Erwerb begonnen wird
- die Dauer des Kontaktes zur Zweitsprache, also die Anzahl an Monaten oder (Schul-)Jahren des L2-Erwerbs
- die Intensität des L2-Kontaktes, also die Anzahl der L2-Stunden pro Woche
- die Häufigkeit der aktiven Verwendung der Zweitsprache
- die pädagogischen Prinzipien, nach denen die L2 vermittelt wird, wie zum Beispiel Anschaulichkeit, Handlungsorientierung und authentische, positiv besetzte Situationen

Beginn, Dauer und Intensität des L2-Kontakts, die wichtigsten Faktoren für die sprachliche Entwicklung der Kinder, werden hierbei durch die Wahl des schulischen Programms festgelegt. Konkret betreffen sie die Klassenstufe der Einführung und die Entscheidung für Vollimmersion, Teilimmersion oder weniger umfangreiche Formen von CLIL. Die pädagogischen Prinzipien hingegen, von denen auch die Häufigkeit und Qualität der sprachlichen Schüleräußerungen in der Kommunikation abhängt, beziehen sich auf die Gestaltung des Unterrichts, auf die die Lehrkraft individuell Einfluss nehmen kann.

Faktor 3: Individuelles Fördern und Fordern

Es geht sicher nicht nur darum, wie viel Kontaktzeit in Immersionsprogrammen oder in CLIL-Modulen zur Verfügung steht. Was vielleicht noch wesentlicher ist: Wie wird ein Kind in dieser Zeit gefordert? Wie oft verwendet das Kind seine Sprachen aktiv? Welche kognitiven Aufgaben muss es in der L2 lösen, welche Anforderungen muss es in der L2 verbal erfüllen? Auf diese Fragen werden wir in den Schlussfolgerungen näher eingehen und einige praktische Vorschläge machen.

Ab welchem Punkt die Sprachkenntnisse von Kindern aus CLIL-Programmen gut genug sind, um eine messbare Auswirkung auf die Kognition im Allgemeinen hervorzurufen, kann nicht mit Sicherheit gesagt werden. Dass jedoch mit einem guten Programm solche Vorteile zu erzielen sind, zeigt die intensive Immersionsforschung der letzten Jahrzehnte. Und Forschungsberichte aus Belgien weisen darauf hin, dass auch CLIL-Module sehr effektiv eingesetzt werden können: So schnitten französischsprachige Kinder, die 75 % ihres Schulunterrichts auf Holländisch unterrichtet wurden, bei den Mathetests auf Französisch trotzdem besser ab als französische monolinguale Kinder (Van de Craen et al. 2007).[4] Hier muss allerdings einschränkend bemerkt werden, dass 75 % des Unterrichts in der L2 eine sehr intensive Form von modularem CLIL darstellt, die unter bestimmten Umständen eher als Immersion bezeichnet werden sollte.

Was kann zweisprachiger Unterricht von früher Mehrsprachigkeit im bilingualen Elternhaus lernen?

Bei frühen Bilingualen, die zwei Sprachen von Geburt an lernen, wird die Sprache zu Hause insbesondere zur Mitteilung von Emotionen, Bedürfnissen etc. gebraucht. Damit stellen die Sprachen eine Komponente intensiver familiärer Bindungen dar. In der Schule herrschen andere Umstände, die Lehrkraft muss andere Funktionen erfüllen als ein Elternteil.

Zudem erfährt ein Kind in der Familie im Idealfall eine weitaus intensivere Zuwendung, und damit auch die Möglichkeit des intensiveren sprachlichen Ausdrucks, als ein einzelnes Kind im Klassenverbund. Damit ist natürlich auch die Klassenstärke in der Schule ein Faktor, der sich auf die individuelle Häufigkeit der verbalen Äußerungen auswirken kann: Schüler verwenden wahrscheinlich aktiv die zu lernende Sprache im Unterricht seltener als die meisten Kleinkinder oder Grundschulkinder zu Hause in der Familie. Unterricht mit einer großen Vielfalt handlungorientierter Aktivitäten in authentischen Kommunikationssituationen versucht, Äußerungen der Schülerinnen und Schüler zu fördern.

Die frühe, regelmäßige intensive und aktive Verwendung beider Sprachen und das häufige Wechseln zwischen beiden Sprachen in einem positiven, stimulierenden, motivierenden und wohlwollenden Rahmen über einen langen Zeitraum hat sich somit in diesem Beitrag als grundlegend für die Verbesserung der kognitiven Fähigkeiten herauskristallisiert.

Für den immersiven Unterricht bedeutet dies, dass der L2-Erwerb früh begonnen und über einen langen Zeitraum fortgeführt werden sollte. Kleine Klassengrößen mit möglichst intensiver Einzelbetreuung und die Förderung der Sprachverwendung jedes einzelnen Kindes wirken sich positiv auf den Spracherwerb aus. Die Sprache sollte von Lehrkraft und Kindern in möglichst vielen verschiedenen Kontexten eingesetzt werden, die für die Kinder mit positiven Emotionen besetzt sind und die sie zu authentischem sprachlichen Handeln anregen.

Schlussfolgerungen für die Praxis

Aktiver Austausch und Sprachfähigkeiten

Was können wir nun für den CLIL-Unterricht aus diesen Ergebnissen lernen? Eine möglichst häufige aktive Verwendung der Sprachen, vor allem der L2, in Diskussionen, Gedankenaustausch, Partner-, Kleingruppen- und Projektarbeit wie auch die kognitive, bewusste und emotionale Auseinandersetzung mit authentischen Lerninhalten begünstigen die Voraussetzungen für einen kognitiven Vorteil aus der Zweisprachigkeit. Kinder müssen mit einer Sprachfähigkeit ausgestattet werden, die es ihnen erlaubt, ihre Beobachtungen und Gedanken zu äußern.

Zu den notwendigen Teilbereichen der akademischen Interaktionsfähigkeit gehört auch eine gute Lesefähigkeit. Der Wert, den die Lesefähigkeit in beiden Sprachen hat, wurde oben bereits angedeutet.

CLIL soll die Kinder herausfordern, aber nicht überfordern. Wenn die L2 dazu verwendet wird, einen nicht-sprachlichen Inhalt zu verstehen und zu lernen, wird eine ganze Reihe von kognitiven Prozessen in der L2 aktiviert. Schüler können ausprobieren, was sie in der Fremdsprache bereits wissen und können. Sie sind in gewissem Maß gezwungen, ihr linguistisches Repertoire auszuweiten, um die Anforderungen des CLIL-Unterrichts meistern zu können.

Wenn die Fremdsprache verwendet wird, um einen nicht-sprachlichen Inhalt zu begreifen, ist eine intensivere Informationsverarbeitung notwendig, die damit auch zu intensiverem Spracherwerb führt: Lernen ist zumindest teilweise eine Problemlösungsaufgabe. Und CLIL fordert die Kinder dazu heraus, Probleme durch eine Fremdsprache zu lösen.

Kriterien für die Materialauswahl und -verwendung

Authentisches Material ist dem vereinfachten unbedingt vorzuziehen, weil die Schülerinnen und Schüler den Bezug zu ihrem eigenen Leben und der wirklichen Welt damit leichter herstellen können. Da die Kinder nicht unbedingt einen ausreichend großen Wortschatz haben, um Originaltexte verstehen zu können, müssen Originaltexte ggfs. adaptiert werden. Gutes, altersgemäßes Material wirkt motivierend und regt zum (analytischen) Denken an. Kritisches und kreatives Denken können so im Rahmen von CLIL angeleitet werden. Darüber hinaus können genauere und umfassendere Wahrnehmung wie auch die Fokussierung der Aufmerksamkeit geschult werden.

Kognitive Fähigkeiten, wie z. B. der Transfer von Gelerntem, Regeln erkennen und anwenden, das Planen, Durchführen und Bewerten von Handlungen können trainiert werden. Übungen zur mentalen Flüssigkeit und Flexibilität, Kreativität und Strategienfindung und zur Problemlösung, wie zum Beispiel Assoziations- oder Labyrinth-Aufgaben, sollten bei der Arbeit mit dem Unterrichtsmaterial in die CLIL-Module eingebaut werden, weil sie für die Lernenden und deren kognitives System – und nicht zuletzt auch für die Lehrkraft – inspirierend wirken können. Sprach- und Schulbuchverlage publizieren in den letzten Jahren vermehrt pädagogische Sammlungen von Sprachspielen, die auf den oben genannten kognitiven Fähigkeiten basieren bzw. diese einbeziehen.

Es gibt keine einfache Antwort auf die Frage, wie gut Erst- und Zweitsprache beherrscht werden müssen, damit die Zweisprachigkeit ihre kognitiven Früchte tragen kann. Und auch darauf nicht, wie viel CLIL-Unterricht notwendig ist, um langfristig kognitive Auswirkungen zu zeigen. Die positiven Forschungsergebnisse insbesondere aus der Immersionsforschung weisen aber in eine wichtige Richtung: je länger und je intensiver der Input und der Output in der Zweitsprache, gepaart mit erprobten pädagogischen Prinzipien der Anschaulichkeit und Authentizität, desto größer sind die Chancen, dass Kinder durch die Beschäftigung mit einer Fremdsprache kognitive Vorteile entwickeln. Für CLIL bedeutet dies, dass ein großer Anteil von CLIL-Modulen in der L2 im Unterricht über einen möglichst langen Zeitraum am erfolgversprechendsten für positive Auswirkungen in der kindlichen Kognition ist.

Anmerkungen

[1] Auf die Veränderungen der Hirnstrukturen bzw. der Funktionalität, die Zweisprachigkeit mit sich bringt, kann in diesem Beitrag aus Platzgründen leider nicht eingegangen werden.

[2] Der Begriff L1 wird in diesem Kapitel als Fachterminus verwendet für die Sprache, die der Großteil der Kinder zu Hause als Muttersprache erlernt, und die die Sprache der Umgebung und die offizielle Schulsprache des Landes ist. Die Schulsprache in Immersionsschulen ist in der Regel jedoch die L2. Auf Kinder mit Migrationshintergrund, die eine andere Muttersprache haben, wird in den zitierten Quellen nicht gesondert eingegangen.

[3] Forschungsergebnisse aus einigen Teilimmersionsprogrammen mit relativ geringem Anteil an L2-Unterricht sind in der Beziehung uneinheitlicher. Swain (1996) berichtet von einem Unterschied in den Sachfachkenntnissen zwischen Vollimmersion und geringer Teilimmersion in Klasse 6. Sie führt diese Ergebnisse auf den niedrigen Sprachstand in der L2 zurück, der für die Komplexität der fachlichen Inhalte in diesem Fall nicht ausreichte.

[4] Bei der Leistungsbeurteilung von besonderen zweisprachigen Programmen wird immer wieder darauf hingewiesen, dass Unterschiede zu Kindern aus Regelschulen auch auf bestimmten Auswahlkriterien beruhen können. Insbesondere der Einsatz von Auswahltests und der sozio-ökonomische Hintergrund bzw. der Bildungsstand der Familien werden hierbei angeführt. Aus diesem Grund ist es lohnenswert, die Forschungsergebnisse auch auf diese Faktoren hin zu überprüfen.

Literaturangaben

Baker, C. (2000). *A Parents' and Teachers' Guide to Bilingualism* (2nd Ed.). Clevedon, UK: Multilingual Matters.

Baker, C. (2006). *Foundations of Bilingual Education and Bilingualism.* (4th Ed.). Clevedon, UK: Multilingual Matters.

Bialystok, E. (1999). "Cognitive complexity and attentional control in the bilingual mind." In: *Child Development 70*, 636–644.

Bialystok, E. (2001). *Bilingualism in Development: Language, Literacy, and Cognition.* New York: Cambridge University Press.

Bialystok, E. (2005). „Consequences of Bilingualism for Cogn tive Development." In: Kroll, J. F./De Groot, A.M.B. (Eds.), *Handbook of Bilingualism: Psycholinguistic Approaches.* Oxford: Oxford University Press.

Bialystok, E., Codd, J. (1997). "Cardinal limits: evidence from language awareness and bilingualism for developing concepts of number." In: *Cognitive Development 12,* 85–106.

Blakemore, S.-J., Frith, U. (2005). *Learning and the Brain. Lessons for Education.* Oxford: Blackwell.

Bournot-Trites, M./Reeder, K. (2001). "Interdependence revisited: Mathematics achievement in an intensified French immersion program." In: *The Canadian Modern Language Review 58,* 27–43.

Burmeister, P. (2006). „Immersion und Sprachunterricht im Vergleich." In: Pienemann, M./ Kessler, J.-U./Roos, E. (Eds.), *Englischerwerb in der Grundschule.* Paderborn: Schöningh/UTB, 197–216.

Carlson, S.M. (2005). "Developmentally sensitive measures of executive function in preschool children." In: *Developmental Neuropsychology 28,* 595–616.

Carlson, S.M./Meltzoff, A.N. (2008). "Bilingual experience and executive functioning in young children." In: *Developmental Science 11(2),* 282–298.

Cummins, J. (2000). "Immersion education for the millennium: What we have learned from 30 years of research on second language immersion."http://www.iteachilearn.com/cummins/immersion2000.html (Zugriff: 08.04.2010).

Cummins, J./Swain, M. (1986). *Bilingualism in Education: Aspects of Theory, Research, and Practice.* London: Longman.

Döpke, S. (1992). *One Parent, One Language: An Interactional Approach.* Amsterdam, Philadelphia: John Benjamins.

Festman, J./Rodriguez-Fornells, A./Münte, T. F. (2010). "Individual differences in control of language interference in late bilinguals are mainly related to general executive abilities." In: *Behavioral and Brain Functions* 6 (5).

www.behavioralandbrainfunctions.com/content/6/1/5 (Zugriff: 08.04.2010).

Funke, J./French, P. A. (2006): *Handbuch der Allgemeinen Psychologie – Kognition.* Göttingen u. a.: Hogrefe.

Genesee, F. (1987). *Learning Through Two Languages: Studies of Immersion and Bilingual Education.* Cambridge: Newbury House.

Genesee, F./Tucker,G.R./Lambert, W. (1975). "Communication skills of bilingual children." In: *Child Development 46*, 1010–1014.

Kersten, K. (2010) "DOs and DONT's bei der Einrichtung immersiver Schulprogramme." In: Bongartz, C. M./Rymarczyk, J. (Hrsg.), *Languages Across the Curriculum. Ein Multiperspektivischer Zugang.* Frankfurt a. M.: Peter Lang, 71–92.

Kersten, K./Fischer, U./Burmeister, P./Lommel, A. (2009a). *Leitfaden für die Einrichtung von Immersionsangeboten in Grundschulen.* Kiel: FMKS.

Kersten, K./Frey, E./Hähnert, A. (Eds.) (2009b). *Early Language and Intercultural Acquisition Studies: Progress Report.* Magdeburg: ELIAS. www.elias.bilikita.org (Zugriff: 08.04.2010).

Lazaruk, W. (2008). "Linguistic, academic, and cognitive benefits of French Immersion." In: *The Canadian Modern Language Review / La Revue canadienne des languages vivantes 63(5)*, 605–628.

Met, M./Lorenz, E. B. (1997). "Lessons from US immersion programs: Two decades of experience." In: Johnson, R./Swain, M. (Eds.), *Immersion Education: International Perspectives.* Cambridge: Cambridge University Press, 243–264.

Peal, E./Lambert, W. (1962). "The relation of bilingualism to intelligence." In: *Psychological Monographs 76* (546), 1–23.

Piske, T./MacKay, I./Flege, J. (2001). "Factors affecting degree of foreign accent in an L2: A review." In: *Journal of Phonetics 29*, 191–215.

Saxe, G.B. (1988). "Linking language with mathematics achievement: Problems and prospects." In: Cocking, R. R./Mestre, J. P. (Eds.), *Linguistic and Cultural Influences on Learning Mathematics.* Hillsdale, NJ: Erlbaum, 47–62.

Swain, M. (1974). "French immersion programs across Canada: Research findings." In: *The Canadian Modern Language Review 31*, 117–129.

Swain, M. (1996). "Integrating language and content in immersion classrooms: Research Perspectives." In: *The Canadian Modern Language Review* 52, 257–280.

Van de Craen P./Mondt, K./ Allain, L./Gao, Y. (2007). "Why and How CLIL Works. An Outline for a CLIL Theory." In: *Vienna English Working Papers (VIEWZ) (Special Issue 2), 15(3)*, 41–46.

Wesche, M. B. (2002). "Early French immersion: How has the original Canadian model stood the test of time?" In: Burmeister, P./Piske, T./Rohde, A. (Eds.). *An Integrated View of Language Development: Papers in Honor of Henning, Wode.* Trier: WVT, 357–379.

Wode, H. (1994). *Bilinguale Unterrichtserprobung in Schleswig-Holstein: Bericht zur Entwicklung eines kommunikativen Tests für die Überprüfung des Englischen bei Schülern der 7. Jahrgangsstufe. Bd. 1: Testentwicklung und holistische Bewertung.* Kiel: L&F Verlag.

Zaunbauer, A. C. M./Möller, J. (2006). „Schriftsprachliche und mathematische Leistungen in der Erstsprache: Ein Vergleich monolingual und teilimmersiv unterrichteter Kinder der zweiten und dritten Klassenstufe." In: *Zeitschrift für Fremdsprachenforschung 17 (2)*, 181–200.

Zaunbauer, A. C. M./Möller, J. (2007). „Schulleistungen monolingual und immersiv unterrichteter Kinder am Ende des ersten Schuljahres." In: *Zeitschrift für Entwicklungspsychologie und Pädagogische Psychologie 39 (3)*, 141–153.

4

Andreas Rohde

What L2 learners know without being taught

This article explores two selected assumptions about linguistic structures which learners form in first, and revive for second, language acquisition even though these assumptions had to be revised or abandoned in the course of their first language acquisition. It is shown how these assumptions facilitate second language acquisition, especially in content-based learning scenarios.

Introduction

Every learner of a second language, be it a 5-year old child, an adolescent or an adult, faces a complex task upon embarking on the acquisition/learning of the sound patterns, word forms, grammar rules and lexicon of the new language. This task may be simplified if the second language resembles the first one. Yet even despite their common historical roots and the resulting similarities between German and English, the first language (L1) speaker of German has to learn the second language (L2) English, as the sounds, the word forms, etc. are simply not identical. However, through his or her L1, the learner tacitly entertains assumptions about languages in general which simplify the task considerably and guide the learner in mastering complex structures encountered in the input.

The learners need both access to rich input and the space to entertain these assumptions – neither of which is usually warranted in foreign language classrooms in Germany. This is why the assumptions under scrutiny have been observed with naturalistic L2 learners, i.e. German children acquiring English in the U.S., and German children acquiring English in a bilingual kindergarten and primary school programme respectively. These German learners had access to authentic English input which is not form- but meaning/content-focussed.

This article explores how such tacit assumptions may be put to work by the second language learner in two selected linguistic areas: verb morphology and the lexicon. In the former, I will look at how second language learners are able to master the different forms which a verb can take with regard to tense and aspect; in the latter I will explore on which basis new words for objects are learnt.

The objective of the following discussion is to demonstrate that second language learners – when given the appropriate time in the acquisition/learning process –

profit from assumptions originally developed, refined and abandoned in their first language acquisition in order to master a second language. For L2 acquisition, the assumptions are reset to their original status as default assumptions although the L2 learner now knows through her L1 experience that they have to be violated more often than not in order to gain adult mastery of any language.

The aspect assumption

Let me now turn to the first assumption to be studied in some more detail, the *aspect assumption* (in the literature primarily known as the 'aspect hypothesis', for an overview cf. Rohde 1997, Kersten 2009). In order to understand this assumption it is necessary to provide a little background first: Every proficient L1 speaker of English subconsciously knows that every verb can theoretically appear with every verb inflection. Thus, a verb such as *kiss* can appear as *(she) kisses, (she is) kissing* and *(she) kissed* (It is irrelevant here that there is a class of verbs requiring an irregular form when used in the simple past). The interesting issue now is that when verb forms are collected in everyday speech samples, they seem to indicate that particular verbs prefer particular inflections, a phenomenon referred to as the *Distributional Bias Hypothesis* in L1 adult speech (Andersen/Shirai 1994, Rohde 1996, 1997, 2002a, b, Kersten 2009). Why should this be? It appears to depend on the structure of the action or event referred to by a verb whether it is likelier to be used with the 3rd person singular -s (as the label states, this is only used with *he, she* and *it* for actions or events that take place with some regularity), in the simple past or in the progressive. Accordingly, the verbs *jump* and *play* tend to occur more frequently with the progressive (across all tenses) whereas verbs such as *disappear* and *crash* are more often found with the past -ed inflection. This, in turn, can be accounted for by the so-called lexical aspect of the verbs, i.e. their internal meaning structure: *jump* and *play* usually denote a longer duration than *disappear* and *crash* ("The children have been *playing* for hours", "She's so happy, she has been *jumping* up and down in the lounge for ten minutes"). The verbs *disappear* and *crash* are possible in the progressive, however, the attempt to highlight duration ends in an odd construction ("?They have been disappearing for hours?", "?He has been crashing his car for ten minutes?"). The latter two verbs appear in the past tense more often than with other inflections; they denote actions that are more punctual and have a result. A simple test backs up this claim: If you say "She is playing. Somebody stops her. Has she played?" The answer for *play* and *jump* would be "yes". For *disappear* and *crash* the answer would have to be "no" in this test frame. If somebody is stopped while disappearing, she clearly has not disappeared (cf. Rohde 1997, 27 ff.).

Let me briefly summarise: L1 children (subconsciously) know that every verb can generally appear with every inflection. Statistically, however, verbal inflections are not evenly distributed across verbs (Distributional Bias Hypothesis). This bias is accounted for by the internal meaning of verbs, the so-called lexical aspect. The situation in L2 acquisition is such that the learner – despite his L1 knowledge that every verb can appear with every inflection – initially acquires single verbs with one exclusive inflection (*play* only in *playing*, *catch* only in *catched*[1], etc.). This results in an even more strongly skewed and uneven distribution of verbal inflections. As this distribution of inflections is likely based on the verbs' internal meaning structure, the learner's behaviour is referred to as the *aspect hypothesis* (Andersen/Shirai 1994, Rohde 1996, 1997), or, for the purpose of this paper, as the aspect assumption.

L2 learners, when given the opportunity to freely produce L2 utterances, construct their knowledge of verb inflections on the basis of the internal meaning structures of verbs. They do not simply learn grammatical rules which tell them when to use the progressive or the simple past tense. They instead focus on features such as duration, punctuality or whether verbs express an aim of the action (*disappear, catch*) and provide the verbs with the inflection best exemplifying these features, i.e. either the progressive or the past inflection. This preference for the verbs' lexical aspect leads to errors, as initially, the learners do not see that the -ed inflection locates the action in the past or that the progressive indicates that an action is ongoing at the time of speaking. These errors, however, seem to be a necessary stepping stone to obtain 'natural access' to the verb morphology of the second language.

Extensive research on the aspect hypothesis/assumption suggests that learners take their time to test their hypotheses as to which verbal inflections should be provided for particular verbs. At first, they tend to use one verb with one inflection but then gradually move towards the target-like use of inflections by allowing one verb to appear with more than one inflection (see the vast collection of examples from the Kiel Corpus in Rohde 1997).

Possibly, this naturalistic route of acquiring verbal inflections leads to a more robust learner system of verb morphology than a form-focussed approach in a foreign language classroom since rule-based learning does not produce a deeper understanding of why for example the progressive has to be used in certain situations. The naturalistic L2 learner or the L2 immersion student who is given the opportunity to develop her L2 proficiency without being urged to produce prefabricated grammatical patterns, tackles the task from a different perspective and does not require any explicitly formulated rules as, through a tacit assumption about the distribution of inflections, she is able to access the verb morphology of the L2 with her own means.

It has been shown that German L2 learners of English aged 4 to 9 master the L2 verb morphology during a six-month-stay in the U.S. without any formal language teaching and without any prior knowledge of English (Rohde 1996, 1997, 2002a, b). Research in a German primary school in which about 70 % of the subject matter was taught through the medium of the children's L2 English has provided similar results (Kersten 2009).

Let me now turn to a set of three assumptions which may be summarised under the general term *lexical principle assumption.*

Lexical principles in first language acquisition

The whole object assumption

Lexical principles are basic assumptions as to which referents words refer to. They limit the potentially infinite number of possible referents in a concrete situation. Imagine the following scenario: You take a young child who has as yet no idea what a dog is to a park where people walk their dogs. Upon seeing a particular dog, you point to it by saying: "Look, there's a doggie". How does the child know that you are referring to the dog and not to the owner of the dog and the dog, or the fur of the dog, or the colour of the dog, or the dog and the ground it is running on, etc.? You do not have to explain any of that to the child. She knows that you are referring to the physical dog. The lexical principle that the child applies in this scenario is referred to as the *whole object assumption* according to which labels/words refer to objects in their entirety and not to their parts or substances. This assumption is at work in both first and second language acquisition. It is probably acquired in early childhood (possibly as the consequence of early object experience, cf. Rohde 2005, 8–15, 2008) and contributes to the rapid growth of children's lexicons. To our knowledge there is no culture in the world in which the whole object assumption is not used as a default assumption. The assumption has hardly been tested experimentally, but it is always tested implicitly whenever children are asked to point to a particular picture upon hearing a word, e.g. in a vocabulary test in which, say, four different pictures are presented and the child is asked "show me the dog" or "show me the house" and has to point to the appropriate choice. Children will always assume that the given words refer to the entire objects in the pictures and not to parts of them, the colour of the objects, etc.

The taxonomic assumption

The second principle that helps children build up their lexicon is the *taxonomic assumption*. Children assume that words refer to objects of like kind. Once they have experienced that a particular dog is referred to as "dog", they assume that other animals perceived as similar can also be referred to with the same label 'dog'. This does not go without saying because, theoretically, it would be conceivable that children, upon perceiving even the slightest difference between two dogs, could be led to think that the second exemplar should be labelled differently as there is a perceptible difference between the two (in fact, this is what Clark's *principle of contrast* would suggest, cf. Clark 1993). The taxonomic assumption has been tested in experiments in which children were asked to match a target object (e.g. a car) with another object from a set of three, containing e.g. another car, a traffic light and a book as a distractor. The tests suggest that a new label (e.g. a nonsense label such as *flane*) in the instruction "This is a flane. Can you find another flane?" tends to prompt the children to select the taxonomically related item (the second car). However, when no new label is offered as in "See this? Can you find another one like this?", especially children below the age of five picked the thematically related traffic light. The distractor in the experimental setup made sure that the children had the possibility of selecting neither the taxonomic nor the thematic choice (Markman 1989, 1994 for first language acquisition, Rohde 2005 for second language acquisition). Thus, we can conclude that words may function as invitations to form categories (Waxman/Markow 1995). When objects are not labelled, young children seem to be more focussed on thematic relations.

The mutual exclusivity assumption

The third assumption to be introduced here is the *mutual exclusivity assumption* which says that children prefer one label per object. This does certainly not mean that children do not accept or cannot learn a second label for an object – they can if they are explicitly told to do so – but there is a clear preference to identify one label with one object. There are various experimental designs to test the mutual exclusivity assumption in children, the simplest being disambiguation tasks. Children are able to disambiguate a potentially ambiguous situation when they decide that an unfamiliar word refers to an unknown or novel object. When children are shown four objects, three of them familiar, one unfamiliar, and are asked to pick the *flane* (novel word), they will select the hitherto unknown object. They do not assume that the novel label is an alternative word for one of the familiar objects (Au/Glusman 1990).

The power of lexical principles

If children did not learn to violate the discussed principles, they would not be able to acquire a hierarchically structured lexicon as they would not be able to build up taxonomic relationships such as 'rose – flower – plant' or 'terrier – dog – animal – mammal' let alone to tolerate lexical overlap as in synonyms. They would also not be able to acquire two first or second languages as the *mutual exclusivity assumption* would make them refuse two or more words for one object.

These principles enable the children to rapidly acquire an object lexicon with a flat non-hierarchical structure. In order to lay the foundations of the adult lexicon's structure, however, children have to accept that the principles have to be violated when there is evidence that requires this. Therefore, the principles cannot be understood as constraints working on an all-or-nothing-basis. They have to be viewed as default assumptions which are utilised whenever no other evidence is available. This eventually goes for both children and adults (Woodward 2000).

Lexical principles in second language acquisition

A series of experiments suggests that, perhaps not surprisingly, lexical principles are also at work in second language acquisition (Rohde 2005). Interestingly, however, there is at least some evidence from production data provided by German children staying in California for six months, that suggests that the lexical principles play a more dominant role in L2 than in L1 acquisition. The lexicons of the four children (aged 4 to 9 at the time) reveal a strong reliance on the taxonomic assumption: almost all object names are basic level terms (the intermediate lexical level at which a representative can still be visualised as an exemplar, e.g. 'dog' or 'cat' rather than the abstract terms 'animal' or even 'mammal'). There is no hierarchical structure. In addition, there are virtually no synonyms in the children's lexicons (one exception being the adjectives 'big' and 'large' – the latter, however, is only used in specific contexts with drinks) (Rohde 2005, 137–140). Why should second language learners proceed in that way? They do know that there are subordinate, superordinate and synonymous object words from their German lexicon. Why do they not build up lexical structures in this fashion in their second language – at least not during the six months of their stay? They would only have to transfer the acquired structures from their L1. They (tacitly) know that the lexical principles have to be violated in concrete situations. Why do they not use that knowledge? Why do they (seem to) fall back into developmental stages that they had passed? One answer to these questions could be a pragmatic one: The children realise that sticking to the principles in their L2 production enables them to rapidly build up a lexicon which gives them the opportunity to refer to as many objects in their environment as possible. A more refined hierarchical structure is not (yet) required. As long as they can refer to basic level objects, basic communication with L1 English speakers can be secured. There is no need to use subordinate or superordinate labels (which may be part of the children's receptive lexicons). Obviously, this interpretation of the lexical data has to rest upon speculation, and other second language learners may proceed differently in a similar situation. What remains striking, however, is that the predictions of the lexical principles are clearly mirrored in the structure of the children's object word lexicons.

Conclusion

This paper intended to demonstrate that German L2 learners of English in both naturalistic situations and CLIL/immersion programmes do not require explicit, rule-based second language teaching. Given sufficient opportunity to produce L2 utterances, they entertain their own assumptions as to the nature of (some) second language structures. Two such assumptions – one relating to verb morphology, the other to object word meaning – have been explored. It is not relevant here whether these assumptions are innate or develop along with the children's first language. It is important that they are available in first language acquisition and facilitate the task considerably by restricting the potential possibilities a linguistic form can take. The assumptions under scrutiny here can be regarded as stepping stones in language acquisition. They have to be revised and violated in order to arrive at the target-like structures of the learners' L1. It has been shown that these assumptions are available in their original 'strong form' in second language acquisition. Learners then revisit these assumptions for their new task even though their L1 experience suggests that these same assumptions reflect a simplistic notion of the structures to be learnt and have to be violated in any case. Thus, the L2 learner is equipped with structural linguistic knowledge that is not language-specific and which does not have to be learnt afresh for the L2. Given the time to produce L2 utterances and form hypotheses about the new language, these assumptions are 'revived' making the learner's life considerably easier.

In many second language classroom situations, learners are not given the opportunity to test their hypotheses, be it for time or input restrictions. If, for example, teachers underuse a form such as the progressive (which is still the case in early English teaching in Germany due to the makeup of some specific English textbooks), learners will take longer to find out the relationship between verbal inflections and lexical aspect.

Annotation

[1] It is irrelevant here that this and many other verbs used by L2 learners are not target-like in the early stages of L2 development. Rather, it is important that this verb which doesen't denote duration like *play* or *sing* does, appears with a past inflection, virtually focussing on the punctuality expressed by the verb.

References

Andersen, R. W./Shirai, Y. (1994). "Discourse motivations for some cognitive acquisition principles." In: *Studies in Second Language Acquisition 16*, 133–156.

Au, T. K./Glusman, M.(1990). "The principle of mutual exclusivity in word learning. To honor or not to honor?" In: *Child Development 61*, 1474–1490.

Clark, E. V. (1993). *The Lexicon in Acquisition.* Cambridge: Cambridge University Press.

Kersten, K. (2009). *Verbal Inflections in L2 Child Narratives. A Study of Lexical Aspect and Grounding.* Trier: WVT.

Markman, E.M. (1989). *Categorization and Naming in Children. Problems of Induction.* Cambridge, MA & London: M.I.T. Press.

Markman, E.M. (1994). "Constraints on word meaning in early language acquisition." In: Gleitman, L.R./Landau, B. (Eds.). *The Acquisition of the Lexicon.* Cambridge, MA & London: M.I.T. Press, 199–228.

Rohde, A. (1996). "The aspect hypothesis and the emergence of tense distinctions in naturalistic L2 acquisition." In: *Linguistics 34*, 1115–1137.

Rohde, A. (1997). *Verbflexion und Verbsemantik im natürlichen L2-Erwerb.* Tübingen: Narr.

Rohde, A. (2002a). "The aspect hypothesis and the L2 reacquisition of verbal inflections." In: Burmeister, P./Piske, T./Rohde, A. (2002). *An Integrated View of Language Development. Papers in Honor of Henning Wode.* Trier: WVT, 134–151.

Rohde, A. (2002b). "The aspect hypothesis in naturalistic acquisition: what uninflected and non-target-like forms in early interlanguage tell us." In: Salaberry, R./Shirai, Y. (Eds.). *The L2 Acquisition of Tense-Aspect Morphology.* Amsterdam/Philadelphia: John Benjamins, 199–220.

Rohde, A. (2005). *Lexikalische Prinzipien im Erst- und Zweitsprachenerwerb.* Trier: WVT.

Rohde, A. (2008). „Pencils and my brother – Lexikalische Kategorisierung und lexikalische Prinzipien als interkulturelle Universalien." In: Bosenius, P./Rohde, A./Wolff, M. (Eds.). *Verstehen und Verständigung. Interkulturelles Lehren und Lernen.* Trier: WVT, 51–66.

Waxman, S. R./Markow, D.B. (1995). "Words as invitations to form categories: Evidence from 12- to 13-month-old infants." In: *Cognitive Psychology 29*, 257–302.

Woodward, A.L. (2000). "There is no silver bullet for word learning: Why monolithic accounts miss the mark." In: Golinkoff, R.M./Hirsh-Pasek, K./Bloom, L./Smith, L.B./Woodward, A. L./Akhtar, N./Tomasello, M./Hollich, G. (Eds.). *Becoming a Word Learner: A Debate on Lexical Acquisition.* Oxford: Oxford University Press, 174–179.

Ute Massler und Sophie Ioannou-Georgiou

Best practice: How CLIL works

5

The purpose of this chapter is to describe strategies and techniques used by experienced and effective CLIL teachers in integrating content and language. The chapter will first focus on ways and methods that help teachers make their input in the foreign language comprehensible for the students as well as ways to encourage and support output production by the students. Furthermore, the chapter will discuss general guidelines that support CLIL teachers in explaining content concepts and tasks in the L2.

Introduction

Both CLIL teachers and their non-CLIL colleagues need to teach the general curriculum. This is where their tasks are similar. Nevertheless, due to the dual focus on language and content within CLIL instruction there are also differences in their teaching situations, and one can argue that the CLIL teachers' responsibilities are more demanding. Indeed, very much like immersion teachers, CLIL teachers wear "two hats all the time" (Snow 1990). They need to be subject teachers and foreign language teachers.

CLIL teachers need to use the specific methods and techniques of two subjects and combine them effectively in such a way that the pupils acquire both sets of knowledge, skills and competences. Simply teaching the content subject in the foreign language won't be sufficient, nor will merely providing language instruction parallel to content instruction.

This chapter will discuss general guidelines and various techniques which can help CLIL teachers cope with the dual focus of CLIL teaching. In particular, this chapter will look into techniques for verbal scaffolding and content scaffolding (compare Massler/Ioannou-Georgiou/Steiert 2010).

Verbal scaffolding refers to ways and methods to make oral input comprehensible for the students. It also refers to methods which enable students to participate in the lesson actively and meaningfully, despite any limitations imposed on them by their current linguistic competence (compare Peregoy 1991, Gibbons 2002, Echevarrìa et al. 2006/2010). Content scaffolding refers to techniques which can assist and support students' understanding of, and engagement with, the content (Echevarrìa et al. ibid).

Echevarrìa et al. also include learning process scaffolding techniques. These are also very important and assist CLIL teachers in supporting students' working and learning processes. Due to space limitations, however, these techniques could not be discussed in this chapter. Interested readers can refer to Massler/Ioannou-Georgiou/Steiert (2010), O'Malley and Chamot (1990).

The techniques discussed here are based on published knowledge on teaching content through a foreign or second language in immersion settings (e.g. Snow 1990, Peregoy 1991, Burmeister 2006a, b, c), in CLIL teaching in primary and secondary schools (Butzkamm 1998, Clegg 2001, Thürmann 2000) and in sheltered instruction settings such as SIOP (Echevarrìa et al. 2006/2010). Furthermore, the data presented in this chapter derive from the analysis of numerous video recordings of primary CLIL lessons from Germany and Cyprus recorded during the ProCLIL project over a period of three years.

The techniques shown in the table below were identified in the data and evaluated as to foster the cognitive, linguistic and affective needs of students' learning content subjects through a second or foreign language. They will be presented here and illustrated with the help of lesson transcripts, worksheets or photos from classrooms.

Verbal Scaffolding Techniques		**Content Scaffolding Techniques**	
Input-oriented scaffolding techniques	Output-oriented scaffolding techniques	Assisting understanding of content concepts	Explaining tasks
Providing key vocabulary and phrases		*Referring to previous knowledge and experiences/learning*	*Giving clear instructions*
Using supportive error correction		*Defining, displaying and reviewing content and language objectives*	*Providing a model of a process, task, or assignment*
Using level-appropriate speech	*Providing sufficient wait time for student responses*	*Using visualization techniques*	*Checking the understanding of task instructions*
Animating language	*Allowing students to code-switch*	*Fostering active discovery of concepts*	
Building redundancy	*Offering verbal scaffolding to students*	*Allowing students to discuss or work on content concepts in mother tongue*	

Verbal Scaffolding Techniques		Content Scaffolding Techniques	
Input-oriented scaffolding techniques	Output-oriented scaffolding techniques	Assisting understanding of content concepts	Explaining tasks
Modelling correct language use	*Offering alternative ways of expressing understanding*	*Providing review of key vocabulary and key content concepts during lessons*	
Scaffolding through careful mother-tongue use		*Checking understanding regularly and giving feedback*	

Verbal scaffolding techniques: Making input comprehensible and facilitating student output

The verbal scaffolding techniques discussed in this part are separated into two categories:

a) input-oriented scaffolding techniques which focus on making teacher L2 input understandable for students; and
b) output-oriented scaffolding techniques which focus on how students can be assisted in expressing understanding and in participating actively in a CLIL lesson even with limited L2 competence.

Input-oriented scaffolding techniques

Using the appropriate speed for students' proficiency level
Sometimes CLIL teachers tend to oversimplify their L2 input in order not to overburden their students' cognitive capacities by using language that seems too complex for them. This can result in poor quality input with only very short sentences, frequent repetition of structures and very limited vocabulary. This technique might at first ensure students' understanding. Ultimately though, it deprives students of high quality language input that is one of the prerequisites for successful language learning (e.g. Lightbown and Spada 1999). It thus hinders rather than assists language acquisition.

There are, however, techniques which can help teachers adapt their linguistic input to the level of the students without compromising the actual quality of the input. Such techniques are: slowing down the rate of speech (e.g. Zhao 1997), increasing the pauses between phrases, including rather short sentences, or repeating and paraphrasing frequently (Snow 1990, Echevarrìa et al. 2010). These techniques are especially suitable for beginners, but teachers should make sure that their use is gradually reduced with the development of students' language skills. Furthermore, teachers, parents and students need to understand that it is not necessary to know every single word in order to comprehend the intended messages. Effective teachers can employ a range of techniques that support comprehension without compromising the quality of the input. Some of these techniques will be discussed later in this chapter.

Animating language use

As students are very often not familiar with the vocabulary necessary to talk about subject content, it is important that CLIL teachers combine their language input with miming, gestures and facial expressions. Snow (1990) explains that this extensive use of body language offers contextual information and helps students to link abstract concepts with concrete examples thus supporting students' understanding of what their teacher is saying. For example, with very young learners, when saying "In autumn when it gets colder, some birds fly away to the south of Spain" the teacher could for example point to a picture of a landscape in autumn, pretend to shiver and rub her arms, then show a picture or a model of a migrant bird, make flying movements and trace the migration route of the bird from its summer to its winter habitat on a map for everyone to see.

Furthermore, teachers can also animate their voice by colouring its various expressions (sad, angry, etc.) and by using a variety of intonation patterns – perhaps even by employing exaggerated intonation in order to support comprehension.

Building redundancy into the lessons

Chaudron (1983), Pica/Young and Doughty (1987) and Chiang/Dunkel (1992) showed the value of redundancy in improving comprehension. Enriching linguistic input with repetition of keywords or phrases, simple paraphrasing and synonyms already known by the students creates more opportunities for comprehension. In the excerpts below we can see examples of redundancy used by a CLIL (Geography) teacher in Cyprus.

Excerpt 1:

T: Can you show the planes in your atlas? Ok, show me where is the plane?

Excerpt 2:

T: Yes, near the ocean. Near the sea. We said that there is wet … wet … a lot of rain. Wet weather from the ocean. So in the North, … North West of Germany we have got the oceanic climate.

Excerpt 3:

T: What about inland? Inside Germany? Inside? In the centre? In the East? In the central Germany? What climate do you think there is?

Excerpts 1 and 2 show clear examples of the teacher using repetitions of keywords and phrases. In excerpt 1 the teacher repeats the two keywords for comprehension of the intended message, namely: 'show' and 'plane'. She also rephrases the question into a shorter structure, "Where is the plane?" Excerpts 2 and 3 rely more on use of synonyms (ocean/sea, wet/rain, inland/inside).

Teachers often use a combination of methods in order to build redundancy and make their input comprehensible.

Apart from linguistic redundancy, teachers can also add a type of redundancy of content goals into the lesson by making sure the target content is frequently encountered during the lesson in a variety of activities and at different stages in the lesson. Although planning such structure into a lesson is good practice for all subjects, it is especially important for CLIL in that it functions in a similar way to linguistic redundancy. By this we mean that such practice offers the students more opportunities for understanding and learning content subject goals so that potential difficulties due to the use of a foreign language may be compensated for by increased exposure to subject contents.

Teacher modelling of correct language use

Like in EFL teaching, CLIL teachers are often the primary – if not the only – language model for the learners. It is, therefore, important for the teacher to paraphrase, rephrase, correctly restate or expand a child's utterance in order to model correct foreign language use. All these techniques are very important not only for facilitating comprehension as mentioned before, but also for learners to receive feedback and improve and develop their abilities in the CLIL language (e.g. Long 1981, Pica et al. 1987, Swain 1995).

Sometimes the learners' developmental level may not allow noticing of the teacher's implicit correction techniques such as paraphrasing or correct rephrasing (recasting). Nevertheless, not all students are at the same developmental stage, and some may benefit from the feedback offered.

<u>Excerpt 4:</u>
L: Ottava
T: Very good Ottawa in English and in Greek Ottava

The student gives the right answer, but mispronounces a word. The teacher accepts the reply as correct with respect to content, but repeats the word with correct pronunciation drawing attention to the mistake by explaining the difference between the Greek and the English pronunciations of the word.

Scaffolding through careful school language use

Although CLIL teachers want to use the CLIL language as much as possible, the school language has an important role to play. It is a resource the children already have, and that teachers can use in the classroom. The role of the school language is especially important at the initial stages of CLIL implementation or with students who are just starting to learn the foreign language. It can then act to increase feelings of safety and lower anxiety in students. Furthermore, employed cautiously and consciously, the school language can be employed as a general scaffolding tool which can be used by students and teachers in order to help them reach their desired goals. The school language is also important when teachers and students reflect on the outcomes of experiments or embark on self-assessment or a more general review of the learning process. These processes require reflection and perhaps more complex L2 skills than most primary students might have at least for most of their primary school year.

Output-oriented scaffolding techniques

Providing key vocabulary and phrases
One of the most basic techniques for output scaffolding is to provide the CLIL students with key vocabulary and phrases which can help them both in input comprehension and output production.

In a grade 5 home economics lesson the teacher focused on the key vocabulary (chop, cut, add, mix, serve) needed for preparing a fruit salad. This helped her make the particular lesson understood by the students, but also enabled them to carry out the activities. She first presented the words and used gestures and miming to make them understood. She then wrote them on the board for the students to have visual input of the words, focusing their attention on the key vocabulary. Finally, the words remained on the board throughout the lesson to help the students during the various activities. One of the activities required students to fill in the right words describing the process of making a fruit salad in a recipe and then to act accordingly.

Once keywords and/or phrases have been introduced, it is important to help students retain them. This can be supported by displaying these keywords or phrases in wall-posters or on notice-boards around the classroom.

Using supportive error correction
Generally, dealing with student errors is a sensitive area in CLIL teaching although of course this holds true for regular EFL instruction, too. For several reasons though CLIL students are more likely to make mistakes than EFL students: 1) errors can derive from two different sources – content and language – and are thus potentially more numerous; 2) students' output is less predictable than in EFL teaching and thus can't be scaffolded as well, for example when students are supposed to verbalise their pre-knowledge or hypothesise on the outcome of an experiment. Therefore CLIL teachers will often encounter situations

in which they may wonder whether to correct an utterance that was wrong linguistically, but right as regards content, or the other way around.

As content learning is crucial it can be argued that content errors will always be corrected but that teachers need to judge when to correct linguistic errors. Important points here are not to demotivate students and not to deduct from their successful results with respect to content. The CLIL teacher, therefore, needs to evaluate carefully which linguistic errors should be corrected.

There are, for example, developmental errors which reflect the respective developmental stage within the acquisitional process, or errors due to interference from the students' native language (Lightbown/Spada 1999). Correcting such developmental errors might not bring results as the student is not yet ready to grasp the new form (Ellis 1994). Nevertheless, rephrasing students' utterances in CLIL lessons by using the correct words or structures is important in that it provides the children with good quality input (compare e. g. Snow 1990).

Regardless of what errors are corrected, correction should always be done in a friendly, sensitive and supportive manner. Often, correction needs to be carried out during an activity and should not, therefore, interrupt the main meaning focus of the activity. It should thus be done in a non-obtrusive way, using indirect error correction techniques such as repeating an utterance while correcting the error, or by asking clarification questions so as to enable the student to self-correct.

<u>Excerpt 6:</u>
L: The green colour is the plaze.
T: Very good. The green colour IS FOR THE PLANE. Point in your atlas the green colour. The planes – very good. Yes.

In the above excerpt, the teacher accepts and gives positive feedback for the correct answer as regards content. She then continues, without disturbing the flow of the lesson, and recasts (correctly rephrases) the problematic phrase "is for the plane". While continuing with the task, she finds another opportunity to repeat the main content-word (plane) and to emphasise the correct pronunciation of the word (see also Burmeister 2007).

It is essential, however, to draw more attention to important and reoccurring errors. In such cases, a teacher may plan mini-lessons which focus on commonly-made mistakes within a particular group or class. If students have both CLIL and foreign-language classes, the CLIL teacher can cooperate with the foreign language teacher so that more attention can be given to problematic linguistic features during the foreign language lesson.

Allowing sufficient wait time for student responses
CLIL students do not only need more time to understand what is being said, but also need longer to process ideas in the new language and to formulate the phrasing of their thoughts (compare Echevarrìa et al. 2010: 133). Therefore, increasing the wait time before nominating a student to reply to a question or solve a task has beneficial results. Tobin (1987), for example, reports that increasing wait time by 3–5 seconds led to longer and more complex verbal responses by learners.

It is important for CLIL teachers to become aware of this need and be more patient when waiting for student responses.

Code-switching
Code-switching can be a useful strategy employed by the learners in order to compensate for gaps in their L2 linguistic competence (compare Butzkamm 1998). It is a technique which especially enables beginners to communicate. Nevertheless, if code-switching indicates gaps in the L2, then teachers should take note of these gaps and try to cater to their students' needs. One way of doing that is to repeat the word or phrase in the L2, thus providing the learners with the language they were lacking. Although situations like these arise in "regular" EFL instruction too, they might occur more frequently in CLIL teaching due to the additional linguistic demands placed on the students by working with the subject content. If, on the other hand, teachers feel that students are using the school language without any justification and despite the fact that they are familiar with L2 terms, then they should encourage them to try harder to use the L2, perhaps by asking them to repeat the utterance again in the L2. CLIL teachers are cautioned not to code-switch themselves unless this is based on careful didactic decisions.

Offering verbal scaffolding to students
This section looks at how teachers can offer scaffolding to students so as to enable them to communicate in the CLIL language about a specific content. Scaffolding for students' oral production can be offered either verbally or in written form and can be done in various ways such as giving students the beginning of the phrase they need to get started (compare Clegg 1999, Thürmann 2000) or simply encouraging them to take risks and express what they want to say. Another manner of providing verbal scaffolding is to bridge or prompt between what the students could say and what he/she wanted to say (Thürmann 2000). In that case the teacher would provide learners with a vocabulary item or a particular structure they seem to be lacking.

This kind of verbal scaffolding need not only be provided orally. Once the students can read and write, verbal scaffolding can also be provided in written form. Teachers can offer sentence starters or preformulated sentence chunks on the board. They can also provide substitution tables which students can use in order to express themselves (also see Clegg 1999).

Offering alternative ways of expressing understanding (or misunderstanding)
Due to language limitations, CLIL learners might find it difficult to express their understanding of information, concepts, skills or strategies. This is especially the case if they have to answer comprehension questions or summarise content knowledge in the L2 orally or in writing. CLIL teachers can reduce the cognitive demands placed on their students by allowing them to use other forms of expression. Students could be allowed to mime responses, to demonstrate their understanding by using symbolic representations found in charts or pictures, or alternatively, to use the school language, if the teacher deems this appropriate in the learning context.

In the picture, third grade (8–9 year-olds) have just been introduced to the concept of how rain is formed with the help of an experiment. As they have been learning English for only a little more than two years, they are not yet able to verbally explain how this process develops. Nonetheless, they are able to effectively demonstrate their understanding of the process by arranging pictures of a model at the blackboard using little L2 or the school language.

Content scaffolding techniques: Assisting understanding of content concepts and explaining tasks

This part of the chapter will suggest some methods which can help in explaining content concepts in the L2. To conclude, some techniques on how to explain tasks and check students' understanding are discussed.

Building on previous knowledge and experiences/learning – linking to students' lives
An important pedagogical principle of content subject teaching and thus of CLIL teaching, too, is to relate the new content to students' prior knowledge and experience (Snow 1990, Nuding 2004). In this manner, CLIL teachers help students connect the known with the unknown, the familiar with the unfamiliar. By drawing on their background knowledge, the CLIL teacher provides a scheme or frame of reference for new material (Snow 1990: 161) thus supporting student comprehension. The KWL chart (created by Ogle 1986), and its use for referring to students' previous knowledge and experience, will be explained in the next section as it can also be used to define, display and review content and language objectives.

Defining, displaying and reviewing content and language objectives with students
Due to the dual focus on content and language in CLIL instruction, students sometimes find it more demanding to know what is expected of them in terms of learning objectives. Thus, CLIL teachers need to define, display and review content and language objectives in a systematic and well-structured way (compare Echevarrìa et al. 2006). A technique which brings together previous knowledge, student interests and direction to the lesson is the KWL chart, where K refers to what the students want to Know, W to what the students Want to know and L what the students have Learnt at the end of the lesson. At the start of the lesson, students complete the first two sections: K and W. In doing so, not only are students' existing knowledge and experiences activated, but the students are also more strongly involved in shaping the direction of the lesson than if it were teacher-led. Proceeding like that can help students develop initiative and autonomy in their learning (Dörnyei 2001). At the end of the lesson the students revisit the chart or diagram and complete the L section (what I learned) which allows them to evaluate whether they achieved their goals as regards what they originally wanted to learn.

Using visualization techniques
Visualization techniques play an important role in CLIL teaching. They are not language dependent and can hence assist in making CLIL content clear and meaningful by allowing the students to associate language with its concrete referent through pictures and real-life objects (e. g. Snow 1990: 161). Computer simulation programmes, graphs, pictures, models, hands-on-manipulatives, body language, gestures, etc. can all be subsumed under the heading of visualization techniques. Below is an example for the use of visualisation in a worksheet. It enables third-grade students to independently formulate hypotheses on which materials burn and then to find out whether their assumptions were justified. It thus supports the principle described next that students should be allowed to actively discover content concepts.

FIRE EXPERIMENTS				
	what I think		**experiment**	
material	does burn	does not burn	does burn	does not burn
paper				
paperclip				
wool				
chalk				
hair				

Active discovery of concepts
Inexperienced CLIL teachers sometimes try to explain complex content constructs by giving lengthy L2 explanations, sometimes even without added visual support. On the contrary, CLIL expert teachers as well as good content subject teachers ensure their students' understanding by allowing them to explore content concepts actively. That means they provide a variety of activities such as hands-on materials or manipulatives to help students explore new content knowledge and stimulate learning (e. g. Snow 1990). Such activities may include listening, speaking, reading, writing, observing, deciding, experimenting, cutting, gluing, painting, selecting, drawing, and so on.

In a unit on the moon phases, fourth grade students (10-year-olds) were given a manipulative which showed how people on earth see moon phases differently depending on where the moon is positioned in relationship to the earth and sun. After working with the simulation, the students drew and wrote down their findings.

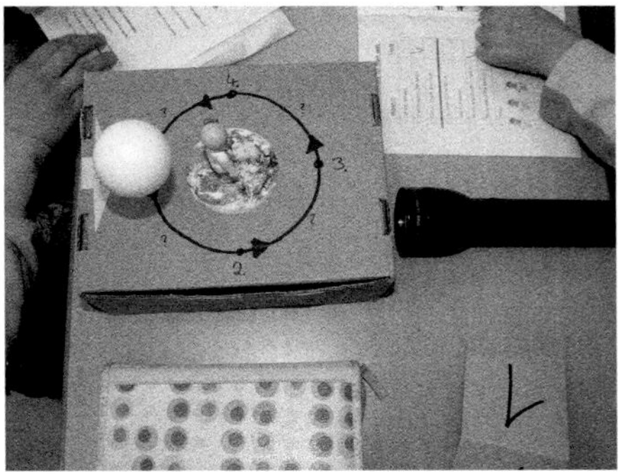

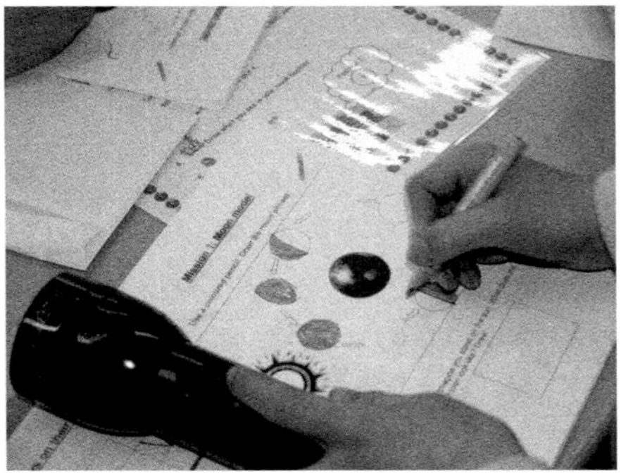

Allowing students to discuss or work on content concepts in the school language
Learning subject matter should involve an in-depth engagement with it, and students should also develop higher order thinking processes and engage in tasks which require them to employ such processes. Since primary school students in CLIL programmes have little linguistic resources in the L2, excluding the school language would limit the range of activities they could do in a CLIL lesson and consequently hamper their learning experience. Instead, a CLIL class should be considered a class where both languages can exist and support each other.

Thus, when a class cannot perform high-level tasks in the L2, teachers may plan their lessons so that windows of school language use might be created for discussion and in-depth engagement with the content. This can be a very useful technique in classes which have weak students or general mixed-ability classes. Using the school language during group work is, therefore, reasonable and potentially valuable since it offers the opportunity for the students to discuss and clarify concepts (Echevarrìa et al. 2010: 134).

Providing review of key vocabulary and key content concepts during lessons
It is argued that CLIL learners need more time and opportunities to practice and revise content and key vocabularies (compare Echevarrìa et al. 2006). Such opportunities can be provided through permanent or temporary displays of keywords and concepts, through brief quizzes in the forms of games or songs and chants. Such techniques provide quick and engaging ways of reminding the students of the key concepts and will be further discussed in the chapter 'Using stories and games in CLIL teaching' in this volume.

Regularly checking understanding and giving feedback
Snow (1990: 161) as well as Echevarrìa et al. (2006: 168) argue that students with few language skills devote considerable energy to figuring out what the teacher is saying, or the text is telling them, at a basic level. They have difficulty in evaluating which pieces of information are important to remember. Therefore, teachers must take the time to review, summarise and clarify the concepts or information taught at different key points in a lesson, and particularly during the plenary. Teachers can use quick checking activities interspersed throughout the lesson so as to ensure that the students are keeping up with the information/ concepts taught. Obviously, it is important to check understanding throughout the task stage of a CLIL lesson, and especially at the onset of a task. Comprehension of task instructions can be evaluated by asking a student to explain the instructions to the rest of the class, or by asking a pair or group to carry out a model task for the rest to see how it works (also see Massler in this volume).

Explaining tasks

Effective CLIL lessons are characterised by effective task instructions. If students are not clear about what they are expected to do, there will be a waste of time and energy, and confusion or disappointment will ensue. The following sections will present some guidelines as to how to give clear and comprehensible task instructions.

Using clear instructions for assignments and activities
In CLIL teaching, students will encounter instructions that are typical for specific content subjects such as, for example, those needed in experiments in chemistry lessons. Although receiving these kind of instructions in the L2 will initially be new to the students, keeping a certain repertoire of tasks will eventually make the tasks and the instructions familiar to the students and provide them with some predictability as to the lesson structure (Snow 1990: 161). In addition, the familiarity and recurring instructions will gradually assist students in learning the language of the instructions typical for the content subject.

Initially, however, the teacher will need to rely greatly on gestures, real objects and modelling in order to give clear instructions. Complex instructions can be understood if they are broken into small parts. For example, in a science lesson on the topic of wild animals versus domestic animals a primary teacher gave very difficult instructions to second-grade primary school students with little English. She made sure she had everyone's attention and spoke calmly, softly and in short sentences.

T: OK, everyone. Look here. We have some pictures. What animals can you see in these pictures?
Ls: Elephants!
Ls: Monkeys!
T: Yes, elephants (she shows the picture) and monkeys (shows the picture)
Ls: Zebra
Ls: Crocodile!
T: Very good. Zebras and crocodiles (shows pictures)
T: I will put these pictures on the floor (puts pictures on the floor). Tell me what are these pictures? (students shout out the names of the animals on the pictures as she puts them on the floor)
T: Now, I will give you all an envelope (shows the envelope). You will open it (she opens the envelope) and find a picture (she pulls out the picture). Here we are, Maria. Take the envelope (gives envelope to Maria), open it (waits for Maria to open it).
T: Tell us what is it?
M: Crocodile!
T: OK, then I put on the music (puts on the music) and we will walk around the pictures on the floor (walks slowly around pictures). When the music stops (assistant stops the music) I have to find my picture (shows her picture), step on it (steps on the right picture on the floor) and shout its name (shouts name).
T: Now, let's see Antonis and Georgia do it.

For each step of the instructions, she showed the real objects she was referring to, and she used hand gestures. After the excerpt above, she helped Antonis and Georgia go through the process while she was repeating the instructions step by step, gently assisting the children carry out the right actions. After that, all the students carried out the activity, with everyone knowing exactly what to do.

Providing a model of a process, task, or assignment

It requires a certain level of linguistic competence to understand verbal instructions for an experiment or a complex task. Primary CLIL students are more likely to succeed in following task instructions if they are given a concrete model of the process, task or assignment. For example, a CLIL home economics teacher of 10-

year-olds with only 2 years of English wanted to give instructions for a task in which the children would investigate a range of packaged food products, reading their ingredients, finding out when they expired and whether they had preservatives or sugar. First she presented a poster-sized ingredients list of a particular product and modeled the activity herself, showing the class how she searched to find the information. She then invited students to continue searching for information on the poster. Once the class was clear about the process, she asked them to work in pairs and gave them a worksheet and a range of packaged food items for them to investigate.

Conclusion

This chapter has tried to show a variety of teaching techniques which have been identified as useful and effective not only by the existing literature, but also from our experience in CLIL implementations in primary education in Germany and Cyprus. The techniques discussed in this chapter were divided into the two broad categories of verbal scaffolding and content scaffolding. There are more categories one could explore and more techniques to discuss, but the limitations of space could not allow us to go into an exhaustive discussion of all existing techniques. The chapter hopes, however, to have offered a basic understanding and awareness of some of the most important techniques which help transform a CLIL classroom into an effective learning environment.

References

Burmeister, P. (2006a). „Immersion und Sprachunterricht im Vergleich." In: Pienemann, M./ Kessler, J.-U./Roos, E. (Hrsg.). *Englischerwerb in der Grundschule*. Paderborn: Schöningh/ UTB, 197–216.

Burmeister, P. (2006b). „Frühbeginnende Immersion." In: Jung, U. O. H. (Hrsg.). *Praktische Handreichung für Fremdsprachenlehrer.* Frankfurt a. M.: Peter Lang Verlag, 385–391.

Burmeister, P. (2006c). „Bilingualer Unterricht in der Grundschule." In: Timm, J.-P. (Hrsg.). *Fremdsprachenlernen und Fremdsprachenforschung: Kompetenzen, Standards, Lernformen, Evaluation*. Tübingen: Gunter Narr Verlag, 197–212.

Burmeister, P. (2007). „Fremdsprachliches Sachfachlernen im Anfangsunterricht." *Take off! Zeitschrift für frühes Englischlernen 1/2007*, 6–9.

Butzkamm, W. (1998). „Code-Switching in a Bilingual History Lesson". In: *International Journal of Bilingual Education and Bilingualism 1(2)*, 81–92.

Chaudron, C. (1983). "Simplifications of Input: Topic and Reinstatements and their Effects on L2 Learners' Recognition and Recall". In: *TESOL Quarterly 17*, 437–458.

Chiang, C.S./Dunkel, P. (1992). "The Effect of Speech Modification, Prior Knowledge and Listening Proficiency on EFL Lecture Learning.". In: *TESOL Quarterly 26*, 345–374.

Clegg, J. (2001). "Education through the medium of a second language". In: Edelhoff, C. *Neue Wege im Fremdsprachenunterricht.* Hannover: Schroedel Verlag, 55–63.

Dörnyei, Z. (2001). *Motivational strategies in the language classroom.* Cambridge, England: Cambridge Language Teaching Library.

Echevarrìa, J./Vogt, M.E./Short, D. (2006). *Making Content Comprehensible for English Learners. The SIOP Model.* Boston u. a.: Pearson.

Echevarrìa, J./Vogt, M.E./Short, D. (2010). *Making Content Comprehensible for Elementary English Learners. The SIOP Model.* Boston u. a.: Pearson.

Ellis, R. (1994). *The Study of Second Language Acquisition*, Oxford: England. Oxford University Press.

Gibbons, Pauline (2002). *Scaffolding Language, Scaffolding Learning. Teaching Second Language Learners in the Mainstream Classroom.* Portsmouth, NH: Heinemann.

Lightbown, P./Spada, N. (1999). *How Languages are Learned.* Oxford: England. Oxford University Press.

Massler, U./Ioannou-Georgiou, S./Steiert, C. (2010). „Effective CLIL Teaching Techniques." In: S. Ioannou-Georgiou/P. Pavlou (Eds.). *Guidelines for CLIL Implementation in Primary and Pre-primary Education.* Cyprus Pedagogical Institute, 67–98.

Long, M. (1981). "Input, interaction and second language acquisition." In: H. Winitz (Ed.) *Native Language and Foreign Acquisition.* Annals of the New York Academy of Sciences, 379, 259–278.

Nuding, Anton (2004). *Leistungsbeurteilung im Sachunterricht.* Schneider Verlag Hohengehren GmbH: Stuttgart.

O'Malley, J. M/Chamot, A. U. (1990). *Learning strategies in second language acquisition.* Cambridge: England: Cambridge University Press.

Ogle, D. (1986). "K-W-L: A teaching model that develops active reading of expository text." In: *The Reading Teacher 39*: 564–570.

Peregoy, S. F. (1991). „Environmental scaffolds and learner responses in a two-way Spanish immersion kindergarten." In: *The Canadian Modern Language Review 47/3*, 463–476.

Snow, M.A. (1990). "Instructional methodology in immersion foreign language education". In: Padilla, A.M./Fairchild, H.H./Valadez, CM. (Eds.). *Foreign language education: Issues and strategies.* Newbury Park, CA: Sage, 156–171.

Pica, T./Young, R.,/Doughty, C. (1987). "The impact of interaction on comprehension." *TESOL Quarterly, 21*(4), 737–758.

Swain, M. (1995). „Three functions of output in second language learning." In: Cook, G./ Seidlhofer, B. (Eds.). *Principle and practice in applied linguistics: Studies in honour of H.G. Widdowson.* Oxford: Oxford University Press, 125–144.

Thürmann, E. (2000). „Eine eigenständige Methodik für den bilingualen Sachfachunterricht?" In: Bach, G./Niemeier, S. (Hrsg.). *Bilingualer Unterricht: Grundlagen, Methoden, Praxis, Perspektiven.* Frankfurt am Main, 75–97.

Tobin, K.G. (1987). "The Role of Wait Time in Higher Cognitive Level Learning." In: *Review of Educational Research* Vol. 57 No.1, 69–95.

Zhao, Y. (1997). "The effects of listeners' control of speech rate on second language comprehension". In: *Applied Linguistics 18*, 49–68.

6

Daniel Stotz

Handlungs- und Denkmuster beim Verknüpfen von Sachthemen mit handlungsorientiertem Sprachenlernen

Einführung

Mithilfe des CLIL-Ansatzes wird in der Grundschule ein Basisrepertoire an Fertigkeiten in den Bereichen der kommunikativen Handlungsfähigkeit und in der Anwendung von neu erworbenem Sachwissen aufgebaut (Zydatiß 2000, Bosenius 2004). Anhand von bildungsrelevanten fächerübergreifenden Sachthemen aktivieren die Lehrkräfte mit Unterstützung von vielfältigen Materialien und Realien die Schülerinnen und Schüler. Dieses Kapitel diskutiert die Herausforderungen, die sich im frühen CLIL-Unterricht stellen. Es fokussiert auf Handlungsorientierung, Sprachsupport und Sprachaufbau und thematisiert insbesondere die Kombination von Denkfähigkeiten und Handlungsorientierung.

Handlungs- und Denkmuster mit Sprachsupport

Unterrichtsverläufe, die gemäß der CLIL-Methodik gesteuert werden, bieten eine Integration von sachthematischem Wissens- und Kompetenzaufbau mit Gelegenheiten für hauptsächlich implizites Sprachlernen. In den Worten von Mehisto et al. (2008: 29) führen sie zu einem *multiple focus*, indem verschiedene Sachthemen mit Sprachförderung integriert werden. Es wird ein *safe and enriching learning environment* mit aktuellen authentischen Materialien angeboten, und der Aspekt des *scaffolding*, des Lerngerüsts, kommt nicht zu kurz (*repackaging information in user-friendly ways, responding to different learning styles*). Es fragt sich allerdings, inwiefern auf der Grundschulstufe im Medium der Fremdsprache aktive Denkprozesse in Gang gebracht werden können. Alan Waters (2006: 319) kritisiert den herkömmlichen Fremdsprachenunterricht für seine manchmal mechanische Herangehensweise und schlägt vor, eine Typologie der Denkkategorien einzusetzen, um die Sprach- und Lernaktivitäten im Unterricht allgemein systematischer zu ordnen und günstige Bedingungen für Problemlösungsaufgaben zu erfassen. In Anlehnung an Blooms Taxonomie (Bloom 1956) und deren Adaptation durch Sanders (1966) schlägt Waters folgende Kategorien vor:

1. *Memory*: the recall or recognition of information
2. *Translation*: changing information into a different symbolic form or language
3. *Interpretation*: the discovery of relationships among facts, generalizations, definitions, values and skills
4. *Application*: solving a lifelike problem that requires the identification of the issue and the selection and use of appropriate generalizations and skills
5. *Analysis*: solving a problem in the light of conscious knowledge of the parts and forms of thinking
6. *Synthesis*: solving a problem that requires original, creative thinking
7. *Evaluation*: making a judgement of good or bad, right or wrong, according to standards designated by the student (Waters 2006: 320)

Die Kategorien sind als sequenziell geordnet und kumulativ zu verstehen; sie stehen also in einer hierarchischen Beziehung zueinander. Während bei den ersten beiden Kategorien die Lernenden sich im Bereich vorgegebener Information bewegen, müssen sie bei Aufgaben, die höhere Denkfähigkeiten (3. bis 7.) verlangen, über die vorhandenen Informationen hinausgehen und generalisierbares Wissen auf parallele, aber andersartige Kontexte übertragen können.

CLIL-Unterricht setzt voraus, dass Lernsequenzen so gestaltet sind, dass – abhängig von den in einer Klasse vorhandenen Sprachkompetenzen – eher niederstufige Denkmuster gefragt sind, wenn es um Produktion von Sprache geht. Rezeptive Aktivitäten (Hörverstehen und mit steigendem Schulalter und wachsender fremdsprachlicher Kompetenz zunehmend auch Leseverstehen) können Ausgangspunkt sein für Problemlösungsaufgaben auf etwas höherer Stufe (z. B. 3. oder 4.), vorausgesetzt die Lösung kann durch einfache Manipulationen wie z. B. Zuordnung oder Ausführen einer nonverbalen Handlung erarbeitet werden. In diesem Zusammenhang kommt auch der Schulsprache (hier Deutsch) eine bestimmte Rolle zu; sie eignet sich für punktuelle Aushandlungen, die höher stehende Denkmuster wie z. B. die Synthese von Beobachtungen voraussetzen.

Die Herausforderung an den CLIL-Unterricht besteht in der Frage, welche sachthematische Verarbeitungstiefe realistischerweise möglich und erstrebenswert ist, damit die Lernenden durch den rezeptiven und produktiven Gebrauch der Fremdsprache implizite Lerngelegenheiten wahrnehmen können und der erwünschte sprachlich-kommunikative Lerneffekt zu Stande kommt. Dabei spielt der Faktor Kontaktzeit eine entscheidende Rolle (siehe auch Festman/Kersten in diesem Band).

Im Folgenden wird gezeigt, wie mittels geeigneten Lehrmitteln und Unterrichtsarrangements die zum Teil widersprüchlichen Anforderungen an CLIL-Materialien eingelöst werden können und welche neuen Fragen sich aus der Praxis ergeben.

Arbeiten und Lernen mit einem themenbasierten Lehrwerk

Im Deutschschweizer Bildungsraum Zürich – Schaffhausen – Zug haben sich die Entscheidungsträger auf den Grundlagen eines Schulversuchs (Schulprojekt 21, vgl. Büeler et al. 2001) entschlossen, eine inhalts- und handlungsorientierte Methodik zu empfehlen, mit der Englisch als erste Fremdsprache innerhalb von zwei wöchentlichen Stunden oder in kleineren Einheiten unterrichtet wird (BRB 2003). Dabei werden Themen aus Sachfächern und aus dem außerschulischen Alltag bearbeitet, indem Englisch als Kommunikationsmedium eingesetzt wird. Gemäß John Cleggs Einordnung (Clegg 2007: 2) wäre diese Unterrichtsform als *Content-based foreign language teaching* zu bezeichnen: *It is language teaching, even if it doesn't look like it.*

Im Rahmen dieses inhaltsorientierten integrativen Ansatzes wurde eine Lehrmittelreihe mit dem Titel *first choice* entwickelt, die sich gemäß Erfahrungen in CLIL-Schulen in Deutschland auch für den eigentlichen CLIL-Unterricht (Sachunterricht in Englisch) eignet. *First choice* (Littlejohn et al. 2003 – 2005) ist ein Englischlehrmittel für Kinder im Alter von 8 bis 10 Jahren. Es wird in den Kantonen Zürich und Schaffhausen als obligatorisches Lehrmittel ab der 2. bzw. 3. Klasse eingesetzt. Die zehn Themen (*One world, many people; Colours; The seasons; Transport; Natural forces; Plants; Food; Animals; Where we live; Our five amazing senses*) basieren auf dem Sachfachlehrplan (in erster Linie Mensch und Umwelt, Gestalten und Musik) und einer Abwandlung des CLIL-Ansatzes (*educational approach*, siehe unten). Das Lehrmittel ist altersgerecht und berücksichtigt die vielfältigen Erfahrungen der Lernenden. In einem Schuljahr werden zwei bis drei der zehn Themen behandelt. Ein Modul oder *Topic* besteht aus einem *Topic Book*, einem *Activity Book* und den *Teacher's Notes* mit Kopiervorlagen und Audio-CD. Dazu gibt es Poster, *Flashcards*, Folien und weitere Song-CDs.

Gemäß Andrew Littlejohn, einem der Ko-Autoren der *first choice* Lehrmaterialien, schafft der inhaltsbezogene Ansatz (den er als *educational approach* bezeichnet) die Unterscheidung zwischen Lerninhalt (*learning content*) und Aufhängerthemen (*carrier content*) ab.

It starts from the assumption that language is used to mean something, to express an idea, to communicate a fact or an opinion. Language itself is not the focus in an educational approach. The children focus instead on the content or educational process they are going through, and in doing so are exposed to and use language. Language is introduced to serve the topic, not the other way round. (Littlejohn 2005: 5).

Mit dieser Perspektive wird der Englischunterricht geöffnet für Lerninhalte, die unmittelbar bildungsrelevant sind, ohne dass umfassende sachfachliche Lernziele mit dem Medium der noch kaum ausgebauten Fremdsprache erarbeitet und erfüllt werden müssen.

Schülerinnen und Schüler konstruieren also neues Wissen, indem sie einerseits verarbeiteten Input an bekannte kognitive Strukturen anbinden und anderseits durch eigene Denkvorgänge und Handlungen Hypothesen testen. Problemlösungsaktivitäten fördern beide Prozesse in besonderem Maß (Waters 2006: 319). Es scheint klar, dass CLIL-Unterricht sich nicht an einem Transmissionsmodell von Lehre orientieren darf, sondern die Kinder in Sprachhandlungs- und Denkzyklen einbeziehen muss. Dabei spielen eigene Erfahrungen, die im Hier und Jetzt des Klassen- und Gruppenunterrichts gemacht werden, eine entscheidende Rolle (Littlejohn 2005: 10). Die Authentizität, von der Mehisto et al. (2008: 29) sprechen, bezieht sich demnach auf die *„regular connection between learning and the students' lives"*.

Ein Aufgabenzyklus über die Jahreszeiten

Ein Beispiel aus dem Modul *The seasons* veranschaulicht die thematische Steuerung einer Lernsequenz und die unterschiedlichen Anforderungen an die Denk- und Handlungsfähigkeiten der Schülerinnen und Schüler (SuS). Die Nummerierung der unten aufgelisteten Aufgabenschritte (1.1 etc.) dient der späteren Referenzierung zu den Denkfähigkeiten nach Waters (siehe Kapitel 3.2).

The four seasons: How the year changes

1.1 SuS hören einen Dialog über die Vorlieben von Kindern bezüglich Jahreszeiten. Sie ordnen Bilder mit saisonalen Aktivitäten entsprechenden Sätzen zu (z.B. *You can play in the sun*).

1.2. SuS erfahren etwas über den physikalischen Grund für die Jahreszeiten (siehe Abb. 1). Sie machen eine *True/False*-Übung (z.B. *The longest day is in winter*). Sie überprüfen ihre Antworten mithilfe eines Hörstücks.

1.3. SuS füllen einen Lückentext aus zu den Monaten (Wie viele Tage hat jeder einzelne Monat?).

Abb. 1 How the year changes (***first choice***, The Seasons, Topic Book, S. 3)

We have different seasons.

In one year the earth travels around the sun.
First one half leans towards the sun, then the other.

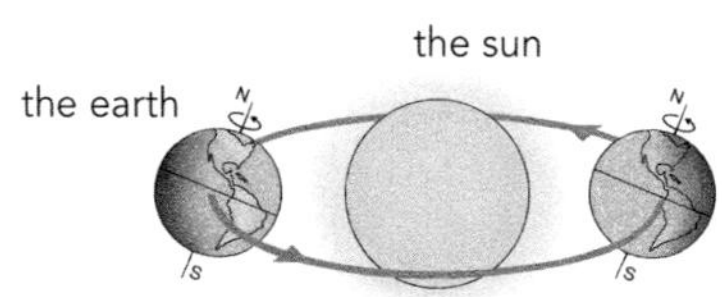

In dieser Sequenz machen sich die Schülerinnen und Schüler mit den Namen der Jahreszeiten und den Monatsnamen bekannt. Die Aussage zur Begründung der Jahreszeiten ist ein Beispiel dafür, wie sachfachliche Fakten aufbereitet werden müssen, damit sie für Grundschüler erfass- und erinnerbar sind und trotzdem wissenschaftlich korrekt wiedergegeben werden. Die beiden Sätze in Abb. 1 (*In one year, the earth travels around the sun. First one half leans towards the sun, then the other.*) fassen eine komplexe physikalische Gegebenheit in relativ einfachen Worten zusammen. In den *Teacher's Notes* wird auf ein potentielles Missverständnis hingewiesen.

The seasons are the result of the tilt of the Earth's axis, they are not caused by the differences in the distance from the sun throughout the year of the Earth's orbit (these differences are extremely small). [...] (S. 3)

Den logischen Schluss, dass die Jahreszeiten in unseren Breitengraden die Folge des Phänomens *„one half leans towards the sun"* sind, müssen die Kinder mit Unterstützung der Zeichnung selbst ziehen. Im Lehrplan des Fachs „Mensch und Umwelt" ist für die Unterstufe vorgesehen, dass die Schülerinnen und Schüler „die allgemeinen Merkbegriffe" für die Monate und Jahreszeiten anwenden können, die kausalen Zusammenhänge werden jedoch erst auf der Sekundarstufe I erschlossen. Die Zeichnung unterstützt das Verständnis der Satzaussagen (... *very far from; nearer*). Entscheidend ist nun, wie mit der eingeführten Thematik *The seasons* weiter verfahren wird. In einer weiteren Einheit beschäftigen sich die Lernenden mit dem Wetter und einfachen Instrumenten, um es zu dokumentieren:

2.1 SuS betrachten verschiedene Instrumente (*thermometer, rain gauge, wind vane*). Hier liegt der Fokus auf deren Funktion, nicht beim Erlernen der komplexen Wortbilder. (*It tells us it's hot. / It tells us about the wind. / It is windy.*)

2.2 SuS arbeiten mit Wettersymbolen und -karten aus der Zeitung; sie zeichnen oder kleben sie auf eine Kopiervorlage und begegnen dabei weiteren Wetterwörtern (*sunny, rainy, windy*). Die Wortbildungsmuster (*sun – sunny, wind – windy*) sind Beispiele für sprachliche Lerngegenstände, die implizit Spuren hinterlassen dürften. Zur Förderung von Sprachbewusstheit könnten ähnliche Muster im Deutschen und in Herkunftssprachen herangezogen werden (*sonnig, soleado, ventoso*).

Erst nach dieser Grundlagenarbeit, in der teilweise vorhandenes Alltagswissen in der Fremdsprache rekonstruiert wird, folgen handlungs- und problemorientierte Aktivitäten, und zwar bezogen auf einzelne Jahreszeiten, womit die kognitive Komplexität reduziert wird. Aus Platzgründen muss das Beispiel *Autumn* hier genügen:

3.1 Nach einem Input zu Wetterwechseln im Herbst, speziell Stürmen, bearbeiten die SuS die in Abb. 2 verkürzt dargestellte Aufgabe (*quite a demanding task* gemäß *Teacher's Notes*). Ihr liegt die Beaufort-Skala der Windstärken zu Grunde, ohne dass darauf explizit eingegangen wird.

Abb. 2 Autumn weather (*first choice*, The Seasons, Topic Book, S. 17)

[17] **Look at these pictures. What happens in each picture?**

Find a picture. Write the letter.
[17] **Listen and check.**

- The flag is moving a little.
- The tree is bending a lot.
- The flag isn't moving.
- The house isn't there!
- The tree is bending a little.
- The tree is breaking.
- The flag isn't there.
- The roof is breaking.

3.2 Im *Activity Book* werden weitere Aufgaben angeboten: *before/after* Bilder zu einem Hurrikan; die SuS schreiben einfache Sätze (Abb 3). Sie hören einen einfachen Augenzeugenbericht (im *simple past*) und zeichnen die Zerstörungen des Sturms.

3.3 *Autumn crafts*: SuS basteln eine Schale aus Herbstblättern oder einen Drachen gemäß schriftlichen Anleitungen, die mit Bildern unterstützt werden.

Im Ablauf dieser Einheit wird deutlich, wie Themen immer wieder miteinander verknüpft werden müssen, um nicht nur auf der grammatikalischen Ebene, sondern auch lexikalisch und sachfachlich einen spiralzyklischen Aufbau zu schaffen. Die Aktivität rund um den Herbststurm knüpft an das *Topic: Where we live* an (Wortschatz zu Gebäuden). Ein vom Wind „zerlegtes" Haus bietet eine passende Gelegenheit, um die einzelnen Bestandteile des Gebäudes zu benennen. Die Beschreibung der Windstärke mit anschaulichen Bildern erzwingt den Gebrauch des *present continuous*, das hier selbstverständlich nicht grammatikalisch thematisiert wird. Die Beobachtung des Wetters kann in der Folge situativ regelmäßig in den Tagesablauf eingebaut werden. Es lässt sich speziell im Zusammenhang

Abb. 3 Autumn weather (*first choice*, The Seasons, Topic Book, S. 16)

mit dem Überwintern von Tieren wieder aufnehmen, was eine Verknüpfung zum *Topic: Animals* schafft. Die einzelnen *Topics* von *first choice* greifen modulartig ineinander und ermöglichen auf diese Weise flexible Verknüpfungen, die bei einem kursorisch und linear gestalteten Lehrwerk so nicht möglich wären.

Analyse der im Aufgabenzyklus eingesetzten Denkmuster

Im Abschnitt 2 wurde ein Kategorienset für Denkmuster bei Lernaktivitäten vorgeschlagen. Welche Denkmuster kommen nun bei der Verarbeitung der Inhalte und der problemlösenden Auseinandersetzung mit dem Thema *The Seasons* zum Zug? Gemäß unserer Interpretation kommen eher niederstufige Kategorien vor:

Memory: Aktivitäten 1.1, 1.2, 1.3 (teilweise)
Translation: Aktivitäten 2.1, 2.2, 3.1
Interpretation: Aktivitäten 1.3 (teilweise) 3.1, 3.2
Application: Aktivität 3.3

Die kognitiv anspruchsvollste Ausprägung findet sich bei den Interpretationsaufgaben:

- Die Interpretationsleistung des logischen Schlusses in Bezug auf die Ursache der Jahreszeit wurde oben (Abb. 1) diskutiert.

- In der Aktivität 3.1 sollen die Schülerinnen und Schüler neue Informationen (die sichtbaren Folgen eines Sturms) sprachlichen Beschreibungen zuordnen, wobei sie durch gesprochene Bildbeschreibungen (von der Audio-CD) unterstützt werden.
- In der Aktivität 3.2 muss bekanntes Vokabular (Gebäude) mit neu erarbeiteten Vorgängen (Sturmfolgen) in Übereinstimmung gebracht werden – hier ist sicher der Hör-/Zeichnungsauftrag einfacher zu bewältigen als die schriftliche Aufgabe, da dort der Sprachsupport weitgehend fehlt.

Die kognitiven Prozesse bei den Bastelaufgaben (3.3) sind eher niederschwellig. Sie lassen sich deswegen der Kategorie *Application* zuordnen, weil es sich hier um eine altersgerechte Anwendungsaufgabe handelt. Bei der eigenen Basteltätigkeit steht nicht die Produktion, sondern die Verstehenskompetenz im Vordergrund, wobei die Schülerinnen und Schüler gefordert sind, die Bildinformation mit den Anweisungen zu verknüpfen. Dabei nehmen sie implizit sprachliche Phänomene wie den Gebrauch von *some* und des Plurals sowie die Phrase *finished* auf.
[T]he ‚application' category is concerned with putting language knowledge, such as grammar rules and so on, into practice, by applying the 'generalizations' derived from earlier activities to new content. (Waters 2006: 323)

Ziele im Bereich des sachfachlichen Wissensaufbaus könnten eher mit kleinen Experimenten als mit Bastelaufgaben erreicht werden, denn dabei werden Anwendungen von Denkmustern in der physikalischen Wirklichkeit veranschaulicht. Anstatt beispielsweise nur einen Drachen zu basteln wäre es sinnvoll, Steigversuche bei verschiedenen Windstärken zu unternehmen und die Flugeigenschaften der verschieden großen Drachen miteinander zu vergleichen. Damit wären die Schülerinnen und Schüler auch motiviert, sich produktiv und interaktiv mit den beobachteten Phänomenen auseinanderzusetzen.

Das I in CLIL und die Mittel der Integration

Wenn der CLIL-Unterricht in der Grundschule gelingen soll, bedarf es zweierlei Arten von Integration. Erstens geht es darum, Sprache und Inhalt sinnvoll miteinander in Beziehung zu setzen, und zweitens müssen innerhalb der Sachstruktur der Wissenskonstruktion Verknüpfungen zwischen erfahrungsbasierten und kognitiven Prozessen hergestellt werden.

Zum ersten Punkt: Das hinlänglich bekannte Prinzip des CLIL-Unterrichts ist der doppelte Fokus auf die gleichberechtigte Gewichtung von Inhalt und Sprache. Im Grundschulbereich ist zentral, dass der Sprachaufbau in erster Linie über implizites Absorbieren von Sprachmustern erfolgt, wobei rezeptive Prozesse Vorrang haben, wie das Beispiel mit dem *present continuous* in der Aktivität 3.1 oben zeigt. Die Trennung von expliziter Spracharbeit mit ‚Übungen' und Anwendung von Sprachfähigkeiten in Kommunikationssituationen, wie sie im traditionellen Sprachunterricht oft gepflegt wurde (Harmer 2001: 80 f.), ist damit aufgehoben. Im CLIL-Unterricht mit Lehrmitteln wie *first choice* wird immer ‹geübt›, indem anhand von interessanten Inhalten implizit Spracharbeit vollzogen wird. Insofern ist zum Beispiel das Besprechen von Bildern mit Wetterphänomenen eine Vor-*Übung* für die Aufgabe mit der Windstärke, die wiederum eine *Übung* für die Schreib- bzw. Zeichnungsaufgaben in Abb. 3 ist. Von Seiten der Lehrpersonen und Eltern ist deshalb eine Portion Vertrauen erwünscht, dass die impliziten Erwerbsprozesse mit genügender Exposition (*exposure*) und Ausübung in sinnvollen Sprachhandlungen von selbst einsetzen (vgl. Willis 1996 zum Ansatz; Peltzer-Karpf/Zangl 1998 zum Spracherwerb im bilingualen Unterricht).

Zum anderen gilt es, eine ausgewogene Mischung zu finden von kognitiv anregenden Problemlösungsaufgaben, die auf bildungsrelevanten Inhalten aufbauen, und motivierenden Handlungsarrangements, die zu Eigenerfahrungen beitragen (Experimente, Bastelarbeiten, Beobachtungen im Außenraum etc.). Dies hat einerseits pädagogische Gründe. Littlejohn betont, wie wichtig *activity* ist, also rege Tätigkeit:

Young children thrive on activity and wilt on inertia. With young children, a lack of activity in the classroom is a recipe for disaster, often manifested in either an emotionless conformity to the requirements of the teacher, or restlessness leading to disruptive behaviour. (Littlejohn 2005: 10)

Andererseits geht es um emanzipatorische Ziele: Schülerinnen und Schüler müssen zahlreiche Gelegenheiten haben, ihre kognitiv-akademischen Sprachfähigkeiten (*Cognitive Academic Language Proficiency,* CALP, vgl. Cummins 2000) aufzubauen, und dies sowohl im Schulsprachunterricht (Deutsch als Erst- oder Zweitsprache) als auch im CLIL- oder Fremdsprachenunterricht. Ein Beispiel dafür wäre das Verständnis für Skalen wie z. B. diejenige für Windstärke (Aktivität 3.1), wobei hier nicht der Name Beaufort-Skala wichtig ist, sondern die Stärke der Auswirkungen des Sturmwinds. Schülerinnen und Schüler aus bildungsferneren Familien oder solchen mit niedrigem sozio-ökonomischem Status haben schulisch oft damit zu kämpfen, dass sie in diesem Bereich zu wenig gefördert werden (Clegg 2007). CLIL-Unterricht kann hier einen positiven Beitrag leisten, indem er schon ab der Grundschule Denk- und Handlungskompetenzen auf kindgemäße und sprachniveaugerechte Weise miteinander verknüpft.

In diesem Bereich, d. h. beim Anbieten von leicht zugänglichem Sprachsupport, schöpft *first choice* sein Potenzial nicht genügend aus. Während die *Topic Books* bei der Erarbeitung der Sachaspekte oft relativ anspruchsvolles Sprachmaterial (*input*) anbieten, werden die von den Schülerinnen und Schüler erwarteten Äußerungsmuster in den *Teacher's Notes* aufgelistet, also nicht im unmittelbaren Wahrnehmungsbereich der Kinder (*Examples of children's language, production*).

In der *General Guidance* heißt es dazu, die Kinder könnten ihre Beiträge in der Schulsprache formulieren und die Lehrperson unterstützt sie mit Reformulierungen auf Englisch mithilfe der Beispiele in den *Teacher's Notes*. Dazu sollten auch visuelle Hilfen und Sprachsupport auf der Wandtafel angeboten werden (*sentence starters, substitution tables, vocabulary*, Littlejohn 2005: 9).

Diese Zurückhaltung beim Sprachsupport mag das Erscheinungsbild der Publikation entschlacken und trägt auch den noch nicht ausgebauten literalen Kompetenzen der Kinder Rechnung. Wenn der Verlag auf Verlangen von Lehrpersonen dann trotzdem Wortlisten und Satzparadigmen als Zusatzmaterialien anbietet, besteht das Risiko, dass sich Elemente des traditionellen EFL durch die Hintertür einschleichen. Im Anschlusslehrmittel *Explorers* wurde darauf geachtet, dass den Schülerinnen und Schülern situativ angemessener Sprachsupport zur Verfügung gestellt wird, und zwar vorzugsweise in Halbfertigprodukten, als so genannte *chunks* (Achermann et al. 2006 – 2008).

Günstig sind bei *first choice* hingegen die auditiven Schlüssel, die Lösungsvorschläge für Aufgaben bringen, die die Lernenden selbst kontrollieren können. Sie hören dabei die Aussprache von Sätzen und Phrasen, die sie zuvor eventuell nur schriftlich gesehen haben. Gleichzeitig wird der *Key* damit zum Input und verstärkt den Lernprozess über das Gehör.

Schlussfolgerungen und Ausblick

Es wurde eingangs festgehalten, dass eine große Bandbreite von CLIL-Modellen und Ausprägungen in der Praxis erprobt wird. Ob eine Dualität von grundschulgerechtem Englischunterricht kombiniert mit einzelnen Phasen von Sachunterricht mit dem Medium Englisch bevorzugt wird oder ein integrativer Sach- und Sprachunterricht im Fachgefäß „Englisch" ist letztlich auch eine Konsequenz der vorhandenen Ressourcen und bildungspolitischen Entscheidungen.

Das zentrale Anliegen dieses Beitrags ist es aufzuzeigen, wie Lernmaterialien die doppelte Integration – einerseits von Sprache und Inhalt, anderseits von Denken und Handeln – positiv beeinflussen können.

Lehrwerke müssen anschaulich sein und erfahrungsbasiertes Lernen fördern; sie sollten das Problem der sachlichen Verarbeitungstiefe und der sprachlichen Handicaps von Anfängerinnen und Anfängern nicht mit einem ‹faulen Kompromiss› lösen; die Themenwahl soll flexibel und offen sein, denn nicht jede Lehrerin will die Jahreszeiten auf Englisch behandeln; ein modularer Aufbau ist demnach günstig. Dennoch braucht es eine gewisse curriculare Verbindlichkeit, damit der Anschluss an die nächst höhere Schulstufe gewahrt bleibt. Schließlich muss das Lehrmittel zusammen mit der Lehrperson genügend *scaffolding* anbieten, d. h. wieder verwendbaren Sprachsupport.

Eine CLIL-Studie zeigt, dass Schülerinnen und Schüler der Primarstufe und der Sekundarstufe I einen qualitativen Wissenszuwachs verzeichnen, unbeeinflusst davon, ob die Unterrichtssequenz in der lokalen Schulsprache oder in einer Fremdsprache erfolgt (Badertscher/Bieri 2009). Gemäß den Autoren ist dieses Ergebnis vor allem auf die im CLIL-Unterricht häufigeren und intensiveren Aushandlungspraktiken (*negotiation of meaning*) zurückzuführen.

Es liegt auf der Hand, dass herkömmlicher Fremdsprachenunterricht mit bloßem *carrier content* und eher mechanischen Lernformen in diesem Umfeld eine Chance vergeben würde.

Verglichen mit der Vielfalt der hier vorgestellten Materialien und der breiten Palette an *Topics* fällt der Mangel an Handreichungen für die formative und summative Beurteilung von Lernleistungen ins Auge. Im Kanton Zürich sind die Lehrpersonen verpflichtet, eine Einschätzung der Englischkompetenzen ihrer Schülerinnen und Schüler in den Fertigkeiten Hörverstehen und Sprechen vorzunehmen, ohne dass in den ersten zwei Lernjahren eine Note gesetzt wird. Um dem doppelten Fokus des CLIL-Unterrichts gerecht zu werden, müssten die Lehrpersonen über ein maßgeschneidertes Instrument verfügen, um die entsprechende Performanz der Schülerinnen und Schüler beobachten und einstufen zu können. Dabei wäre es sinnvoll, auch die sich entwickelnden Leseverstehens- und Schreibfertigkeiten in den Blick zu nehmen, spielen diese doch bei der vorgeschlagenen Methodik eine zunehmende Rolle (vgl. Merisuo-Storm 2007). Sie sind insbesondere bei der Entwicklung von kognitiv-schulischen Kompetenzen von Belang und fördern das selbsttätige Denken und Lernen (Riches/Genesee 2006).

Literaturangaben

Achermann, B./Sprague, K./Staufer, K. (2006–2008). *Explorers. English for upper primary.* Zürich: Lehrmittelverlag des Kantons Zürich.

Badertscher, H./Bieri, T. (2009). *Wissenserwerb im Content and Language Integrated Learning*. Bern: Haupt.

Bloom, B. S. (1956). *Taxonomy of Educational Objectives*. New York: Longmans, Green.

Bosenius, P. (2004). "Wir haben über Wolken gesprochen. – Content-based Language Learning in der Grundschule." In: Bonnet, A./Breidbach, S. (Hrsg.). *Didaktiken im Dialog. Konzepte des Lehrens und Wege des Lernens im bilingualen Sachfachunterricht*. Frankfurt: Peter Lang, 65–75.

BRB Bildungsrat des Kantons Zürich (2003). *Volksschule. Englisch an der Primarschule. Grundsatz und Rahmenbedingungen. Beschluss vom 14.3.2003.* (http://www.bildungsdirektion.zh.ch/internet/bi/de/aktuell/news_2003/Englisch.ContentList.0002.Document.pdf.)

Büeler, X./Stebler, R./Stöckli, G./Stotz, D. (2001). „Schulprojekt 21: Lernen für das 21. Jahrhundert? Externe wissenschaftliche Evaluation." Zürich: ARGE Evaluation SP21. (www.phzh.ch/dotnetscripts/Mitarbeitenden Portraitlnet/Dateien/127762/7/1493_0_SP21 Teil2.pdf.)

Clegg, J. (2007). Education in a multilingual society: Policy for developing second languages as media for learning. British Council Conference Berlin January 2007. Unpublished manuscript.

Cummins, J. (2000). "Putting language proficiency in its place: Responding to critiques of the conversational/academic language distinction." In: Cenoz, J./Jessner, U. (Eds.), *English in Europe: The acquisition of a third language*. Clevedon: Multilingual Matters, 54–83.

first choice (2005). Zürich: Lehrmittelverlag des Kantons Zürich.

Harmer, J. (2001). *The Practice of English Language Teaching.* Harlow: Longman.

Littlejohn, A./Hammesfahr Schofield, H./Senn Caroll, M. (2003–2005). *first choice.* Zürich: Lehrmittelverlag des Kantons Zürich.

Littlejohn, A. (2005). *General guidance: Introduction to first choice.* Zürich: Lehrmittelverlag des Kantons Zürich.

Mehisto, P./Marsh, D./Frigols, M.J. (2008). *Uncovering CLIL. Content and Language Integrated Learning in Bilingual and Multilingual Education.* Oxford: Macmillan.

Merisuo-Storm, T. (2007). "Pupils' attitudes towards foreign-language learning and the development of literacy skills in bilingual education." In: *Teaching and Teacher Education 23:2*, 226–235.

Peltzer-Karpf, A./Zangl, R. (1998). *Die Dynamik des frühen Fremdsprachenerwerbs.* Tübingen: Narr.

Riches, C./Genesee, F. (2006). Cross-linguistic and cross-modal aspects of literacy development. In: Genesee, F./ Lindholm-Leary, K./Saunders, W./Christian, D. (Eds.), *Educating English language learners: A synthesis of research evidence.* NY: Cambridge University Press, 64–108.

Sanders, N.M. (1966). *Classroom Questions – What Kinds*? New York: Harper and Row.

Waters, A. (2006). "Thinking and language learning." In: *ELT Journal 60 (4)*, 319–327.

Willis, J. (1996). *A Framework for Task-based Learning.* Harlow: Longman.

Zydatiß, W. (2000). *Bilingualer Unterricht in der Grundschule: Entwurf eines Spracherwerbskonzepts für zweisprachige Immersionsprogramme.* Ismaning: Max Hueber.

7

Richard Kiely

Integrating the school language and the L2 in CLIL

This chapter examines the language choice issue in CLIL classrooms: Should teachers use L2, the foreign language, only, or mix L2 and the school language? How should teachers manage a mix of languages? These issues are placed in the general CLIL context and examined through a discussion of episodes from four CLIL classrooms. Finally, I set out some recommendations for practice, not as a matter of policy which teachers should follow, but as principles which teachers might consider for developing their own awareness and for using in their classrooms.

Introduction

The defining characteristic of the CLIL classroom is the use of two languages. One is the school language, and the other is the language of CLIL (L2). While the goal of CLIL is enhanced learning of the L2, this is not the only curricular goal for the CLIL teacher. At the same time, he or she has to ensure effective learning in the subject area, as well as in the L2, the CLIL language. Managing these two goals is a complex task: teaching new subject content is most successful where the children understand, can talk about what they understand, and articulate how this links to what they already know. The teacher can then revise, clarify, and extend the topic of the lesson based on the performance of the children. Teaching in this way is likely to be easier for teachers and pupils in the school language: in CLIL, the use of the L2 adds difficulty for the teacher, who has to ensure that learning subject content in the L2 is as effective as it is in the school language. In all classrooms, there will be children who understand quickly, and will want to move to a new topic. Others will find the same subject matter difficult, and the teacher must support these children: ensure they have opportunities to talk and ask questions, so that their learning can be scaffolded and proceed at the right pace for them. In the CLIL classroom, the teacher will want to have these same processes. He or she must have strategies to support subject content learning in the L2.

In this chapter, I focus on some principles for teachers to consider as they set about this task. These principles are based to some extent on theories of learning – language learning and subject learning – and especially on actual CLIL and bilingual classroom practices. In the next section, I describe episodes from four

CLIL classroom contexts. The intent is not to provide models of good practice, or practices to avoid, but rather to show small snapshots of classroom practice, to consider the potential strengths and shortcomings of what the teachers have done, and thus allow all teachers to reflect on and develop their own practice.

The approach in this chapter is on developing the judgement of the teacher regarding the use of the school languages and the L2 in the classroom. Teachers plan ways of using the two languages to ensure learning in both the language of CLIL and the subject. Then in classroom interaction, they make decisions based on the needs of the moment, rather than on rules about language use.

Four CLIL episodes

In the next part of this chapter, I discuss the episodes from four CLIL classrooms:

i) a reconstructed excerpt from a science lesson in a primary school in France where the teacher is focussing on parts of the plant;
ii) a home economics lesson in Cyprus where the teacher is exploring food categories;
iii) a science lesson in Spain where observer fieldnotes are used to represent the classroom process; and
iv) a UK primary classroom in which an English as an Additional Language (EAL) child in a literacy lesson uses her mother tongue to share her understanding of an L2 text.

i) CLIL in a science lesson in a French-speaking school

This 50-second excerpt is from the instructional phase of the lesson (with children aged 8–9 in the second year of CLIL), where the focus is on labelling the parts of the plant. The teacher is working with a poster-size picture of a plant and is teaching the vocabulary for its parts. She has already done flower, fruit, leaf and stem.

L.	Speaker	Talk	Comment
1	Teacher	This is the root. Please repeat, the root	Slow clear pronunciation
2	Pupils	The root	Choral response
3	Teacher	What is this, Annick?	Pointing to poster Quick nomination
4	Annick	The root	Quick response
5	Teacher	Pay attention, Roberto, close that book	Roberto closes the book

L.	Speaker	Talk	Comment
6	Teacher	What is this, Ali	Pointing to poster Quick nomination
7	Ali	The root	Quick response
8	Teacher	All together, the root	T. models pronunciation
9	Pupils	The root	Choral response
10	Teacher	What is it in French, Roberto?	
11	Roberto	*Le racine* (The* root)	* Fr gender error
12	Teacher	*Le? (The?)* Nadia	Le: rising intonation
13	Nadia	*La racine*	
14	Teacher	Yes, all repeat	
15	Pupils	*La racine*	
16	Teacher	What is it in English, Jean-Luc?	Quick nomination
17	Jean-Luc	The rote	Inaccurate pronunciation
18	Teacher	The root. Again, Jean Luc	T. models pronunciation
19	Jean-Luc	The root	Accurate pronunciation
20	Teacher	Good, Jean-Luc. Please spell it, Laure.	
21	Laure	R-O-O-T	Letters in English
22	Teacher	Very good. All together: What is this?	Pointing to poster
23	Pupils	The root	
24	Teacher	And in French	
25	Pupils	*La racine*	
26	Teacher	Very good. Now, we will practice these words in pairs.	

Author's own data

In line 1, the teacher established the meaning, scaffolded by the picture she is pointing to, and emphasises the pronunciation. This initiates a drilling sequence, which involves quick questions and answers using both individual and choral repetition. Such drilling is a specific foreign language technique, which is viewed by many as a somewhat unproductive activity for learning. However, here it may be considered appropriate for two reasons: First, the science activity – labelling the parts of the plant – is not particularly challenging, so it is a good opportunity for focussing on the language. Second, drilling can help with developing pronunciation skills, which in turn enhance the confidence of the children in using the L2 (Rampton 1999). In line 5, the teacher uses the L2 for a classroom management purpose – getting Roberto to pay attention. His understanding suggests that the teacher often uses L2 phrases such as this. In line 10, she asks Roberto, a French-as-a-second-language pupil, for the word in French.

He responds, but gets the gender (*le* instead of *la*) wrong. Nadia helps out, and all repeat the French word. There are two important points in the attention to school language forms like this for CLIL classrooms. First, in many contexts there are children for whom the school language of the majority is an L2. They may be from immigrant or linguistic minority families and need ongoing support across the curriculum for developing competence in the majority language of the school and community (French in this case). Second, there will always be new words in science (and other subject) lessons. Children encounter technical and specialist language with which they will not necessarily be familiar from home or the media. In the CLIL classroom, the teacher has to develop this competence in the school language alongside the corresponding L2 terminology so that the children can talk to their parents and others about school when they go home and are not disadvantaged if at a later stage they continue the subject in the school language rather than in a CLIL classroom.

The question form in line 17 'What is it in English?' introduces a metalinguistic dimension to the lesson; the teacher is explicitly signalling that there is one item, but two different language ways of referring to it and the expectation is the children are aware of this and know both. In lines 18 and 20, the teacher continues the metalinguistic orientation in emphasising pronunciation and spelling. These are the stepping stones for developing L2 competence which are important in the academic or school context. While not central to the science concept, these foundations develop confidence in spoken language use and initiate awareness of spoken-written language correspondences which may contribute to mediating awareness and learning of language forms (Lantolf/ Poehner 2008).

The teacher here has decided to develop the language learning aspect of this part of the CLIL lesson in ways which inform wider discussion. Where the science content of the lesson is conceptually accessible by the children, and the input effectively supported by visual material, there is an opportunity for developing the language side of CLIL. This has school language and L2 dimensions. For L2 development the teacher uses this language for classroom communication, and puts emphasis on pronunciation and spelling. She also develops a focus on the school language, so that children understand the ways languages represent concepts, and the particular needs of children like Roberto are addressed. Overall, however, the language use in this episode is restricted: It is teacher-controlled, with children saying precisely what the teacher requires them to say. The discourse pattern here reflects teacher-led, lockstep instruction, typical of many 'traditional' language and other classrooms, where the focus is on responding. One limitation of this approach may be the lack of opportunity for children to express their emerging understanding of concepts. Teachers may not be in a good position to identify particular problems. A major concern of children and parents in CLIL contexts generally (Wolff 2009), and from surveys carried out as part of the ProCLIL project in four European countries, was not understanding the content of the lesson where the teacher used L2 exclusively (Kiely 2009; also see Massler/Steiert in this volume). The next episode, from a ProCLIL context, reflects what this means for the use of the school language and L2 in CLIL classrooms.

ii) CLIL in a home economics classroom

This brief episode is from a lesson with children aged 10–11, in the third year of CLIL, observed as part of a classroom observation study of assessment in CLIL classrooms in Cyprus (Michaeloudes 2009). A major finding, as in the first episode, was that the predominant discourse pattern was the teacher-led triadic exchange, initiation, response, feedback (IRF), a pattern very often observed in classrooms (Sinclair/Coulthard 1975, Walsh 2006).

Turn	Speaker		IRF
142	L	It's a grain.	R
143	T	Very good. One point for this group. Έλα Γιώργο (*Come George*). Is this a grain food or a non grain food?	F I
144	L	Non grain food.	R
145	T	Very good. One point for the other group. Grain food or not grain food?	F I
146	L	Non grain food.	R
147	T	142.Very good. έλα (*come*). Grain food or non-grain food. It's rice.	F

Michaeloudes (2009: 47)

The data show the teacher using English almost exclusively in the lesson (the school language – Greek – used to relate at a personal level to the children). The teacher initiates the exchange, using closed questions (where the answers are embedded in the question) and giving feedback after the expected response. The IRF pattern means there is no exploration of the child's reasoning or opportunities to raise contexts where these food categories are blurred. Such exploratory talk is very important for learning. It is part of the process of the child getting from being able to categorise with the help of the teacher, to categorising and reasoning independently from an internalised conceptualisation of what these categories mean (Lantolf/Poehner 2008). In this case, the game structure of this activity contributes to the discourse pattern: it is evident that the teacher has set up a competition and that the children's responses relate directly to that. The discussion here is not a critique of such practice, rather it is meant to illustrate that something may be lost when interaction is routinely structured in that way.

The next episode explores a science classroom context where there is no use of the school language. Instead, the teacher uses a range of tools, such as equipment for the experiment, and a practical demonstration, to develop an understanding of scientific concepts.

iii) CLIL in a science classroom in Spain

In this excerpt from field notes on a science lesson with children aged 9–10 in the third year of CLIL in Spain, the teacher is adhering strictly to an L2-only policy in a lesson about the structure of plants.

Turn	**Turns** (Italics: actual words)
1.	Teacher: *How does the stem work?*
2.	Boy: *carry water and mineral salts to the leaf*
3.	Teacher accepts this answer, and asks how we can see this, because water is transparent, and cannot be seen.
4.	Girl: *add colour*
5.	Teacher accepts this answer and asks if green would be a good colour. No audible response to this and the teacher quickly explains that red is better, and asks the pupils to put their carnations in water.

Author's own data

The teacher here is drawing on a methodological principle which is particularly important in science teaching: the need to work through the reasoning underpinning a scientific experiment before doing it (Ward et al 2005). Her questions focus expertly on assumptions (turn 1: how the stem works) and decisions (turns 4–5: the colour to add) which ensure that the experiment provides meaningful results. Her response in turn 3 further illustrates her content focus here – she does not add to the conceptual challenge by focussing on issues of grammar in the child's response. There is no response to her question in turn 5, and this presents a language choice dilemma for the teacher: She may judge that the children have not understood and break down or re-phrase her question. This, in the L2, would take a lot of time and might involve moving away from the focus on science to explain the L2 forms necessary for explaining and justifying the choice of colour. The alternative in an L2-only context is for the teacher to explain in L2 and proceed to the next stage of the lesson. Where the option of using the school language is available to the teacher, he or she might be able to translate the question into Spanish, and proceed with the reasoning in English, or to use Spanish words as required, while continuing to explain and discuss in English.

The next episode, from a United Kingdom English as an Additional Language (EAL) classroom, shows that where a teacher has the option of drawing on two languages, it may be appropriate for the particular benefit of one child to pursue a point in two languages.

iv) Learning in an EAL classroom in the UK

The following episode from Gardner (2008), illustrates how in a reasoning episode in a primary classroom, the use of two languages enables Nita, a child with limited proficiency in the language of the classroom, to participate in the discussion. She is able to demonstrate her correct understanding of the word 'dig', and using her mother tongue (and with support from a bilingual classroom assistant) set out her analysis of how the word is used in this particular context.

Turn	Participant	
56.	Language Support Teacher (LST)	... Why did you answer 'yes', Nita
57.	Nita	(.) Nita looks blank.
58.	LST	Can you read us the question?
59.	Nita	CAN A HEN DIG
60.	LST	Okay Do you think a hen can dig? What are you thinking of a hen doing? Nita does not respond Can you show us with your hands Davinder mimes digging with a spade Do you want to ask her in Gujerati, Mrs Vadgama?
61.	Bilingual Education Assistant (BEA)	Khabar chay thuane (***)? (Do you know (***)?) Hatha tha kere bhathow. (Show it with your hands.)
62.	Nita	Mimes a hen scratching
63.	LST	Right, there's a special word for that. Can you all look, because I think Nita has got a logical answer, even though it's different from the all the rest of you

Gardner 2008:269

This is not a CLIL classroom, but the point is clear: Nita did not respond in the expected way to the question: *Can a hen dig?* Rather she drew on her understanding of hens' behaviour from her out-of-school experience. Her English language skills do not permit her to justify her thinking, but with the help of the bilingual education assistant (BEA) and gestures, she is able to show that she has understood the question and has a justification for her answer, althout it initially appeared to be the wrong answer. Two factors are relevant here for the use of the school language and the L2 in CLIL classrooms: First, teachers should draw on their own insights into the children's thinking. This may be because they know something about the family background or life experience of a child, or because of a previous experience in another lesson. Second, they should be flexible in drawing on different language resources to enable the child to express their point by means of mime or pointing to a picture.

In the language classroom (as elsewhere in education), we are in a post-method age. This means there is no ideological fixity about how teachers should act to promote learning. If there is one fixed principle about methods of instruction, it is probably about having a variety of activities, which the teacher implements and organises as appropriate to the specific classroom. Thus, teacher-controlled activities such as drilling, closed questions or IRF sequences are not a problem as long as they are part of a classroom with diverse discourse patterns and modes of participation in that discourse.

These four episodes illustrate some ways in which the school language and the L2 can be drawn on in the CLIL classroom. Episodes i) to iv) show a progression from teacher-centred to learner-centred: in i) and ii) the teacher's reasoning remains at the centre, and the children's contributions comply neatly with the teacher's plan. L2 use is an integral part of this teacher-shaped classroom discourse. In iii) and iv), there are opportunities for the children's thinking to make a contribution: teachers are looking for some sign of the child's reasoning, rather than a specific response to a teacher's question. In episode iii), the children are silent, and the overall pattern of the children's contribution to the discourse (in the L2) in that classroom suggests that participation may be limited because it is allowed in the L2 only. In episode iv) where the resources of the classroom facilitate use of the school language and the L2, the child's contribution is a novel one, altering the view with which both the teacher and class started. In language learning terms, episodes i) and ii) focus on acquisition of forms, and practice – understanding before use in communicative settings. Episodes iii) and iv) represent more participation-based pedagogies where the children have opportunities to share developing understanding of concepts, as a way of exploring and extending their own reasoning.

Episodes i) and ii) are not without merit in terms of opportunities for learning and overall classroom experience. They reflect legitimate teacher leadership in the classroom, and in learning terms, they represent essential practices in ensuring children engage with the input. The focus of the input in each case – language forms in episode i), and scientific categories in episode ii) – requires teacher-led instruction. The activity structures might be appropriate as preliminary stages of the more participative episodes such as episodes iii) and iv). Episode i) might be a way of ensuring that the children have the L2 vocabulary necessary for the more exploratory episode iii); episode ii) might represent a game which could be used to consolidate the literacy issues in episode iv). Thus, this analysis does not classify a given practice as good or bad. Nor does it provide recommendations for either using or not using the school language in CLIL classrooms. The core message is that there are choices. Teachers make these choices based on an understanding of how classrooms facilitate learning, both in relation to the subject of the lesson, and the language of CLIL.

Some principles to guide the school language and L2 use in the CLIL classroom

Teachers thus make decisions on language choice for different aspects of the CLIL classroom. To make these decisions we can identify principles which guide teachers and teacher trainers. These are not rules or recommended practices, rather they are principles which combine with the teacher's knowledge of the needs of different pupils, of the culture and atmosphere of the classroom and of the intellectual focus and demands of the content of the lesson.

a) Maximise exposure to and use of L2 in the CLIL classroom

The teacher should plan and act to maximise use of the L2 in the CLIL classroom. This includes the teacher's own talk and that of the pupils. Teacher controlled talk, as in episodes i) and ii), serves to maximise exposure to the L2, but it is important to remember that this may be at the expense of pupil-led language use (Swain 1985).

b) Manage the classroom in English

One way of maximising exposure and establishing a bilingual culture in the classroom may be the use of the L2 for classroom management. This at the start of the CLIL programme can involve lessons on classroom vocabulary and activities. Practice of using the L2 for classroom management, as in episode i), can also lead to real communication: When children come in late, have to explain missing books, etc., or have to leave the room the requirement to do this in L2 can be a stimulus to language use.

c) Focus on accuracy in pronunciation

Accuracy in pronunciation, that is, intelligibility of L2 talk, is important for three reasons. First, it establishes confidence, so increasingly students participate actively in lessons and activities. Second, it increases the likelihood that children will understand each other and become accustomed to listening to other pupils. Third, explicit attention to accuracy in pronunciation establishes an understanding of patterns of pronunciation in the L2 (Kenworthy 1987). Bad habits such as pronouncing L2 using the sound system of the school language, or according to orthographic patterns may be lessened through routine attention to and expectations of accuracy in pronunciation. The focus on accuracy can be achieved through explicit instruction as in episode i) or by reading aloud as part of classroom discourse as in episode iv).

d) Check comprehension using the school language

Teachers need to know how much children have understood, and whether they are ready to move on in the lesson. Occasional questions to particular pupils may be effective and efficient in securing this feedback. In episode iii) this strategy is not used when it might have afforded a different form of pupil participation, whereas in episode iv), recourse to the school language does facilitate a level of engagement not possible in the L2.

e) Teach school language terms for subject

Very often subject content involves technical terms which may be as new to children as the terms in the school language. For three reasons it is important that there are opportunities to develop the subject language in the CLIL classroom in the school language. First, children may need to continue the subject in the school language, and should not be lacking in subject competence compared to pupils from non-CLIL classrooms. Second, this knowledge enables children to talk to their parents or carers about school at the end of the day. Third, children in CLIL classrooms have different needs, and vocabulary familiar to some may not be familiar to all.

f) Promote interlingual work – exploring the two languages

A defining characteristic of CLIL is exploration of subject content in two languages. This provides a context for exploring the linguistic features – similarities, differences, parallels and patterns – which characterise each language. Such awareness gradually creates an understanding of syntactic patterns, lexical structures and orthography-sound relationships, and thus confidence in and motivation for using L2. Such work assists learning by raising awareness of patterns and mediating the complexities of form and meaning (Lantolf/Poehner

2008). Exploring lexical peculiarities and patterns in the school language and the L2 is particularly beneficial in learning vocabulary (Schmitt 2008).

g) Use the school language to support learning

In the CLIL classroom, the school language is a resource which the teacher and pupils can draw up on to develop an understanding of the subject content. It can combine with other essential resources such as visual representations and gestures to ensure that children who find the L2 talk challenging do not fall behind. In addition to talk in the school language, teachers can provide summary explanations of key concepts, bilingual worksheets, school language glosses in worksheets and displays to maximise the ways in which the school language can support learning while the L2 remains the primary medium of classroom communication.

Conclusion

The use of the school language and L2 in the CLIL classroom is a complex issue, and effective guidance for teachers is not a matter of DOs and DON'Ts. Decisions about language choice – whether and how to mix L2 and the school language – are part of the teacher's task of managing a classroom process which has multiple goals, involves coordination of a range of learning resources, and where teacher planning and dynamic decision-making converge to maintain engagement, participation and learning. Theories of language learning and subject teaching play an important role: they can inform teachers' own situated analyses of their classroom contexts and needs. As in the episodes, teachers' decisions construct opportunities for learning. Success in CLIL depends most of all on the quality of those decisions.

References

Gardner, S. (2008). "Transforming Talk And Phonics Practice: Or, How Do Crabs Clap?" In: *TESOL Quarterly 42/2*, 241–264.

Kenworthy, J. (1987). *Teaching English pronunciation.* Harlow: Longman.

Kiely, R. (2009). Evaluation report of the PROCLIL project. (Document available from the author).

Lantolf, J./Poehner, M. (2008). *Sociocultural Theory and the Teaching of Second Languages.* London: Equinox.

Michaeloudes, G. (2009). Assessment in CLIL classrooms in Cyprus. Unpublished MSc TESOL dissertation, University of Bristol.

Rampton, B. (1999). "Dichotomies, difference, and ritual in second language learning and teaching." In: *Applied Linguistics 20(3)*, 316–340.

Sinclair, J./Coulthard, M. (1975). *Towards an Analysis of Discourse.* Oxford: Oxford University Press.

Schmitt, N. (2008). "Review article: Instructed second language vocabulary learning." In: *Language Teaching Research 12/3,* 329–363.
Swain, M.(1985). "Communicative competence: Some roles of comprehensible input and comprehensible output in its development." In: Gass, S./Madden, C. (Eds.), *Input in Second Language Acquisition.* New York: Newbury House, 235–256.
Walsh, S. (2006). *Investigating Classroom Discourse.* London: Routledge.
Ward, H./Roden, J./Hewlett, C./Foreman, J. (2005). *Teaching science in the primary classroom: A practical guide.* London: Sage.
Wolff, D. (2009). "Content and language integrated learning." In: Knapp, K./Seidlhofer, B. (Eds). *Handbook of Foreign Language Communication and Learning.* Berlin: Mouton de Gruyter, 545–72.

8

Petra Burmeister und Michel Ewig

Integrating science and foreign language learning

When it comes to choosing subject matter well suited for CLIL, German primary school teachers – in our experience – tend to favour 'science', a subject which, in Germany, comprises various areas within the natural and social sciences. What is it that makes science such a popular CLIL-subject? The CLIL-teachers we interviewed in partial immersion classes (Burmeister 2006c) argue that the science concepts focused on at the primary level are usually very straightforward, in the sense that they can be dealt with in comprehensible contexts. During the first years of primary school, most of the science topics cover phenomena in the children's immediate environment that can be 'visualised' using realia, pictures or films. Comprehension of the concepts (and the foreign language) can also be facilitated by letting children explore content with hands-on-activities, such as science experiments (Lorenz/Met 1990).

In the following, we will argue that primary school science instructional methodology, which emphasises active involvement of students and problem-solving tasks, supports content learning not only in the school language (which is not necessarily the child's first language), but also in CLIL.

Science: The point of departure

In Germany, the educational goals, rationales and methodogogical principles of science teaching at the primary level are laid out in the *Perspektivrahmen Sachunterricht* (GDSU 2002). This is a publication that serves as a framework for the primary school science curricula in the different federal states of Germany. In the *Perspektivrahmen Sachunterricht*, the subject 'science' is conceptualised as comprising of the following five perspectives: the natural sciences perspective, the geographical, socio-cultural, technical as well as the historical perspective. How these perspectives can be implemented in a science curriculum will be shown using the German federal state of Baden-Württemberg's standards as an example.

This science curriculum is based on the three fundamental areas: 'human life', 'cultural phenomena and environment', as well as 'natural phenomena and technology'. For each of these areas, a set of competences to be reached is described, such as 'experiencing space and time', or 'exploring and protecting the environment' (Bildungsplan 2004).

These competences are developed in learning environments which invite students to explore content actively, for example in research projects. From very early on, children learn to approach a topic in an investigative way, asking questions, hypothesising, thinking about ways of finding out and solving problems (Bildungsplan 2004).

As a CLIL-teacher, the science content areas and competences described in the curriculum are the point of departure when it comes to planning for instruction (e.g. Lorenz/Met 1989, Burmeister 2006a, 2006b). The CLIL teacher needs to choose the goals, teaching strategies, and materials which are best suited for the students' level of foreign language skills and which, at the same time, ensure that in-depth science learning can occur.

In the following paragraphs, we will sketch out how the CLIL teacher can integrate the guidelines of the above-mentioned science framework with the language and content scaffolds needed to make sure that the students can engage in science and language learning.

Integrating science perspectives and language in CLIL

Teaching units about the seasons of the year, for example, offer multiple opportunities to interrelate the different science perspectives and competence areas mentioned above. Dealing with customs, traditions or legends in science lessons, for example, allows for a socio-cultural perspective. The students can relate cultural symbols (e.g. Easter eggs or harvest fires) to which these seasons are ascribed. Experiencing the interrelation of nature and culture in the immediate environment is also seen as a first step to an understanding and appreciation of other cultures, which, in turn, might lead to a better understanding and appreciation of one's own culture (e.g. Byram 1997, Richter/Zimmermann 2003).

A natural sciences perspective is adopted when focusing on the natural changes during the seasons, such as the blooming of spring flowers, the leaves falling, or the animals which build a shelter for hibernation. The children can experience, document and interpret the biological peculiarities of the respective plants, animals or processes.

Dealing with different types of seed germination in spring, for example, provides insights about metabolic processes and growth conditions in plants. That is to say, students can learn how plants grow, and what plants need to grow.

According to state-of-the-art teaching methodology, science lessons should be student- rather than teacher-centred, and the teacher should create a learning environment that actively involves students and engages them in research projects with problem-solving activities (see Gropengießer/Kattmann 2006). In the following, it is shown how these state-of-the-art science lessons are structured so that they provide for a learning environment needed to learn science in the school language and in CLIL.

Learning science (in CLIL): An iterative loop

Figure 1 below sketches out the different phases in a typical science lesson (see Gropengießer/Kattmann 2006). It indicates at which point language and content support is needed, so that students can learn the content and build up competence in the foreign language (Reischauer 2004; Callies et al. 2004). The figure shows that scientific epistemology is based on spiral processes: insights are gained as a result of asking research questions, hypothesising, predicting, exploring, describing and interpreting results; the initial hypotheses are then reassessed and may form the basis of new research questions which can again be tested in the above-mentioned iterative loop. In science lessons, the students should be involved in this repetitive process as often as possible, so that they can eventually follow the different steps autonomously.

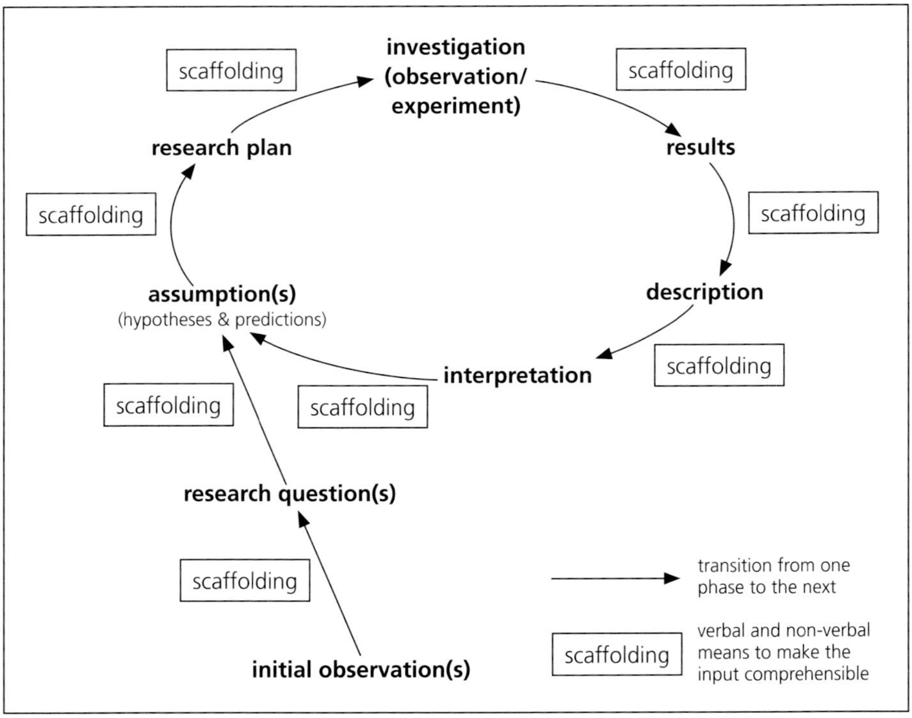

Fig. 1: Iterative, spiral process of epistemological methodology in science and loci of language and content scaffolding in CLIL lessons.

The instructional process depicted in figure 1 starts with a context that provides interesting and motivating experiences. These should, in turn, evoke spontaneous observations or questions on the part of the students. Using the example of seed germination, the children get seeds and plants and wonder how plants can grow out of a seed and what plants need to grow. The students then exchange views and formulate assumptions. After that, they design and conduct an investigation (e.g. an experiment), and record and interpret their observations. In the last phase, the students reassess the hypotheses they stated at the beginning. If the hypotheses have to be rejected, the students need to think of another way to explore the content. If the initial hypotheses can be accepted, the iterative loop could start again because the results may lead to new assumptions. The teacher's role is to ascertain and classify the students' views, interpret their responses, facilitate discussion and assist students in describing their findings (see Cuevas 1990: 57).

The natural phenomena occurring during the changing seasons, for example, can also be seen as an iterative loop, and thus they lend themselves to be dealt with in an iterative fashion. In spring, the students can explore the early flowering plants, such as spring crocuses or hazelnuts. A few weeks later, the growth of different kinds of early flowering plants can be compared and the development from flower to fruit observed. At the end of the year, the children could explore the strategies that plants have to survive the winter period. The same procedure could also be applied to explore how animals and humans deal with the seasonal changes. By allowing students to explore the flora and fauna of the changing seasons, they become confident in using not only the research methods, but also the respective technical expressions (see below). This might make them feel competent which, in turn, is seen as a prerequisite for the learners' motivation (see Deci/Ryan 1993).

The different phases in the research process are not only characterised by certain repetitive activities, but also require specific technical terms and phrases (GDSU 2002). The more the students are engaged in exploring content according to the above-mentioned steps, the better they can associate the language with the respective actions which, in turn, might foster the use of the expressions in appropriate situations. In this way, the iterative nature of scientific inquiry also provides multiple opportunities for authentic language use – not only in CLIL, but also in science lessons conducted in the school language.

Language and content scaffolding in science lessons

As mentioned above, CLIL teachers also have language goals which, in turn, are derived from the respective content objectives. The teachers need to consider *"content-obligatory language"* (Lorenz/Met 1990: 11) which are terms and phrases critical to students' understanding of the respective science content. Content-obligatory terms for the different phases of the inquiry process could be expressions such as *'I assume', 'we explore', 'an experiment', 'a questionnaire', 'we observed'*, or *'our results/hypotheses'*. In addition, students need to understand terms or expressions that derive from the respective topic. Dealing with seed germination in spring, students need terms such as *'seed', 'spring', 'germinate', 'germ', 'plant', 'grow', 'light'*, or *'nutrients'*.

Apart from content-obligatory language, the teacher also has to plan for *"content-compatible language"* (Lorenz/Met 1990: 11), which depends, for example, on the materials provided for the lesson. If the seeds are in boxes, the students have to understand the word 'box', and if the seeds are in flower pots, they need to understand 'flower pot'. The students may also need colour adjectives to describe the seeds, or words for different kinds of soil.

For every phase of the inquiry process described in figure 1, the CLIL teacher needs to provide scaffolds to ensure that students can understand the content (e.g. Peregoy 1991, Massler/Ioannou-Georgiou in this volume). Depending on the students' age and level of language proficiency, the teacher needs to 'visualise' the content via gestures, body language, pictures, manipulatives and realia. If he/she wants the students to focus on certain keywords, she lowers her voice, speaks a little slower and stresses the words (Snow 1990, Lorenz/Met 1990, Peregoy 1991, Burmeister 2006a, 2006b, 2006c, Massler/Ioannou-Georgiou, this volume). Everything that the teacher says is supported and clarified by the way he or she uses the materials, her voice or body language in class (Lorenz/Met 1990).

The tasks, instructions and worksheets for the research projects have to be self-explanatory, with clear illustrations that 'speak for themselves'. This gives the students the chance to explore the content on their own or in groups. Even though children in year one are not expected to read in the foreign language, content-obligatory language such as the instructions for the different research phases should be displayed in the classroom. The teacher could attach illustrated flashcards with instructions to a large 'science mural' depicting the circular process of inquiry in science phases. These flashcards can help students to follow the procedures, and to read and remember the respective phrases.

Fostering student participation in the L2

If the verbal and non-verbal input provided by the CLIL teacher is comprehensible and meaningful to the students, they can engage in the different activities and actively explore the content. However, teachers in the first year of primary school who only teach CLIL sporadically cannot expect his or her students to hypothesise, take notes, describe and document processes and findings, or report and discuss results in the foreign language. Even in intensive CLIL programmes such as total or partial immersion where 50 to 100% of the curriculum is taught through the second language, the children usually need some time before they can express everything they need to say in the second language (for an overview see Wode 1995, 2009, Wesche 2002).

The communication situation in the first year will be bilingual in the sense that the teacher only uses the foreign language, and the students use the school language.

How can the CLIL teacher help the students to move over to the foreign language? One prerequisite is comprehensible input in the context of relevant and meaningful content and activities. Another important factor seems to be the language support provided by the teacher in conversational interaction and in situations in which meaning is negotiated. The first step is acknowledging the students' school language utterances so that they understand that their contributions are appreciated and valued. The teacher then models the school language utterances, for example, by transferring them into the foreign language, or taking one-word foreign language utterances and placing them into a complete sentence (e.g. Tardif 1994). In this way, the students have a language model and can see the importance and relevance of using the foreign language. Furthermore, they are given the time they need before they conduct research projects in the foreign language.

Conclusion

In order to allow for in-depth learning of complex science subject-matter in CLIL, the teacher needs to create a learning environment which actively involves the students. The students observe interesting natural or social phenomena, ask questions, formulate hypotheses, plan and conduct experiments or observations, document the different experimental phases, observations and findings, report the results back to the class and reassess the hypotheses stated at the beginning of the lesson (see GDSU 2002; Hammann et al. 2006).

The CLIL teacher has to ensure that the children can understand the content at all times. He or she needs to provide verbal and non-verbal scaffolds which help to embed the language into the respective context, using word stress, paraphrases or pictures, realia and manipulatives.

Especially during the beginning years of CLIL, the school language plays an important role since the children are not able to contribute to the classroom discourse in the foreign language. As the CLIL teacher's primary goal is to foster concept learning in science, he or she will accept the students' active participation in the school language and trust the foreign language skills to slowly evolve.

References

Bildungsplan 2004 – Grundschule. Stuttgart: Ministerium für Kultus, Jugend und Sport des Landes Baden-Württemberg.

Burmeister, P. (2006a). „Immersion und Sprachunterricht im Vergleich." In: Pienemann, M./ Kessler, J.-U./Roos, E. (Hrsg.). *Englischerwerb in der Grundschule*. Paderborn: Schöningh/ UTB, 197–216.

Burmeister, P. (2006b). „Frühbeginnende Immersion." In: Jung, U. O. H. (Hrsg.). *Praktische Handreichung für Fremdsprachenlehrer*. Frankfurt a. M.: Peter Lang Verlag, 385–391.

Burmeister, P. (2006c). „Bilingualer Unterricht in der Grundschule." In: Timm, J.-P, (Hrsg). *Fremdsprachenlernen und Fremdsprachenforschung: Kompetenzen, Standards, Lernformen, Evaluation*. Tübingen: Narr. 197–212.

Byram, M. (1997). *Teaching and Assessing Intercultural Communicative Competence*. Clevedon: Multilingual Matters.

Callies, A./Richter, R./Reischauer, D. (2004). "Useful Phrases for Biology Lessons." In: *Unterricht Biologie 297/298*, 66–67.

Cuevas, G. J. (1990). "Teaching/Learning Mathematics and Science in a Language Immersion Setting." In: Lorenz, E. B./Met, M. (Hrsg.) (1990). *Teaching Mathematics and Science in the Immersion Classroom. Teacher's Activity Manual.* Rockville, MD: Montgomery Public Schools. Office of Instruction and Program Development. Division of Academic Skills, 37–76.

Deci, E.L./Ryan, R.M. (1993). „Die Selbstbestimmungstheorie der Motivation und ihre Bedeutung für die Pädagogik." In: *Zeitschrift für Pädagogik 39 (2)*, 223–238.

Gesellschaft für Didaktik des Sachunterrichts (GDSU) (2002): *Perspektivrahmen Sachunterricht*. Bad Heilbrunn: Klinkhardt.

Gropengießer, H./Kattmann, U. (Hrsg.) (2006). *Fachdidaktik Biologie*. Aulis, Köln.

Hammann, M./Phan, T.T.H./Ehmer, M./Bayrhuber, H. (2006). „Fehlerfrei Experimentieren." In: *MNU – Der mathematische und naturwissenschaftliche Unterricht 59/5*, 292–299.

Kelly, K. (2008). *Science. Macmillan Vocabulary Practice Series*. Oxford; Macmillan.

Klein, E. (2008 2. Auflage). *Bilinguales Wörterbuch Biologie*. VBIO, Hannover.

Lorenz, E.B./Met, M. (1989). *Planning for Instruction in the Immersion Classroom*. Teacher's Activity Manual. Rockville, MD: Montgomery Public Schools. Office of Instruction and Program Development. Division of Academic Skills.

Lorenz, E.B./Met, M. (Hrsg.) (1990). *Teaching Mathematics and Science in the Immersion Classroom.Teacher's Activity Manual.* Rockville, MD: Montgomery Public Schools. Office of Instruction and Program Development. Division of Academic Skills.

Peregoy, S.F. (1991). "Environmental scaffolds and learner responses in a two-way Spanish immersion kindergarten." In: *Canadian Modern Language Review/La Revue Canadienne des Langues Vivantes 3/47.* 463–476.

Reischauer, D. (2004). „Let's do a Biology fair." In: *Unterricht Biologie 297/298*, 58–62.

Richter, R./Zimmermann, M. (2003). „Und es geht doch: Naturwissenschaftlicher Unterricht auf Englisch." In: Wildhage, M. / Otten, E.: *Praxis des bilingualen Unterrichts*. Berlin: Cornelsen Scriptor, 116-146.

Snow, M. A. (1990). "Instructional Methodology in Immersion Foreign Language Education." In: Amado M. Padilla/Halford H. Fairchild/ Concepción M. Valadez (Hrsg). *Foreign language education. Issues and strategies*. Newbury Park, CA: Sage, 156-171.

Tardif, C. (1994). "Classroom Teacher Talk in Early Immersion." In: *Canadian Modern Language Review/La Revue Canadienne des Langues Vivantes* 3.5, 466–481.

Wesche, M.B. (2002). "Early French Immersion: How has the original Canadian model stood the test of time?" In: Burmeister, P./Piske, T./ Rohde, A. (Hrsg.). *An Integrated View of Language Development. Papers in Honor of Henning Wode*. Trier: WVT, 357–379.

Wode, Henning (1995). *Lernen in der Fremdsprache. Grundzüge von Immersion und bilingualem Unterricht*. Ismaning: Hueber.

Wode, Henning (2009). *Frühes Fremdsprachenlernen in bilingualen Kindergärten und Grundschulen*. Braunschweig: Westermann.

Sophie Ioannou-Georgiou

Using stories and games in CLIL teaching

Stories and games can play an important role in a CLIL class. Both activity types have inherent characteristics which support and promote some of the basic principles of CLIL and can be a very useful aid to the CLIL teacher.

This article will discuss the theoretical background supporting the use of the two techniques. It will then present how they can assist in the learning and teaching of both content and language as well as how they can aid in the beginning stages of CLIL implementation with a new group of students.

Introduction

For CLIL teaching to be effective, teachers need to bring together the best practice of two teaching methodologies: language learning methodology and the methodology of the particular school subject being taught. Although there may be issues particular to each methodology, the CLIL methodology which is generated from the merging of the two previous methodologies should be one which includes best educational practice – that is, practice which is accepted as effective and efficient by all teachers and for all subjects.

As CLIL matures and CLIL methodology is gradually defined, stories and games will undoubtedly be two educational practices which will be central to a CLIL methodology for young learners. Both stories and games are staples in the repertoires of all teachers of young learners. Playing games and listening to stories are activities which are natural and familiar to children, and ones in which they enjoy participating. These traits, more positive characteristics of stories and games, and how these two activities can be invaluable in CLIL teaching will be presented below.

Why are stories and games valued educational tools?

Stories and games have a number of characteristics which make them valued educational tools, much appreciated by all teachers of young learners. A number of these characteristics are succinctly presented below:

Stories and games are powerful motivators. Children love playing games and listening to stories (Ellis/Brewster 1991, Wright 1995). If the stories and games are chosen carefully, suitable games and stories can be found for any age group. An extensive repertoire of stories and games can help a teacher keep the class active, energetic and engaged (Gardner 1994, Machado 2010).

In many cultures stories and games are natural and familiar activities to children. Both activities are usually part of the background which children bring with them when they start school. Using these activities in class makes the school feel more familiar to the students and links it to their home environment.

Stories and games are inclusive activities. Games and stories come in a variety of styles and can be suitable for any mood, occasion or personality. Games can be used to involve the shyest or most resistant student. Sitting in a group and listening to a story, reacting to the plot and the twists of the story, is a shared activity which enhances bonding between the students of a class (Rubright 1996, Machado 2010).

Stories and games can involve different learning styles such as visual, auditory or kinaesthetic, and a range of intelligences (Gardner 1983). Games can be intrapersonal, musical, mathematical, linguistic, visual and spatial/kinaesthetic. They can be played in the schoolyard, in class, on the floor, on the board, or on a piece of paper. Stories can involve visual and auditory stimuli. They are basically linguistic activities but they can be carried out inter- or intrapersonally and can be accompanied by practically any type of activity (drawing, dancing, singing, etc.) thus involving all the intelligences.

Stories and games are naturally and pleasantly repetitive. Repetition is important for young children since it provides more opportunities for understanding and consolidating knowledge and skills. When it comes to language acquisition, children often resort to a private game of repetition (Krashen 1982) which helps them better internalise language. Repetitive classroom activities can, however, become boring for students. On the contrary, stories and games are naturally repetitive. They not only include repetition within the same story or game, but they also invite repetition through playing the same game again or listening to the story one more time. Both types of repetition are, however, natural for children and welcomed by them (Ellis/Brewster 1991, Nitinou 2006).

Stories and games make learning meaningful and memorable. Stories and games are activities which involve the whole self: cognitively and emotionally (Schiro 2004). As such, they form strong associations with the new knowledge which is consequently better retained (Fleta 2009).

Why are stories and games valued CLIL tools?

The above section presented some of the reasons which make stories and games powerful tools in general learning. All the reasons hold true for CLIL teaching as well. Indeed, the needs which they cover in regular teaching are probably even more pronounced in CLIL. The need to enhance motivation, for example, is more important in a new CLIL environment, especially when CLIL is introduced in late primary and where children might wonder why they have to bear the additional difficulty of learning in a foreign language. In the same way, the need to take part in activities which are familiar to children and recall their home background is even more important when they suddenly enter an unfamiliar CLIL environment. Having activities which have a recognisable and familiar structure helps children feel more safe and comfortable in CLIL classes (Snow 1990).

There are, however, further arguments which strengthen the role of stories and games in CLIL classes. More important, perhaps, is how these activities fit into Do Coyle's (2000, 2007) '4 Cs' framework (see below); a framework which is central to CLIL pedagogy and distinguishes it from other forms of foreign-language medium education.

Implementing the 4 Cs framework

The diagram below shows clearly how the four dimensions of *content, cognition, communication* and *culture* are central to CLIL teaching. Content refers to the learning of a subject matter and cognition to the development of learning and thinking skills. Communication focuses on language and interaction whereas culture focuses on developing understanding of other cultures as well as better awareness of the students' personal culture.

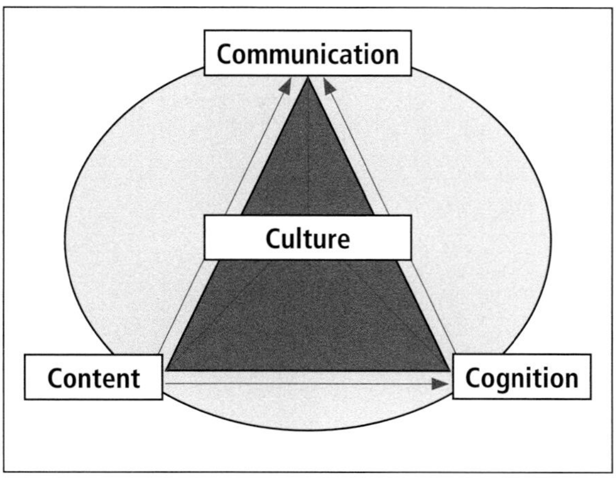

A visual representation of Coyle's 4 Cs (from Coyle, 2008)

Stories and games seamlessly integrate all the four dimensions of the framework. They might either focus on, or easily link to, particular subject content. They promote thinking skills by developing such aspects as understanding or devising game rules and structures or storylines and by inferring meaning. Furthermore, communication is central to both activities whereas both can also be considered cultural artefacts. Playing traditional games or working with a culture's literary heritage offers children insight into that particular culture, and develops a general awareness of the culture, and shared understandings (Monroe 1995). Finally, it encourages the development of an attitude of openness and positive curiosity towards other cultures.

An example of how a story can integrate the 4 Cs is the story of *Chicken Licken* as it was taught to young primary school students by a CLIL teacher. The story is a traditional very well known tale about a chicken that is hit on the head by an acorn and thinks the sky is falling down. The story allows children to develop a shared knowledge of the target culture. It also includes the phrase *The sky is falling* since the scared little chicken repeats the phrase to every animal it meets on the way to tell the king. The phrase has become an established English idiom. Through *Chicken Licken*, a CLIL teacher in Cyprus facilitated the 4 Cs as seen in the table below.

Chicken Licken	
Culture	Traditional story Animals local to the country of the target culture Idiomatic language
Content	Farm animals Food chain Awareness of and cautiousness around strangers
Cognitive skills	Guessing the continuation of the story Guessing the ending Developing an alternative ending Student-generated advice on how to behave with strangers
Communication	Students interact with the storyteller about the animals Students role-play the story

Lowering the affective filter

A high affective filter was suggested by Krashen (1982) as potentially being an obstacle for the acquisition of language. Krashen argues that factors such as lack of motivation, high levels of anxiety and poor self-image raise the affective filter and obstruct acquisition. As mentioned earlier, stories and games are activities which are familiar to children, and familiarity is a factor which makes children feel safer in a CLIL environment. In addition to the familiarity of the actual activity style and structure, the very nature of the activities allows children to relax and let down their defences. These are activities which completely absorb the children and engage them fully. Furthermore, they are activities in which they participate with pleasure. All these factors may contribute to the increase of motivation and the lowering of anxiety levels with the end result of creating and maintaining a low affective filter, thus establishing positive conditions for learning (Krashen 1982, Hughes 2010).

An important benefit which can result from the low affective filter and the general classroom atmosphere generated with the implementation of stories and games is the opportunity for more participation and general empowerment offered to shy students.

Offering scaffolding for input comprehension and language production

Young primary students have limited language resources in the foreign language and, therefore, need scaffolding in order to help them grasp meaning from written or oral input. They also require scaffolding in order to communicate their own meaning either orally or in a written form (Snow 1990).

Stories and games offer a variety of scaffolding opportunities. In the case of stories, scaffolding which supports comprehension can be provided through the text itself, by the format in which it is written (fonts, etc.), from the visuals which accompany the text, and by the intonation, facial expressions and gestures of the teacher who is narrating or reading the story.

If we are to use the same example as before, the story of *Chicken Licken* provides scaffolding for input comprehension not only through its illustrations, but also through its cumulative nature with action and dialogue repetitions. Comprehension is further assisted by the animated narration of the teacher.

In the case of games, input comprehension is also supported by visuals and movements as by well as scoreboards and other materials used by specific games. Games which are related to action songs are a clear example. The action song *I am the Music Man* teaches musical instruments and supports input comprehension through the movements/actions of the leader of the game. Initially the teacher can be the leader, but then different children can take the role of the leader either for the whole song or for the duration of a single verse.

I am the Music Man And I come from down your way And I can play. What can you play? I can play the piano, piano, piano I can play the piano, Pia – piano. I am the Music Man And I come from down your way And I can play What can you play? I can play the saxophone, saxophone, saxophone I can play the saxophone, Saxo, saxophone.

Table: Sample excerpt from the action song "I am the Music Man" (traditional)

As can be seen from the excerpt above, each verse is about a different musical instrument. It is a dialogue between the music man and the children. At the beginning, the teacher can be the music man. When she mentions an instrument, the children have to pretend to play the instrument, and they have to use the right movements. Thus actions, language and music work together to support comprehension. Input comprehension is also scaffolded through the many repetitions of the song and by the teacher and peers which can model the actions for the beginning student who might be at a loss. As the children become familiar with the action song, they can play variations of the game such as dividing the class into two and having the two groups play the roles of the music man and the child. Linguistic production can be scaffolded through the many repetitions, peer-support and the acquired familiarity of the game. The final stage would be to have a single child to act as the leader and be offered the initiative to mix the order of the instruments. This makes the game a little more demanding since the children can no longer rely on the learned structure of the song. Instead, after the question "What can you play?", they have to look at the leader who will mime an instrument. The children have to recognise the instrument, sing the appropriate verse and mime the appropriate actions.

The song includes a range of instruments (piano, saxophone, bass drum, triangle, big bass drum) and more can be included (clarinet, bass trombone, piccolo, violin) as the teacher sees fit. Instruments related to particular cultures may also be added (mandolin, bouzouki, didgeridoo).

An important and necessary aid for comprehension is to contextualise new knowledge and concepts. Presenting a concept such as 'Diwali', 'Leonardo da Vinci', 'environmental pollution' or 'acceptance of otherness' can be easily and clearly done through a story which can frame the concept in real life situations and settings which the student can understand and relate to. Acceptance of otherness, for example, is a key concept in intercultural education and a trait which is valued and essential in our multicultural/multilingual societies. As such, it is featured in most European curricula. A great way for the children to understand it is through the story *I want a hug* by John A. Rowe. In this story a baby hedgehog is lonely and wants a hug, but nobody wants to hug him because he is prickly. The illustrations, the story and the characters are such that the children can relate to the baby hedgehog, the rejection he feels and the loneliness and isolation imposed on him by society just because of his appearance.

In the same way, a good way to consolidate knowledge is to involve the children in a game where they have to apply what they have learned and develop higher levels of knowledge. A simple example of knowledge consolidation though a game could be, perhaps, the consolidation of traffic safety rules through enacting the roles of cars, traffic lights and pedestrians. There are a variety of games which can be played around this topic. The easiest one is for a child to have a set of flashcards illustrating the traffic lights and flash the cards while shouting out the name of the colour. The children, pretending to be cars, need to respond accordingly. They have to stop instantly if it is red, move if it is green and move their feet without moving position when yellow.

Production is supported through a variety of ways such as peer-support in games which require group participation or co-operative narrations of a story. Scaffolding to enable linguistic production in stories is also offered through visual reminders of the characters and sequence of the storyline or through the use of sentence frames and musical rhymes. In the case of games, production can be enabled through the actual aspects of a game which may involve key examples, role-play cards, visual representations or given keywords. Production can also be encouraged by involving the children in creating their own games. A class who worked on ways to conserve water may, for example, create their own board game. They have to devise rules such as awards for water conservation and penalties for careless water use. They then create the game and play it.

Valuable tools during the beginning stages of CLIL

A special mention needs to be made for the role of games at the beginning stages of CLIL implementation when students are transitioning into the new approach to learning. As in regular foreign language teaching, this is a sensitive stage since students need to get used to a foreign language environment. They have to understand classroom procedures and how to respond and react to what is happening in the classroom without becoming anxious.

In particular, games at the initial stages of CLIL implementation can help in the following areas:

- help children to learn the new routines of the lesson and thus lead them to better familiarisation of the structure of the CLIL class.
- introduce children to basic classroom language and key terms of the subject taught.
- enable them to fully participate in the learning process even though they might yet have no or very little ability in the foreign language.

Providing structure and routines

In an unknown environment such as a CLIL class for students beginning CLIL, certain routines and a basic structure to the lesson encourage the development of feelings of safety and lower anxiety (e.g. Peregoy 1991). Games can help provide such structure or can be part of the routines developed in a CLIL class.

Many teachers, for example, create specific opening and closing routines for their lessons (e.g. Snow 1990, Ioannou-Georgiou 2010). Often these routines can be particular games such as an action song which the students might favour. Young primary school learners sometimes have a CLIL mascot. An opening routine may then be the entrance of the CLIL mascot and a brief greeting exchange with the students. This signifies to the children that now it is time for CLIL and prepares them for working and thinking in the CLIL language. Routines are often unexpectedly developed and can be generated by the students themselves and their preferences. The teacher might, for example, use a particular game which the students might like and repeatedly request, thus gradually making the game part of the class routine. At other times, the routine itself involves a game, although it does not have to be the same game each time.

Closing games are usually games which enable the teacher to assess the outcomes of the lesson. These can be dice games, where a giant die with pictures, words or phrases on its sides is thrown on the floor. Students have to make a sentence with that particular word or phrase. For example, a class who has worked on recognising different types of food (protein, carbohydrates, fats) are divided into groups. In turns each group throws a giant die with these food groups written on its sides. If the die shows 'fats' then the group has to name a specific food which fits into that category. The game continues until a group reaches five points.

Other closing games can be bingo games, action songs or board games. There is a wide variety of games which are suitable for assessing learning outcomes, and each class can choose the games they favour most.

Teaching initial classroom language

One of the first things which needs to be established in a CLIL class is the ability to communicate simple classroom instructions and understand basic subject terminology. Giving the students vocabulary lists to learn by heart will sometimes not encourage motivation and positive attitudes. Games can, however, serve this purpose well.

Basic classroom language consisting of a range of instructions such as *"Listen"*, *"Open your book"*, *"Stop writing"*, *"Show"* and *"Point"* can be acquired by the children in a seemingly effortless way through the use of games. Games which lend themselves to learning phrases and vocabulary are *Simon says*, where the children have to listen and respond to instructions given by the teacher or a peer in the role of Simon, miming games or flashcard games. A similar game is the robot game where the children pretend they are robots. They listen to the teacher's or a peer's instructions and have to follow them. If they lose, they have to be taken to the 'scrapyard' (out of the game). Flashcard games include a large variety of games which centre around the use of a number of flashcards illustrating the target language. Examples of such games are guessing games, bingo games and memory games.

Games to teach classroom language are usually used at the beginning of the year and need not take too much time from the lesson. A few minutes at the beginning or the end of the lesson are enough to play a game which can consolidate key classroom language. In the same way, teachers can work to develop a basic vocabulary related to the CLIL subject. In the case of Design and Technology or Arts and Crafts, basic vocabulary can include *'cut'*, *'glue'*, *'stick'*, *'fold'*, etc. This type of vocabulary can also be practised with the games mentioned here. In fact, after the initial stages, it would be good for the teacher to mix the two types of vocabulary so as to consolidate them by playing one game and thus have more time to focus on the daily goals of the lessons taught.

Other subject language might not lend itself to miming or action games but can be practised through flashcard and other games. For example, when teaching Home Economics, CLIL subject language will include cooking utensils. Once these are presented, they can be practised and consolidated regularly at the beginning stages of the year with flashcard games which take very little time, such as *Kim's game*. In this game a number of flashcards with cooking utensils are placed on the board and the children are asked to close their eyes. Then one card is removed and the children have to find out which one is missing.

Another game for consolidating this type of vocabulary (i.e. classroom materials relevant for the CLIL subject) can be a competition where the children are divided into groups, and each group forms a line. In front of every line there is a table with a set of cards. The first child in each line runs to the table and picks a card. The child has to read the card and either run to another table to pick the utensil (or other object) written on the card or quick-draw the utensil on the board. They then go back to the end of the line and the game continues with the winner being the first group which finishes first with the most correct points.

Enabling participation despite limited linguistic resources

During the initial stages of implementing CLIL, a class will not have the linguistic resources in the foreign language to enable them to fully participate. That is, they may be able to comprehend the subject taught through appropriate scaffolding, but will not yet be able to produce language so as to indicate their comprehension and grasp of new concepts.

There are a variety of techniques which can help, and many are mentioned in chapter *How CLIL works*. Moreover, games can also enable students to indicate their understanding to the teacher. For example, in a geography lesson on climatic zones, the teacher might divide the class into groups. On the board, she might have a diagram with the climatic zones, and every group of students is given pictures of plants and animals. Each group has to place their plants and animals in the right climatic zone for them to win. Thus, without needing to speak in the target language, the children can discuss with their group in the school language, and then indicate their understanding by correctly placing their cards.

Teachers can also use games to assess progress while maintaining the positive, friendly and safe learning environment which is so essential for CLIL. Indeed, games should be frequently used for assessment even when CLIL is established and the students are more comfortable with the approach, for the same reasons: maintaining a positive atmosphere, motivation and a positive self-esteem.

Assessment, for example, can take place through a noughts and crosses game. Students can choose a box and win a point if they give a correct statement using the word in the box chosen. According to the level of the students the children may have sentence frames or other information available to help them. In the example shown below, the students are divided in two groups: noughts (o) and crosses (x). The aim of the game is to create a horizontal, vertical or diagonal line of noughts or crosses.

Ayers Rock	*Sydney*	*Koala*
Queen	*Australia*	*Didgeridoo*
Kangaroos	*Aborigines*	*Dingo*

Students choose a word, but in order to win the box, they have to create a correct statement. If a student chooses the word 'koala', for example, she has to make a correct statement about koalas (e.g. *Koalas are marsupials*) in order to win the box.

If students need more support, various bits of information might be spread on the board, like in the example below, so as to help them make a correct statement. Thus the students are offered some support in that there are keywords offered to them but they still need to recognise the information and be able to make the connection between the information on the board (below) and the words in the box above.

largest city in Australia
smallest continent
musical instrument
indigenous people
marsupial
sacred site
wild dog
eucalyptus leaves
head of state

Assessment can also take place through the dice game mentioned earlier or through a version of musical chairs where all the children walk to the music. Once the music stops, they need to step on visual representation of what they learnt, and then say it to the class. If it is a lively class, one may need to keep the children in a more quiet state and may prefer to do the activity while sitting down in a circle. Pupils can pass around the object or visual and when the music stops, the child holding the object must either call its name or make a sentence, depending on the concept or knowledge which is being assessed.

Conclusion

Overall, games and stories have a great deal to offer CLIL teaching and can be two of the most useful tools a teacher can have. They can fit any subject content and any stage of a lesson while bringing with them a positive outlook on CLIL and helping the learners make a smooth transition into CLIL classes. In addition, they are invaluable in developing and maintaining a supportive and friendly atmosphere, one of the key ingredients of CLIL success.

Games and stories should, therefore, not be considered as an add-on to the CLIL class but should constitute an integral part of CLIL lessons.

References

Coyle, D. (2000). "Meeting the challenge – The 4Cs curriculum." In: Green, S. (Ed.) *New perspectives on Teaching and Learning Modern Languages.* Clevedon: Multilingual Matters, 158–182.

Coyle, D. (2007). "Content and Language Integrated Learning: Towards a Connected Research Agenda for CLIL Pedagogies." In: *The International Journal of Bilingual Education and Bilingualism Vol.10, No.5, 2007,* 543–562.

Coyle, D. (2008). Kunst – CLIL. Conference presentation given at the Goethe Institut, Glasgow. August 2008.

Ellis G./Brewster I. (1991). *The Storytelling Handbook for Primary Teachers.* London: Penguin Books.

Fleta, T.M. (2009). "Teaching Techniques: From listening to music to storytelling." In: Enever, J./Moon, J./Raman, U. (Eds). *Young Learner English Language Policy and Implementation: International Perspectives.* Garnet Education, 181–187.

Gardner, H. (1983). *Frames of Mind: The theory of muliple intelligences.* New York: Basic Books.

Gardner, H. (1994). *The Arts and Human Development: A Psychological Study of the Artistic Process.* New York: Basic Books.

Hughes, P.F. (2010). *Children, Play and Development.* Thousand Oaks, CA: Sage Publications.

Ioannou-Georgiou, S. (2010). "Transition into CLIL: Guidelines for the beginning stages of CLIL." In: Ioannou-Georgiou, S./Pavlou, P. (Eds.). *Guidelines for CLIL implementation in Primary and Pre-primary Education.* Nicosia: Cyprus Pedagogical Institute, 33–53.

Krashen, S. D. (1981). *Second language acquisition and second language learning.* Oxford, England: Pergamon Press.

Krashen, S. (1982), *Principles and Practice in Second Language Acquisition*, New York: Pergamon Press.

Krashen, S.D./Terrell, T.D. (1983). *The natural approach: Language acquisition in the classroom.* London: Prentice Hall Europe.

Machado, M. J. (2010). *Early Childhood Experiences in Language Arts.* Belmont, CA: Wadsworth.

Monroe, J.E. (1995). "Developing Cultural Awareness through Play." In: *Journal of Physical Education, Recreation and Dance 66(8),* 24–27.

Nitinou, L. (2006). Teaching Young Learners through Stories: The development of a handy parallel syllabus. The Reading Matrix. Vol. 6 (1). 25 -40. [online: http://www.readingmatrix.com/articles/loukia/article.pdf] Accessed: March, 2010.]

Peregoy, S. F. (1991). "Environmental scaffolds and learner responses in a two-way Spanish immersion kindergarten." *The Canadian Modern Language Review, 47(3).* 463–476.

Rowe, H.J. (2007). *I want a hug.* New York: Minedition.

Rubright, L. (1996). *Beyond the Beanstalk: Interdisciplinary Learning through Storytelling.* Portsmouth, NH: Heinemann.

Schiro, M. (2004). *Oral Storytelling and teaching mathematics.* Thousand Oaks, CA: Sage Publications.

Snow, M.A. (1990). "Instructional methodology in immersion foreign language education". In: Padilla, A.M./Fairchild, H.H./Valadez, C.M. (Eds.). *Foreign language education: Issues and strategies.* Newbury Park, CA: Sage, 156–171.

Wright, A. (1995). *Storytelling with Children.* Oxford: Oxford University Press.

Claudia Steiert

Unterrichtsmaterialien für CLIL – CLIL in Unterrichtsmaterialien

Welche CLIL-Unterrichtsmaterialien gibt es, und welche Themen werden behandelt? Wo finden sich zusätzlich didaktisch-methodische Hinweise? Diese Fragen betreffen jeden, der CLIL-Unterricht plant. Das folgende Kapitel gibt einen Überblick über derzeit erhältliche CLIL-Unterrichtsmaterialien für die Grundschule. Dabei wird zunächst die Relevanz von Unterrichtsmaterialien für den CLIL-Unterricht dargestellt. Ausgehend davon werden Materialien vorgestellt, die den CLIL-Ansatz in unterschiedlicher Weise umsetzen. Abschließend werden Desiderate an Unterrichtsmaterialien, wie z. B. detaillierte Lehrerhandreichungen, formuliert. Im Anhang befindet sich zudem eine Liste mit einer Auswahl von CLIL-Materialien.

Einleitung

Welche CLIL-Unterrichtsmaterialien gibt es? Die Frage nach CLIL-Unterrichtsmaterialien ist eine der ersten, die Lehrpersonen stellen, die neu mit dem CLIL-Ansatz arbeiten. Literaturrecherchen zeigen, dass es für die Grundschule nur wenige Lehrmittel für CLIL gibt. Wie die folgenden Ausschnitte aus Interviews mit den ProCLIL-Lehrerinnen erkennen lassen, wird der Mangel an Unterrichtsmaterialien als eine wesentliche Schwierigkeit des CLIL-Unterrichts angesehen:

Frage: Sehen Sie Nachteile [im CLIL-Unterricht]?
Antwort: *Ja, also ich denke ein Nachteil ist, jetzt für den Lehrer gesehen, es ist wahnsinnig zeitaufwändig. [E]in Teil dieses Aufwands besteht darin, dass man unendlich Material sucht.*

[...] Ich sitze für so eine Einheit mit 5 Unterrichtsstunden, sitze ich im Moment [...] 15 bis 20 Zeitstunden. Und ich schüttele ja schon aufgrund meiner Erfahrung relativ viel aus dem Ärmel, aber Material suchen, man ist auch wieder am Schnippeln, am Kleben, am Folieren, und und und.

Frage: Was sehen Sie [...] als Nachteil für sich?
Antwort: *Die Vorbereitungszeit ist wesentlich höher. Dadurch, dass es wenig bis gar kein fertiges Material gibt, das [...] dem baden-württembergischen Bildungsplan so entspricht, dass man es einfach einsetzen könnte, muss man sich sehr viel selber zusammenstellen und suchen, und das kostet natürlich enorm viel Zeit.*

Frage: Andere Schwierigkeiten?
Antwort: *Material, geeignetes Material zu finden. [...] Und natürlich ist dieser Spezialwortschatz auch für einen Lehrer wirklich eine Herausforderung. Man spricht nicht alle Tage über die Planeten oder auch die Überwinterung von Tieren. Da braucht man ja auch einen Wortschatz, den man jetzt nicht unbedingt parat hat.* (Alle Zitate stammen aus: Interviews ProCLIL 2008)

Wie in den Interviews deutlich wird, erhöht sich die Vorbereitungszeit der Lehrpersonen erheblich, weil es meist keine CLIL-Unterrichtsmaterialien gibt. Sofern CLIL-Materialien zur Verfügung stehen, sind diese oft nicht angemessen, da sie beispielsweise für andere Lehrpläne entwickelt wurden. Weiterhin gibt es häufig keine zusätzlichen Informationen, zum Beispiel in Form von Lehrerhandreichungen zu sprachlichen, inhaltlichen oder auch didaktisch-methodischen Fragen, die deshalb von den Lehrpersonen mühsam selbst recherchiert werden müssen (siehe auch Lorenz/Met 1989).

Hinzu kommt, dass CLIL als vergleichsweise unscharf definierter Oberbegriff in vorhandenen Lehrmitteln sehr unterschiedlich umgesetzt wird. Was Coyle (2006) für den CLIL-Ansatz allgemein formuliert, spiegelt sich auch in den Unterrichtsmaterialien wider: *CLIL can be achieved through a variety of methods and models – all of which integrate the language with the content.* Vier Modelle, die sich nach Hood (zitiert in Coyle 2006) für Großbritannien herausbilden, sind:
- Surface cross-curricular linking (language focus)
- Integrating language and recycling/deepening content
- Integrating language and new content
- Immersion (content focus)

Mithilfe dieser Modelle lassen sich auch CLIL-Unterrichtsmaterialien beschreiben. Es gibt Materialien, die für den Einsatz im Fremdsprachenunterricht entwickelt wurden und eher themenorientiert arbeiten (*surface cross-curricular linking, language focus*) oder bereits bekannte Inhalte in der Fremdsprache wiederholen (*integrating language and recycling/deepening content*). Es gibt andere, die für die Schulkinder neue Sachfachinhalte in der Fremdsprache erarbeiten (*integrating language and new content*) oder einen immersiven Ansatz verfolgen (*immersion, content focus*). Für jedes CLIL-Umsetzungsmodell sollte jedoch gelten, dass Sachfachinhalte nicht als bloße Träger für Fremdsprachenunterricht angesehen werden dürfen. Dies ist eine Mindestvoraussetzung für CLIL-Unterricht, der seinem Namen gerecht werden soll.

In diesem Beitrag wird neben der Darstellung theoretischer Hintergründe und vorhandener CLIL-Unterrichtsmaterialien skizziert, wie CLIL in den Materialien umgesetzt wird (vgl. Ausführungen zu Grundannahmen und theoretischem Hintergrund in Massler/Steiert/Storz 2007).

Entwicklung von CLIL-Lehrmitteln – Grundannahmen und theoretischer Hintergrund

Nach Neuner (1999) bestimmen Lehrmittel als zentrale Medien der Planung, Organisation und Durchführung von Unterricht das Unterrichtsgeschehen maßgeblich. Sie greifen Ideen und Methoden der Fachwissenschaften und -didaktiken auf und gestalten so die Methodik und den Inhalt der Arbeit im Klassenzimmer mit. Bereits die Konzeption herkömmlicher Lehrmittel ist ein anspruchsvolles Unterfangen. Vollmer (1999) führt aus, dass dies auf CLIL-Lehrmittel noch in verstärktem Maße zutrifft, da hier *anspruchsvolles, systematisches Inhaltslernen* und *(fremd)sprachliches Lernen zugleich zusammenkommen, weil beides schon im Ansatz der Informations- und Textauswahl und ihrer didaktisch-methodischen Gestaltung aufeinander bezogen, ja miteinander integriert werden muss.* Möglicherweise ist dies ein Grund, warum derzeit in Deutschland kein CLIL-Lehrwerk für den Grundschulunterricht zur Verfügung steht und auch andere CLIL-Lehrmittel nur in begrenztem Umfang vorhanden sind; ein weiterer triftiger Grund ist der derzeit noch kleine Markt an potentiellen Abnehmern.

Gerade ein Lehrwerk könnte die oben beschriebene Integration leisten, jedoch halten Schmid-Schönbein/Siegismund (1998) fest: *[Es ist] eher unwahrscheinlich, dass speziell entwickelte Lehrwerke für alle bilingual unterrichteten Sachfächer in absehbarer Zeit erscheinen werden; eher werden themenorientierte Bausteine entwickelt [...], die von hoch motivierten Lehrerinnen und Lehrern durch eine Fülle von authentischen Materialien ergänzt werden [...]*

Dieser Mangel an CLIL-Lehrwerken ist in Deutschland auch heute noch aktuell. Inzwischen wurden jedoch im europäischen Ausland bereits erste CLIL-Lehrwerke für die Primarstufe entwickelt. Außerdem haben Englischlehrwerke für deutsche Grundschulen wie beispielsweise *Green Keystones* und *Playway* CLIL nach Ankündigungstext der Verlage in ihren Neubearbeitungen stärker integriert. Es gibt zusätzlich einige unterrichtsergänzende Materialien und Themenhefte von Zeitschriften zum CLIL-Unterricht. *Take Off!*, eine Zeitschrift, die mit CLIL arbeitet, erscheint seit 2007. Zudem sind im Internet viele CLIL-Unterrichtsmaterialien erhältlich; neben kommerziellen Seiten finden sich auch Materialien und Unterrichtsentwürfe, die von Forschungsprojekten oder einzelnen Lehrpersonen kostenlos zur Verfügung gestellt werden.

Überblick über CLIL-Lehrmittel

Während es in Deutschland bislang nur CLIL-Lehrwerke für die Realschule und das Gymnasium gibt, wurden in der Schweiz (*Explorers, first choice*) und in Spanien (*Essential Science, New Science)* auch Lehrwerke für die Primarstufe entwickelt.

first choice

Die ursprüngliche Zielgruppe dieses Lehrwerks sind die Klassen 2 und 3 der Volksschule im Kanton Zürich/Schweiz. Das Lehrwerk *first choice* verfolgt einen modularen Ansatz und ist daher kein „klassisches" auf einer Progression basierendes Lehrwerk. Die zehn CLIL-Module in *first choice* wurden zur Verwendung im Englischunterricht entwickelt. Das Lehrwerk umfasst eine *General Guidance* sowie für jedes Modul ein *Topic Book, Activity Book, Teacher's Notes, Transparencies, Posters with Copy Masters* und *Flashcards*. Zusätzlich sind *Songbooks* erhältlich. Die englischsprachige *General Guidance* zu *first choice* bietet Lehrpersonen eine Einführung in die Arbeit mit dem CLIL-Ansatz und mit den Modulen. Auch die Materialien für die Schulkinder sind durchgängig auf Englisch gehalten. In den ebenfalls in englischer Sprache verfassten Lehrerhandreichungen zu den einzelnen Modulen finden sich Hintergrundinformationen zu den sachfachlichen Themen und zu sprachlichen Fragen. Zudem werden Lernziele für Sprache und Sachfach formuliert. Die Themen fallen mit der Ausnahme des Moduls *Colours* in den Bereich des Sachunterrichts: *One world, many people; The seasons; Transport; Natural forces; Plants; Food; Animals; Where we live; Our five amazing senses.*

Explorers

Dieses Lehrwerk wurde für die Klassen 4–6 der Volksschule im Kanton Zürich/Schweiz entwickelt. Die Bestandteile umfassen die Lehrerhandreichung *Working with Explorers*, ein *Resource Book* sowie für jede Jahrgangsstufe *Pupil's Book, Task Cards, Teacher's Pack, Trainer, CD-ROM, Movies, DVD, Lexicards* und eine *Audio-CD*. Die Lehrerhandreichung *Working with Explorers* ist in englischer Sprache verfasst. Sie führt Lehrpersonen in die Arbeit mit dem CLIL-Ansatz und mit der Lehrwerksreihe ein. Die englischsprachigen Lehrerhandreichungen informieren darüber hinaus ausführlich über sprachliche, methodische und sachfachliche Aspekte der Einheiten. Die Materialien für die Schulkinder sind durchgehend in englischer Sprache verfasst, mit Ausnahme der Arbeitsanweisungen, die in beiden Sprachen, Deutsch und Englisch, formuliert werden, um das Verständnis der Schulkinder sicherzustellen. Lernziele für Sprache und Sachfach sind formuliert. Das Lehrwerk wurde zur Verwendung im Englischunterricht konzipiert, wie beispielsweise bei der Methoden- und Aufgabenauswahl des Öfteren deutlich wird. Die behandelten Themenfelder wie *My Body* und *Wheels* lassen sich vorwiegend dem Sachunterricht zuordnen. Insgesamt ist das Lehrwerk mit Hinblick auf das verwendete fremdsprachliche Niveau recht anspruchsvoll und daher vor allem für Klassen mit frühem, durchgängigem CLIL-Unterricht geeignet.

Essential Science/New Science

Die in Spanien entwickelten Lehrwerke umfassen je sechs Bände. Jeder Band verfügt über *Teacher's Guide, Student's Book, Student's CD, Class Audio-CD, Posters* und *Flashcards*. Die Lehrerhandreichungen sind auf Englisch verfasst. Sie führen Lehrpersonen in grundlegende Techniken für die Arbeit mit dem CLIL-Ansatz und mit der Lehrwerksreihe ein. Darüber hinaus informieren sie ausführlich über sprachliche, methodische und sachfachliche Aspekte der Einheiten. Die Materialien für die Schulkinder sind durchgehend in englischer Sprache verfasst. Lernziele für Sachfach und Sprache sind formuliert, wobei sachfachliche Ziele an erster Stelle stehen. Das Lehrwerk integriert Fremdsprache und für die Schulkinder neue Sachfachinhalte; dies zeigt sich auch in der Methoden- und Aufgabenauswahl. Die behandelten Themen lassen sich dem Sachunterricht zuordnen. Sie sind in den Themenfeldern *Natural Sciences, Geography* und *History* zusammengefasst.

Weitere Informationen zu *Essential Science* und *New Science* finden sich bei Primary CLIL unter http://www.richmondelt.com/ (Zugriff: 21.4.2010).

Lehrwerke mit CLIL-Anteilen

Einige Englischlehrwerke integrieren fächerübergreifende Themen, verfolgen dabei jedoch vorwiegend sprachliche Zielsetzungen.

Discovery

Das Grundschullehrwerk für den Englischunterricht, das in vielen Bundesländern zugelassen ist, enthält *Discovery Pages* zur Durchführung von Versuchen. Die Lehrerhandreichungen sind auf Deutsch verfasst. Die Lernziele sind sprachlicher Art. Informationen zu sachfachlichen Aspekten der Versuche sowie deren Vor- und Nachbereitung sind nur in geringem Maße vorhanden. Weitere Informationen zu *Discovery* finden sich unter http://www.westermann.de/ (Zugriff: 21.4.2010).

Green Keystones

Die Neubearbeitung des Grundschullehrwerks für den Englischunterricht ist thematisch auf das Lehrwerk *Bausteine Sachunterricht* abgestimmt. Die Lehrerhandreichungen sind auf Deutsch verfasst. Es werden vor allem sprachliche Lernziele formuliert, zu den sachfachlichen Aspekten der behandelten Themen werden nur wenige Hinweise gegeben. Weitere Informationen zu *Green Keystones* finden sich unter http://www.diesterweg.de/ (Zugriff: 21.4.2010).

Playway

Das Grundschullehrwerk für den Englischunterricht beinhaltet in der Neubearbeitung Seiten, auf denen Sachunterrichtsthemen in den Englischunterricht eingebunden werden. Die verfolgten Lernziele sind sprachlich, über sachfachliche Aspekte der Themen wird nur wenig informiert. Weitere Informationen zu *Playway* finden sich unter http://www.klett.de/ (Zugriff: 21.4.2010).

Young World

Dieses Grundschullehrwerk wurde für den Englischunterricht in der Schweiz entwickelt. Es enthält Themen wie *The House – Around the World*, die dem Sachunterricht zugeordnet werden können. Die Lehrerhandreichungen sind auf Deutsch verfasst. Die Lernziele sind vorwiegend sprachlicher Art. Unter „allgemeine Lernziele" werden teilweise auch sachfachliche Lernziele formuliert. Wie diese jedoch in der Fremdsprache erarbeitet werden können und welche feineren Aspekte diese beinhalten, bleibt offen. Weitere Informationen zu *Young World* finden sich unter http://www.klett.ch/ (Zugriff: 21.4.2010).

Zeitschriften

Take Off!

Die Zeitschrift *Take Off!* erscheint seit 2007 vier Mal pro Jahr. *Take Off!* verfolgt einen aufgabenorientierten Ansatz (*task-based language learning*) und ist für den Vorschulbereich, die Grundschulklassen 1 bis 4 und den Übergang in die Sekundarstufe konzipiert. Jede Ausgabe der Zeitschrift enthält erprobte Unterrichtsmaterialien, eine Methoden-Box mit Unterrichtsstrategien, eine Mythos-Box, die Antworten auf sprachwissenschaftliche und fachdidaktische Fragen gibt, sowie eine Audio-CD, auf der sich Hörbeispiele und weitere Materialien finden.

Take Off! bietet Hintergrundinformationen zu den sachfachlichen und sprachlichen Inhalten. So werden z. B. Anregungen zu sprachlichen Umsetzungsmöglichkeiten geboten. Lernziele für Sprache und Sachfach sind formuliert. Die Themen sind vielfältig und decken eine Reihe von Grundschulfächern ab: *Water; Spring; Sports; Art and Music; Numbers and Shapes* und *Basic Experi-*

ments. Weitere Informationen zu *Take Off!* finden sich unter http://www.takeoff-westermann.de/ (Zugriff: 21.4.2010).

Unterrichtsergänzende Materialien/Themenhefte

Es gibt eine Reihe unterrichtsergänzender Materialien/Themenhefte. Im Folgenden sollen einige davon vorgestellt werden; eine Auflistung weiterer Materialien findet sich am Ende des Beitrags.

Burmeister, P./Pasternak, R./Rucys, D. (2007). Discover and Explore. Englischlernen mit Sachthemen

Discover and Explore ist ein Einzelheft, das englischsprachige Unterrichtsmaterialien zu den Themen *Dogs, Knights* und *Dandelion* bietet. Auf den ersten Seiten werden Tipps für die Unterrichtsgestaltung bei der Arbeit mit dem CLIL-Ansatz und den Materialien gegeben. Die Materialien für die Schulkinder sind durchgängig auf Englisch gehalten. In den Lehrerhandreichungen finden sich Hintergrundinformationen zu den sachfachlichen Themen und zu sprachlichen Fragen. Lernziele sind nur für das Sachfach formuliert; auch insgesamt findet sich hier eine starke Sachfachorientierung.

Covre, D./Segal, M. (2006). Cook for Fun A+B / Green English A+B / Watch Out A+B

Die Reihe *HandsOnLanguage* bietet Arbeitsblätter für den CLIL-Unterricht zu den Bereichen Kochen, Umwelt- und Verkehrserziehung. Darüber hinaus ist zu jedem Themengebiet eine Lehrerhandreihung erhältlich, die Verlaufspläne zu den Materialien enthält. Sowohl die Materialien als auch die Verlaufspläne sind in englischer Sprache verfasst. Die Verlaufspläne enthalten keine Angaben zu sachfachlichen Lernzielen; auch eine Anregung zur sachfachlichen Reflexion der Versuche erfolgt meist nicht.

Denk, T. (2005). Bilinguales Lehren und Lernen in der Grundschule

Bilinguales Lehren und Lernen in der Grundschule enthält Unterrichtsentwürfe zu den Themen *Die Entwicklung des Rades, Bauen eines Windmessgerätes* und *Freunde finden und behalten*. Die Entwürfe beinhalten jeweils eine Sachanalyse, eine methodische Analyse und sachfachliche und fremdsprachliche Lernziele, sowie

Verlaufspläne und Materialien. Sie könnten direkt im Sachunterricht eingesetzt werden; Teile des Unterrichts werden auf Deutsch gehalten.

Paterson, A./Willis, J. (2008). Oxford Basics for Children: English through Music

English Through Music bietet eine kurze Einführung in den CLIL-Ansatz und die Arbeit mit dem Buch sowie der beiliegenden CD. Daran schließen sich eine Reihe von Übungen an. Sprachliche und sachfachliche Lernziele werden formuliert, die sprachliche Unterstützung für die Lehrperson ist sehr detailliert.

Shad-Manfaat, G./Stahl, M. (2007). Science. Copymasters for topic based teaching

Science bietet Arbeitsblätter zu sachfachlichen Themen wie beispielsweise Magnetismus. Das Einzelheft enthält keine Lernziele, didaktisch-methodischen Hinweise oder Verlaufspläne zu den einzelnen Themen. Die Arbeitsblätter zeichnen sich durch einen starken Sachfachbezug aus.

Wright, A. (2001). Arts and Crafts With Children

Arts and Crafts With Children bietet handlungsorientierte Aktivitäten, wie beispielsweise Modellautos bauen. Sprachliche und „andere", meist sachfachliche, Lernziele werden formuliert.

Websites

Die hier vorgestellten Websites stellen eine Auswahl dar. Exemplarisch werden eine Website mit Unterrichtsentwürfen, ein Blog und eine Linksammlung vorgestellt.

ProCLIL – Implementing CLIL in Primary and PrePrimary Education <http://www.proclil.org/>

Die englischsprachige Website des Forschungsprojekts ProCLIL bietet Erzieherinnen, Erziehern und Lehrpersonen CLIL-Unterrichtsentwürfe zu verschiedensten Fächern und Themen. Diese wurden von Erzieherinnen, Erziehern und

Lehrkräften in den ProCLIL-Partnerländern Deutschland, Spanien, Türkei und Zypern angefertigt und in deren Unterricht erprobt. In einem Diskussionsforum ist außerdem der Austausch mit anderen Lehrpersonen möglich. Die Unterrichtsmaterialien sind auf den Lehrplan des jeweiligen Landes zugeschnitten und müssen daher gegebenenfalls adaptiert werden. Der Abruf der Unterrichtsentwürfe ist kostenlos.

Onestopclil – The Resource Bank for CLIL Teachers <http://www.onestopclil.com/>

Die englischsprachige Website des Macmillan-Verlags bietet Lehrpersonen Informationen zu CLIL. Sie richtet sich an ein internationales Publikum. Ein allgemeiner Teil gibt dabei Einblick z. B. in methodische und sprachliche Aspekte des CLIL-Unterrichts; in einem Diskussionsforum ist außerdem der Austausch mit anderen Lehrkräften möglich. Für die Grundschule finden sich in der Sektion *Young Learners* Arbeitsblätter zu verschiedenen Themen wie *Wetter* und *Wasser*, darunter auch Materialien ab Klasse 1 (*Young Learners*) z. B. zu *Festivals*. Vor allem werden aber Themen aus Klasse 3 und 4 (*Energy*, etc.) abgedeckt. Sie sind nicht auf einen bestimmten Lehrplan zugeschnitten und müssen daher adaptiert werden. Es sind lediglich Arbeitsblätter, keine kompletten Unterrichtsentwürfe und/oder didaktisch-methodischen Informationen zu den einzelnen Themen abrufbar. Die Fächer Sport und Religion sind nicht vertreten, dafür finden sich hier beispielsweise Materialien für Mathematik. Die Website ist kostenpflichtig (ca. 40 Euro/Jahr), einige Beispieleinheiten sind jedoch kostenlos abrufbar.

Nina Lauder – Blog <http://ninaspain.blogspot.com>

Der englischsprachige Blog von Nina Lauder richtet sich an ein internationales Publikum. Er bietet Erziehenden und Lehrpersonen allgemeine Informationen zu CLIL und gibt einen Einblick in aktuelle Entwicklungen. So finden sich viele Informationen zu Konferenzen oder Fortbildungen und Hinweise auf neu erschienene Unterrichtsmaterialien. Es werden aber auch Arbeitsmaterialien kostenfrei zum Download angeboten (unter: CLIL-Worksheets).

Richmond – Website <http://www.richmondelt.com/clil/>

Der Richmond-Verlag bietet auf seiner englischsprachigen Website unter anderem Linksammlungen zu Geographie, Geschichte und Biologie.

Fazit

Lehrpersonen, die CLIL-Unterricht erteilen, sind häufig entweder im Sachfach- oder im Fremdsprachenbereich spezialisiert. Ihnen fehlt daher oft ein Bereich der Methodik, des Wissens/der Kompetenz und/oder der Anwendung, der für den CLIL-Unterricht relevant ist. CLIL-Lehrwerke, die sowohl auf den Inhalt als auch auf die Sprache fokussieren, könnten hier eine große Unterstützung sein. Dies gilt insbesondere auch für die Didaktik und die Unterrichtsprinzipien. CLIL-Lehrwerke könnten dazu beitragen, dass die durch CLIL entstehende Mehrarbeit und/oder inhaltliche bzw. sprachliche und methodische Unsicherheit weniger Lehrende abschreckt. Außerdem wird bewirkt, dass Eltern die Lerninhalte der Kinder sehen und dadurch Fortschritte der Kinder eher wahrnehmen können. Es ist daher äußerst wichtig für die Verbreitung und die Akzeptanz von CLIL, qualitativ hochwertige CLIL-Lehrmittel, insbesondere Lehrwerke, zu produzieren.

Liste der Unterrichtsmaterialien

CLIL Lehrwerke
first choice (2005). Zürich: Lehrmittelverlag des Kantons Zürich.
Explorers (2006). Zürich: Lehrmittelverlag des Kantons Zürich.
Essential Science (2006). Madrid/London: Santillana/Richmond.
New Science (2004). Madrid/London: Santillana/Richmond.

Lehrwerke mit CLIL-Anteilen

Discovery (2004). Braunschweig: Westermann.
Green Keystones (2007). Braunschweig: Diesterweg.
Lasso Sachbuch mit Englisch (2006). Wien: öbvhpt.
Playway (2007). Stuttgart: Klett.
Young World (2005). Zug: Klett und Balmer.

Zeitschriften

Take Off! Braunschweig: Westermann.

Unterrichtsergänzende Materialien/Themenhefte von Zeitschriften

Burmeister, P./Pasternak, R./Rucys, D. (2007). *Discover and Explore. Englischlernen mit Sachthemen.* Braunschweig: Schroedel.
Calabrese, I./Rampone, S. (2005). *Cross-Curricular Resources for Young Learners.* Oxford: OUP.
Covre, D./Segal, M. (2006). *Cook for Fun A+B.* Alabama: ELI.
Covre, D./Segal, M. (2006). *Green English A+B.* Alabama: ELI.
Covre, D./Segal, M. (2006). *Watch Out A+B.* Alabama: ELI.
Denk, T. (2005). *Bilinguales Lehren und Lernen in der Grundschule.* Villingen-Schwenningen: Neckar-Verlag.
Grundschule: Begabte Kinder fördern/Bilinguales Lernen. Heft 4/2007. Braunschweig: Westermann.
Paterson, A./Willis, J. (2008). *Oxford Basics for Children: English through Music.* Berlin: Cornelsen/OUP.
Petilliot-Becker, I. (2002). *Lernen an Stationen. The Seasons – Jahreszeiten.* Berlin: Cornelsen.
Piornak, H./Berthelmann, R. (Hrsg.) (2007). *Kreative Ideenbörse Englisch in der Grundschule 1–25.* München: Olzog.
Shad-Manfaat, G./Stahl, M. (2007). *Science. Copymasters for topic based teaching.* Oberursel: Finken.
Wright, A. (2001). *Arts and Crafts With Children.* Oxford: OUP.

Websites (Beispiele)

Nina Lauder: http://ninaspain.blogspot.com/ (Zugriff: 1.5.2010).
Onestopclil: http://www.onestopclil.com/ (Zugriff: 21.4.2010).
ProCLIL: http://www.proclil.org/ (Zugriff: 1.5.2010).
Richmond: http://www.richmondelt.com/clil/ (Zugriff: 21.4.2010).

Literaturangaben

Bausch, K.-R./Christ, H./Königs, F./Krumm, H.-J. (Hrsg.) (1999). *Die Erforschung von Lehr- und Lernmaterialien im Kontext des Lehrens und Lernens fremder Sprachen.* Tübingen: Gunter Narr.

Coyle, D. (2006). "Content and Language Integrated Learning. Motivating Learners and Teachers." In: *Scottish Language Review Ausgabe 13 [online].* http://www.strath.ac.uk/scilt/slr/iss/2006/13/ (Zugriff: 1.5.2010).

Hood, P. (2005). *CLIL Models in the CLIP Report.* London: CILT.

Lorenz, E./Met, M. (1989). "*Planning for Instruction in the Immersion Classroom. Teacher's Activity Manual.*" Montgomery County Public Schools, Rockville, Maryland.

Massler U./Steiert, C./Storz, E. (2007). „Kriterien und Beispiele für Evaluation und Entwicklung von Lehrmitteln im fremdsprachlichen Sachfachunterricht der Primarstufe." In: Burwitz-Melzer, E./Hallet, W./Legutke, M./Meißner, F. J./Mukherjee, J. (Hrsg.). *Sprachen lernen – Menschen bilden: Dokumentation zum 22. Kongress für Fremdsprachendidaktik der Deutschen Gesellschaft für Fremdsprachenforschung (DGFF) Gießen, Oktober 2007.* Hohengehren: Schneider, 291–301.

Neuner, G. (1999). „Lehrmaterialforschung und -entwicklung: Zentrale Bereiche der Theorie und Praxis des Fremdsprachenunterrichts." In: Bausch et al. (Hrsg.). *Die Erforschung von Lehr- und Lernmaterialien im Kontext des Lehrens und Lernens fremder Sprachen.* Tübingen: Gunter Narr, 158–167.

Schmid-Schönbein, G./Siegismund, B. (1998). „Bilingualer Sachfachunterricht." In: Timm, J.-P. (Hrsg.). *Englisch lernen und lehren. Didaktik des Englischunterrichts.* Berlin: Cornelsen, 201–210.

Vollmer, J. (1999). „Ist jedes Lehrmaterial auch Lernmaterial? Perspektiven für den bilingualen Unterricht." In: Bausch et al. (1999). *Die Erforschung von Lehr- und Lernmaterialien im Kontext des Lehrens und Lernens fremder Sprachen.* Tübingen: Gunter Narr, 240–249.

Ute Massler

11

Schwierig aber machbar: Leistungsbewertung im CLIL-Unterricht der Grundschule

Bislang bewerten sowohl die gängige CLIL-Unterrichtspraxis als auch die vorhandenen CLIL-Lehrmittel mehrheitlich entweder die fremdsprachliche oder die sachfachliche Leistung der Lernenden. Dem dualen Fokus von CLIL wird die Leistungsmessung dadurch meist jedoch nicht gerecht. Da CLIL-Programme in letzter Zeit zunehmend an Popularität gewinnen, ist es von herausragender Bedeutung, sich mit der Frage nach einer fairen und angemessenen Leistungserhebung und -bewertung im CLIL-Unterricht auseinander zu setzen. Der Beitrag stellt daher theoretisch fundierte Richtlinien und praktisch erprobte Unterrichtsmaterialien vor, wie sachfachliche und fremdsprachliche Lernerträge im CLIL-Unterricht der Grundschule angemessen erhoben werden können.

Schwierigkeiten bei der Leistungsbewertung

Eine dem CLIL-Unterricht angemessene Leistungsmessung trägt den sachfachlichen und fremdsprachlichen Leistungen der Lernenden Rechnung. Das impliziert, dass sowohl die Lernziele zweier verschiedener Fächer als auch deren spezifische Wissensbestände, Kompetenzen, Einstellungen und Verhaltensweisen Beachtung finden müssen. Es ist daher leicht nachzuvollziehen, dass es sich um eine sehr anspruchsvolle Aufgabe handelt.

Die Leistungserhebung und -bewertung von CLIL-Lernenden ist zudem prinzipiell problematisch, da häufig nicht eindeutig zu klären ist, ob Fehler oder Verständnisschwierigkeiten der Lernenden aus der Verwendung der Fremdsprache resultieren oder in einer mangelnden Sachfachkompetenz zu suchen sind. Das bedeutet, dass das Sprach- und Sachwissen der Lernenden mit der Demonstration angemessenen Wissens oder entsprechender Kompetenzen im jeweils anderen Bereich interferieren können. Short erläutert dies an einem Beispiel: *For instance, students who can solve math computation problems correctly and thereby demonstrate mastery of mathematical operations may be unable to solve a math word problem requiring the same computations if their English proficiency is not at a level capable of understanding the words and assumptions in the problem* (Short 1993: 6).

Unklar ist darüber hinaus u. a. nach welchen Kriterien und mit welcher Gewichtung dabei Inhalt und sprachliche Realisierung beurteilt werden sollen, und ob sich die beiden Aspekte überhaupt trennen lassen (Vollmer 2002: 101).

Die Problembereiche der CLIL-Leistungserhebung und -bewertung, die u. a. Ernst (1995) im deutschen Kontext erstmals dargestellt hat, und die von Vollmer (2002) vertieft wurden, sind nach wie vor nicht gelöst. Während für die Sekundarstufen I und II erste theoretische Überlegungen (Ernst 1995, Lenz 2004, Short 1993, Vollmer 2002) und einige Vorschläge für praktische Umsetzungen existieren (Lenz 2004; Short 1993), liegt für den CLIL-Grundschulunterricht mit Ausnahme der Arbeiten von Echevarrìa et al. (2006), McKay (2006) und Massler (2010a, 2010b in Druck) nichts Vergleichbares vor. Auch für den Immersionskontext sind abgesehen von Genesee (1991) praktisch keine Veröffentlichungen vorhanden. Die Problematik der Leistungserhebung und -bewertung ist hier jedoch aufgrund des Entwicklungsstandes und der geringen fremdsprachlichen Kompetenz der Lernenden besonders groß. Momentan ist die Unterrichtspraxis der Leistungsbewertung durch folgende Missstände und Inkonsistenzen gekennzeichnet:

1. Insbesondere für den Grundschulunterricht existieren in Deutschland keine Rahmenrichtlinien.
2. Die vorhandene Forschung im Bereich der Sekundarstufe I und II deutet u. a. darauf hin, dass die Leistungsbewertung sehr unterschiedlich gehandhabt wird, beispielsweise inwieweit die fremdsprachliche Kompetenz in die Bewertung einfließt (Fehling/Finkbeiner 2002).
3. Es existieren kaum ausgearbeitete Beispiele, die Lehrenden als Vorlage dienen können.

Grundprinzipien für die CLIL-Leistungsmessung

Die folgenden Ausführungen werden auf die für den CLIL-Unterricht zentralen Bereiche der Leistungserhebung fokussieren: sachfachliche und fremdsprachliche Lernstände sowie Einstellungen, Haltungen und Lernstrategien in dem Sachfach und in der Fremdsprache. Um es den Lehrenden zu erleichtern, werden eine Reihe von Empfehlungen erläutert, mit denen die verschiedenen Lernbereiche angemessen erhoben werden können. Die Empfehlungen basieren zum einen auf aktuellen Forschungserkenntnissen und theoretischen Überlegungen zur Leistungsbewertung allgemein und bezogen auf den CLIL-Unterricht. Zum anderen entstammen sie den Erfahrungen und Einsichten, die im Rahmen des ProCLIL-Projektes gewonnen wurden. Sie beinhalten, welche Inhalte die CLIL-Leistungsmessung bewertet und wie und zu welchem Zeitpunkt sie stattfindet. Mithilfe von Bewertungsaufgaben, die von ProCLIL-Lehrenden entwickelt oder adaptiert wurden, werden diese Prinzipien verdeutlicht.[1]

Was erhebt und bewertet die CLIL-Leistungsmessung?

Prinzip 1: CLIL-Leistungserhebung integriert Sprache und Inhalt

Um der eingangs geschilderten Problematik auszuweichen, die durch die Nutzung der Fremdsprache im Rahmen von CLIL-Leistungsüberprüfung entsteht, erheben manche CLIL-Lehrenden die Leistung der Lernenden in der herkömmlichen Unterrichtssprache. Die ausschließliche Nutzung der gängigen Unterrichtssprache widerspricht jedoch nicht nur dem „Geist“ des CLIL-Unterrichts, sondern konterkariert auch Prinzipien guter Leistungsbewertung, wonach Leistungserhebung und -beurteilung grundsätzlich davon abhängig sind, welche Unterrichtsziele verfolgt werden (McKay 2006). Im Falle von CLIL sind dies eben die sachfachlichen und die fremdsprachlichen Ziele. Darüber hinaus sind die Lernenden, vor allem auf Grundschulniveau, sehr daran interessiert, ihr Wissen in allen Lernbereichen zu demonstrieren. Nicht zuletzt stellt die Leistungserhebung einen starken Motivationsfaktor dar, auf den die Lehrenden im Sinne der Entwicklung einer höheren Fremdsprachenkompetenz durch den CLIL-Unterricht verzichten, wenn sie ausschließlich in der normalen Unterrichtssprache testen.

Aufgaben im Rahmen der Leistungsmessung müssen daher so konzipiert sein, dass die Schülerinnen und Schüler zeigen können, was sie Neues gelernt und verstanden haben. Um in der Fremdsprache schwächere Kinder nicht zu benachteiligen, sollte es den Lernenden daher in den meisten Fällen freigestellt sein, ob sie inhaltsbasierte Aufgaben in der Schulsprache, der L2 oder einer Mischung aus beiden Sprachen beantworten (vgl. Prinzipien 5 und 6). Um gezielt die fremdsprachliche Kompetenz der Lernenden zu erheben, kann die Lehrkraft auch Aufgaben stellen, die die fremdsprachliche Kompetenz der Schülerinnen und Schüler überprüfen. In diesem Fall empfiehlt die fachdidaktische Diskussion, zwischen Kompetenzen im Bereich der Fachsprache und der allgemeinen Fremdsprachennutzung (Ernst 1995, Lenz 2004) zu unterscheiden.

Ein weiteres, vor allem für die Grundschule probates Mittel, um Lernende mit schwacher fremdsprachlicher Kompetenz zu unterstützen, ist die Entwicklung von Tests, die vornehmlich gebundene Aufgaben wie Zuordnungsaufgaben, Lückentexte, Beschriftungen von Bildern oder Modellen oder Reorganisationsaufgaben enthalten (vgl. Müller 2008). Lenz (2004) weist jedoch darauf hin, dass gebundene Aufgaben vornehmlich niedrigere Lernziele in Bezug auf das Faktenwissen abprüfen, nicht aber das Verständnis von Zusammenhängen oder die Fähigkeit der Lernenden, Sachverhalte zu verarbeiten (Reorganisation), das erworbene Wissen auf ähnliche Fälle zu transferieren (Transfer) oder neue Sachverhalte zu untersuchen und zu beurteilen (Problemlösen) (vgl. Roth 1963 zitiert in Lenz 2004). Wichtig ist daher, dass die CLIL-Leistungsmessung neben gebundenen Aufgaben gezielt Formen der Leistungsbewertung integriert, wie sie in den Prinzipien 3 und 6 erläutert werden und/oder den Schwierigkeitsgrad von

Aufgabenstellungen an das Entwicklungsstadium der Lernenden anpasst (siehe Prinzip 4, vgl. auch Beitrag Stotz in diesem Band).

Inhalt und Sprache können innerhalb einer Aufgabe getestet werden, vorausgesetzt es liegen klar getrennte Kriterien für die Sprachkompetenz und das Inhaltswissen vor. Folglich kann jeder Teilbereich getrennt bewertet werden oder aber eine Gesamtnote für beide Bereiche gegeben werden (McKay 2006: 257).

Prinzip 2: CLIL-Leistungserhebung reflektiert das Verhältnis zwischen Inhalt und Sprache

Aufgrund der verschiedenen CLIL-Definitionen, die gegenwärtig Anwendung finden, variiert CLIL-Unterricht zum einen stark in seiner inhaltlichen Ausprägung: Er reicht von immersiven Programmen, in denen das Sachfach im Mittelpunkt steht und die Fremdsprache mitunter gar nicht unterrichtet wird, bis hin zu Unterricht, in welchem nur sehr kurze Sachfacheinheiten in der L2 erteilt werden oder bereits in der herkömmlichen Unterrichtsprache unterrichteter Inhalt in der Fremdsprache wiederholt wird und das Lernen der Fremdsprache dominiert. Zum Anderen können sich CLIL-Realisationsformen sehr in ihrem zeitlichen Umfang unterscheiden und von durchgängig fremdsprachlich geführtem Sachfachunterricht in einem oder mehreren Fächern bis hin zu vereinzelten, z. T. auch sehr kurzen Sachfachmodulen in der L2, reichen. CLIL-Leistungsbewertung muss daher der jeweiligen inhaltlichen und zeitlichen Gewichtung zwischen Sachfachinhalten und Sprachenlernen Rechnung tragen und die Mittel und Wege für die Leistungserhebung entsprechend konzipieren. Das bedeutet, dass nur die Inhalte, die in der Fremdsprache unterrichtet wurden, auch in dieser überprüft werden. Außerdem gilt: Je weniger Sachfachinhalte in der Fremdsprache unterrichtet wurden, desto größer ist der Anteil der normalen Unterrichtssprache in der Leistungsmessung.

Prinzip 3: CLIL-Leistungserhebung bewertet Produkt und Prozess

Leistungserhebung intendiert, das Lernen der Schülerinnen und Schüler zu fördern. Daher ist es ein weiteres Prinzip guter CLIL-Leistungsbewertung, die Entwicklung der Lernenden zu dokumentieren und ihnen fortlaufend Rückmeldung zu den folgenden Bereichen zu geben: ihrem Lernprozess und Lernerfolg, dem Ausmaß ihres Bemühens/ihres Fleißes und ihrer Nutzung von Lernstrategien und -techniken. Hierfür eignet sich eine Mischung aus verschiedenen Formen der Leistungsmessung (vgl. Prinzip 6).

Das folgende Beispiel erhebt den Lernprozess der Schülerinnen und Schüler und kann bereits in der ersten Klasse eingesetzt werden. Das Thema ist das Beobachten und Beschreiben von Wetter. Jeden Tag trägt die Klasse gemeinsam die aktuellen Wetterbedingungen auf der Wettertabelle im Klassenzimmer ein. Während einer ganzen Woche notiert jeder Lernende parallel dazu seine eigenen Wetterbeobachtungen in ein selbst gemachtes Heft. Er zeichnet die Wetter- und Windbedingungen sowie die Kleidung, die er an dem Tag trägt, und notiert die Temperatur. Am Ende der Woche präsentieren einige Kinder ihre Wetterheftchen vor der Klasse. Im Anschluss sammelt die Lehrkraft alle Hefte ein und sichtet sie. Dadurch erhält sie einen Eindruck, wie individuelle Schülerinnen und Schüler die Aufgabe hinsichtlich des Inhaltsaspektes im Zeitraum einer Woche bewältigen. Während der Plenarphase kann sie zudem die fremdsprachliche Leistung erheben und bewerten.

Dieses Vorgehen hat den Vorteil, dass die Lehrkraft nicht gleichzeitig die fremdsprachliche und die sachfachliche Lernleistung des Lernenden bewerten muss. Eine erste exemplarische Studie im CLIL-Unterricht weist nämlich darauf hin, dass die Flüchtigkeit mündlicher Leistungsprüfungen bedingt, dass Lehrende nur schwer zwischen Inhalts- und Fremdsprachenleistung zu unterscheiden vermögen (Hönig 2007). Dies ist besonders problematisch, da offenbar die CLIL-

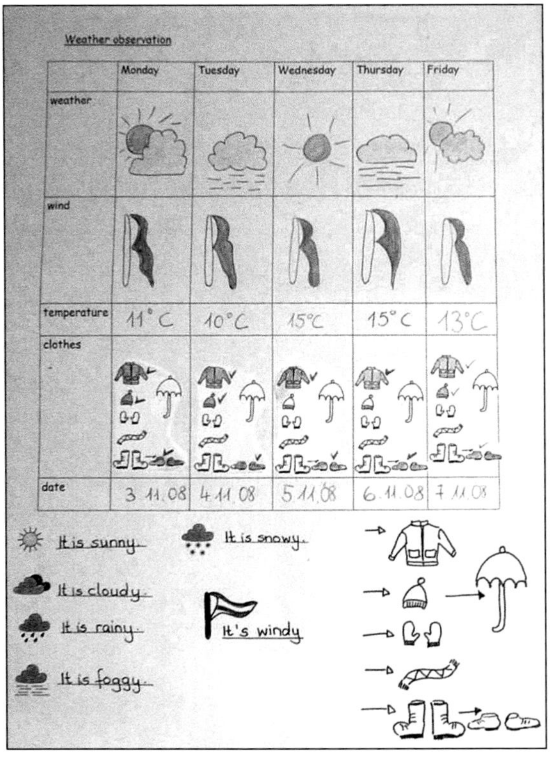

Beispiel 1:
CLIL-MeNuK-Unterricht,
1. Klasse (6 Jahre)
Weather chart/weather diary

Lehrenden in dieser Studie zum Zwecke einer vermeintlich faireren Beurteilung verstärkt mündliche Verfahren für die CLIL-Leistungserhebung einsetzten (Hönig ebd.).

Wie erfolgt CLIL-Leistungserhebung?

Prinzip 4: CLIL-Leistungserhebung orientiert sich an dem Entwicklungsstadium der Lernenden

Gerechte CLIL-Leistungsbewertung orientiert sich – wie jede andere gute Leistungsbewertung – an dem Entwicklungsstadium der Lernenden und trägt daher dem Alter der Lernenden, ihrer kognitiven Entwicklung und im Falle von CLIL auch ihrer fremdsprachlichen Kompetenz Rechnung. Je jünger das Kind und/oder je geringer seine fremdsprachliche Kompetenz desto mehr Testaufgaben müssen in der herkömmlichen Unterrichtssprache oder mit so wenig Sprache wie möglich bearbeitbar sein. Beispielsweise ermöglichen es gute Visualisierungen der Lehrkraft, ganz oder weitgehend auf sprachliche Elemente zu verzichten. Dies wird am Beispiel der beiden folgenden Aufgaben verdeutlicht:

Die erste Aufgabe von Beispiel 2 ist Lernenden der ersten oder zweiten Klasse angemessen und überprüft, ob sie die Pflanzen kennen und wissen, welche Teile dieser Pflanzen man isst. Die Aufgabe prüft vor allem das Sachfachwissen und kann eingesetzt werden, ohne dass die Lernenden die Fremdsprache benutzen

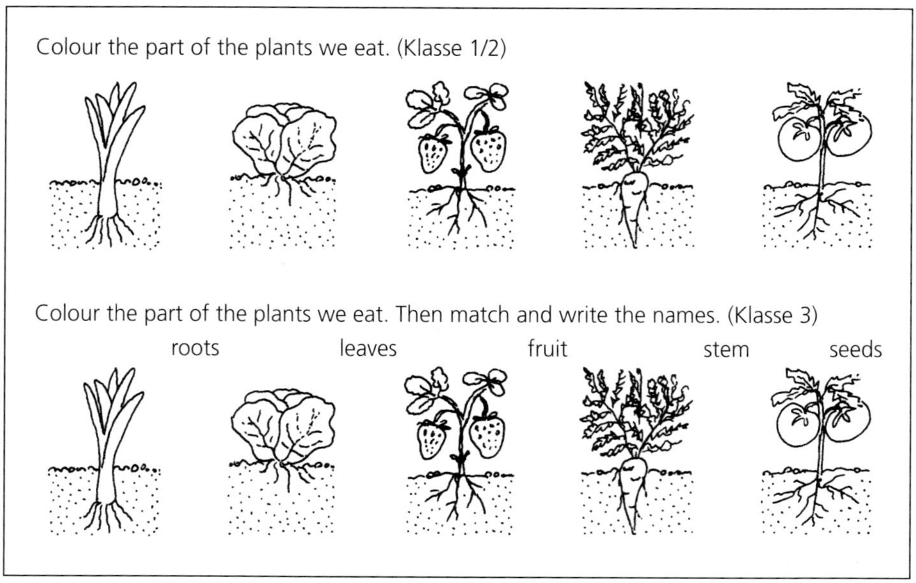

Beispiel 2: CLIL-MeNuK, Klasse 1/2 (6/7 Jahre) und Klasse 3 (8 Jahre)

müssen. Leicht modifiziert entspricht die Aufgabe dem Leistungsniveau einer dritten Klasse: In diesem Fall müssen die Lernenden zunächst ebenfalls die essbaren Teile der Pflanze anmalen, sie dann mit der jeweiligen korrekten Bezeichnung verbinden und unter die jeweilige Pflanze schreiben.

Im Folgenden werden weitere Möglichkeiten, Bewertungsaufgaben zu adaptieren erläutert, wie z. B. durch Variationen des Umfangs der Aufgabe, des Zeitrahmens für die Bearbeitung, der Unterstützung, des Schwierigkeitsgrades oder des Antworttypus (vgl. Echevarrìa 2006: 175). Diese Adaptionsmöglichkeiten eignen sich nicht nur für CLIL-Aufgaben, sondern sind fächerübergreifend einsetzbar.

Umfang: Die Anzahl der Aufgaben, die die Lernenden beantworten müssen, kann variieren. In diesem Fall wird der Prozentsatz an korrekten Antworten anhand der Gesamtzahl der beantworteten Aufgaben gemessen.

Zeit: Der Zeitumfang, der den Lernenden für die Bearbeitung der Aufgabe zur Verfügung steht, kann verändert werden. Vorausgesetzt die Testdauer ist nicht administrativ vorgegeben, sollte zusätzliche Zeit das Testresultat nicht beeinflussen.

Schwierigkeit: Die Schwierigkeit einer Aufgabe kann reduziert werden, indem z. B. die Art des Problems, der Aufgabentyp oder der Prozess, wie die Lernenden die Aufgabe lösen, verändert werden, beispielsweise indem sie einen Taschenrechner nutzen können, vereinfachte Arbeitsanweisungen erhalten oder eine Zeichnung statt einer schriftlichen Antwort als Lösung geben können. Dadurch bleiben die inhaltlichen Anforderungen die gleichen, es fällt den Schülerinnen und Schülern jedoch leichter, ihr Wissen oder ihr Verständnis zu demonstrieren.

Unterstützung: Der Umfang an Unterstützung, den die Lernenden während des Tests erhalten, kann an ihr Leistungsniveau angepasst werden, indem z. B. die Aufgabe laut vorgelesen oder falls nötig auch übersetzt wird, indem zusätzliche Visualisierungshilfen bereitgestellt werden oder die Lernenden beispielsweise ein Wörterbuch oder einen Taschenrechner verwenden dürfen.

Im nachfolgend abgebildeten Test über Enten, der in einer dritten Klasse durchgeführt wurde, liest die Lehrkraft die Arbeitsanweisungen laut vor, da die Lernenden in manchen Bundesländern erst in der dritten Klasse mit dem fremdsprachlichen Lesen beginnen. Außerdem verdeutlichen Symbole den Lernenden, was sie zu tun haben und unterstützen sie, wenn sie allein arbeiten. Farbstifte bedeuten, dass die Kinder etwas malen, Kuli und Buchstaben, dass sie etwas schreiben sollen. Auf der zweiten Seite unten stehen die benötigten fremdsprachlichen Wörter, wodurch schwächere Kinder zusätzliche Hilfestellung erhalten.

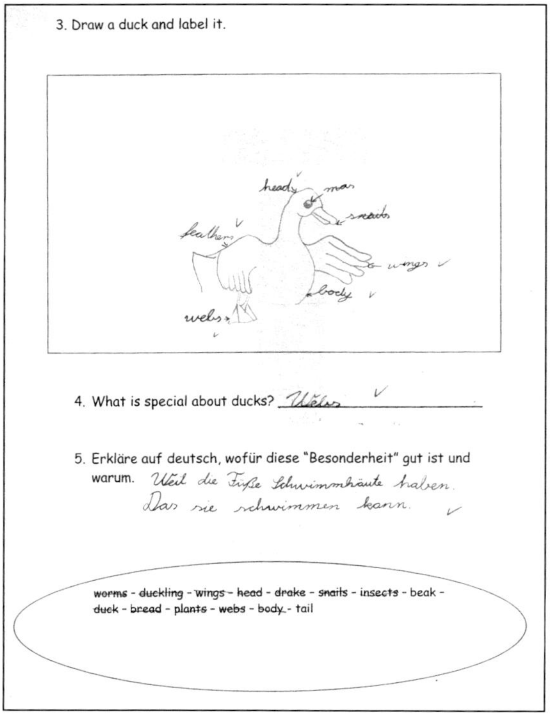

3. Draw a duck and label it.

4. What is special about ducks?

5. Erkläre auf deutsch, wofür diese "Besonderheit" gut ist und warum. Weil die Füße Schwimmhäute haben. Das sie schwimmen kann.

~~worms~~ - ~~duckling~~ - ~~wings~~ - ~~head~~ - ~~drake~~ - ~~snails~~ - ~~insects~~ - beak - ~~duck~~ - ~~bread~~ - ~~plants~~ - ~~webs~~ - ~~body~~ - tail

Beispiel 3: CLIL-MeNuK, 3. Klasse (8 Jahre): Ducktest.

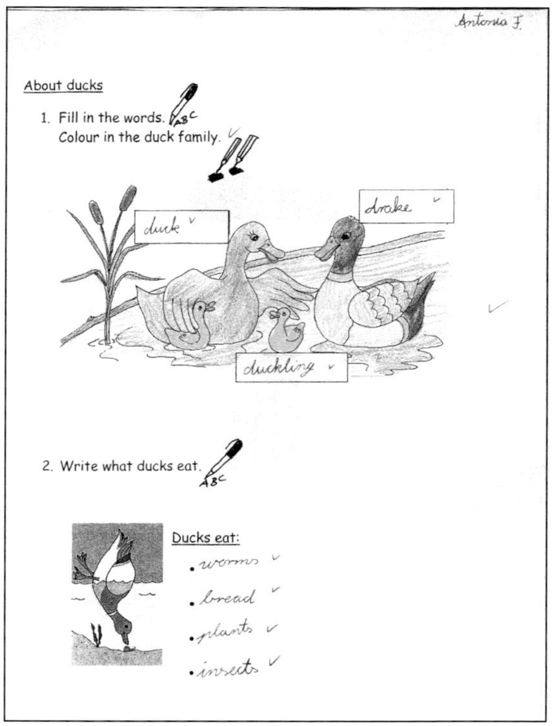

Antonia F.

About ducks

1. Fill in the words.
   Colour in the duck family.

2. Write what ducks eat.

Ducks eat:
- worms
- bread
- plants
- insects

Beispiel 4: CLIL-MeNuK, 3. Klasse (8 Jahre): Ducks.

Produkt/Art der Antwort: Die Art der Antwort, die die Lernenden geben, orientiert sich an ihrer Kompetenz. Zeichnungen, Demonstrationen, mündliche oder muttersprachliche anstelle von fremdsprachlichen Antworten sind möglich.

Prinzip 5: CLIL-Leistungserhebung macht transparent, in welcher Sprache geprüft wird und wie viel die Fremdsprache zählt

Kinder und Eltern müssen sich gewiss sein können, dass den Lernenden freisteht, in welcher Sprache sie die Leistungsaufgaben beantworten, es sei denn, es soll gezielt die fremdsprachliche Kompetenz der Lernenden erhoben werden. Darüber hinaus muss ihnen garantiert sein, dass nur Inhalt in der L2 abgefragt wird, der auch in der L2 unterrichtet wurde. Je größer die Sprachkompetenz der Lernenden, desto mehr Aufgaben kann die Lehrkraft in der L2 stellen und bearbeiten lassen. Diese Entscheidungen müssen für jeden Kontext und im Zweifelsfall für jeden Test oder sogar für jede Aufgabe gesondert gefällt werden. Generell gilt, dass für Kinder und Eltern transparent sein muss, in welcher Sprache eine Aufgabe zu beantworten ist. Hierfür existieren verschiedene Möglichkeiten wie beispielsweise der Gebrauch von Landesflaggen oder schriftlichen Anweisungen.

Prinzip 6: CLIL-Leistungserhebung nutzt vielfältige Formen der Leistungserhebung und -bewertung

Alternative Bewertungstechniken können ein Gegengewicht zu an Normen und Kriterien orientierten Leistungsbewertungsformen darstellen, die Lehrende in manchen Kontexten anwenden müssen. Hierzu zählen beispielsweise Portfolios, Sammlungen von Lerndokumenten (Aufgabenblätter etc.), fokussierte und systematische Beobachtungen, Lerntagebücher, Projekte und Selbst- und Partnerbewertung (vgl. Genesee 1991: 65). Alternative Bewertungstechniken bieten eine Reihe von Vorteilen, da sie unterschiedlichen Lerntypen und Lernstilen sowie verschiedenen Intelligenztypen entsprechen. Außerdem fördern sie die Entwicklung der Lernerautonomie und unterstützen die Entwicklung der Selbstreflexivität und einer Reihe anderer Lernstrategien (Ioannou-Georgiou/Pavlou 2003). Nicht zuletzt, und dies ist besonders bedeutsam für den CLIL-Unterricht, entspricht ihre Nutzung eher den authentischen, lebensweltlich orientierten Aufgaben des Sachfaches als ausschließlich schriftliche Testformen zu verwenden.

Eine sehr geeignete Art und Weise, Schülerleistungen zu erheben, ist daher die Portfolioarbeit. Ein Portfolio ist eine systematische Sammlung … *of an individual child's work showing his/her language abilities, effort, and language development over time. It usually includes samples of written work, audio or video recordings, drawings, teacher's notes, tests, peer- and self-assessment forms, and reviews of books read"* (Ioannou-Georgiou/Pavlou 2003).

Auch wenn diese Definition sich auf die Sprachentwicklung bezieht, ist das Portfoliokonzept für jegliche Art von Lernen geeignet. Portfolios erlauben es, nicht nur zwischen Lernenden zu differenzieren. Vielmehr erhält man auch einen guten Gesamteindruck von jedem Kind und dessen Entwicklung hinsichtlich der Einstellungen, der Fertigkeiten, des Verhaltens und der Kompetenzen. Mit Tests hingegen, insbesondere wenn man denselben Testtypus wiederholt nutzt, erhält man nur Informationen zu bestimmten Lernbereichen. Darüber hinaus können Portfolios auch als Basis für ein Gespräch über die Lernfortschritte eines Kindes zwischen dem Kind, seinen Eltern und der Lehrkraft dienen.

Prinzip 7: CLIL-Leistungserhebung nutzt Selbst- und Partnerevaluation

Sachfachdidaktiker empfehlen, dass Lernende häufig die Möglichkeit erhalten sollen, untereinander, aber auch mit der Lehrperson zu interagieren und zu diskutieren (Schönknecht/Klenk 2005). Diese Diskussionen zielen darauf ab, elaborierte Antworten über Unterrichtskonzepte zu fördern, konzeptuelle Veränderungen zu initiieren und die Bereitschaft der Kinder zu lernen und sich anzustrengen, zu erhöhen (Schönknecht/Klenk 2005: 24 f.). Deshalb sind solche Diskussionen essentieller Bestandteil des Lernprozesses („Was habe ich bereits getan?" „Was ist schwierig?" „Wo benötige ich Hilfe?" „Welche Aufgabe muss ich als nächstes bearbeiten?"). Des Weiteren reflektieren diese Gespräche das Lernergebnis („Was ist mir gut gelungen?" „Wo kann ich mich verbessern?"). Und nicht zuletzt diskutieren die Lernenden dabei die von ihnen angewandten Lern- und Arbeitsstrategien („Wie habe ich es gemacht?"). Diese Formen der Selbst- und Partnerevaluation sind für den Lernprozess wichtig (Schönknecht/Klenk ebd.). Da sie aber metakognitives Denken und gute Sprachkompetenzen voraussetzen, finden sie auch im CLIL-Unterricht der Grundschule in der Regel in der normalen Unterrichtssprache statt.

Wann findet CLIL-Leistungserhebung statt?

Prinzip 8: CLIL-Leistungserhebung findet systematisch und regelmäßig statt

Systematische und kontinuierliche Leistungsmessung unter Nutzung verschiedener Verfahren ist für CLIL-Lernende und Lehrende aus mehreren Gründen von großem Vorteil. Regelmäßig das Verständnis der Lernenden zu überprüfen, vermittelt allen Lehrkräften, insbesondere CLIL-Neulingen, genauere Einsichten darin, wann und wie die Lernenden in ihren CLIL-Stunden lernen und wie sich deren Einstellung entwickelt. Das Feedback über die Lernerfolge ist zudem essentiell für die weitere Unterrichtsplanung und die Evaluation der eigenen Arbeit, insbesondere um zu erfahren, wie effektiv der eigene Unterricht ist oder wie erfolgreich die gewählte Methodik oder die eingesetzten Materialien sind (Genesee 1991: 6). All dies kann wesentlich dazu beitragen, dass Lehrende zunehmend sicherer werden bei der Planung und Durchführung ihres CLIL-Unterrichts.

Auch für die Lernenden ist es in vielerlei Hinsicht wichtig, Feedback zu ihrem Lernerfolg im CLIL-Unterricht zu erhalten. Da es zum einen auch für sie eine neue Erfahrung und Herausforderung ist, benötigen sie regelmäßig Rückmeldung über ihren Lernfortschritt, ihren Arbeitseinsatz und die von ihnen genutzten Lerntechniken und -strategien, um Gefühle der Unsicherheit bezüglich ihrer Lernentwicklung zu reduzieren. Zum anderen verwenden Lernende, deren Fremdsprachenkenntnisse noch sehr limitiert sind, sehr viel Energie und Zeit darauf, zu verstehen, was ihnen die Lehrkraft oder ein Text überhaupt mitteilen will. Sie sind daher viel weniger als fortgeschrittenere Fremdsprachenlernende in der Lage zu entscheiden, welche der vielen Informationen es wert sind, memoriert zu werden (Echevarrìa et al. 2006: 168). Deshalb muss sich die Lehrkraft die Zeit nehmen, während des Unterrichts und insbesondere als eine Art Zusammenfassung am Ende, das Wichtigste zu wiederholen und zusammenzufassen. Hierfür eignen sich eine Anzahl informeller, leicht und schnell durchzuführender Feedbacktechniken (wie in Massler 2010a dargestellt).

Zusammenfassung und Ausblick

Die zeitnahe Lösung zahlreicher didaktischer Fragen bezogen auf den CLIL-Unterricht, die das Verhältnis von Sprache und Inhalt zueinander betreffen, insbesondere aber die der Leistungsmessung und -bewertung, werden maßgeblich über die zukünftige Akzeptanz und Verbreitung von CLIL entscheiden. Damit die Implementation von CLIL nachhaltig verlaufen kann, müssen neben den hier erläuterten Prinzipien und Beispielen weitere detaillierte, alters-, fremdsprachen- und sachfachspezifische Bewertungsrichtlinien, -kriterien und -instrumente erarbeitet werden.

Anmerkung

[1] Ina Willauer-Bohle sei für viele Anregungen sowie Arbeitsmaterialien gedankt. Die Beispiele in diesem Artikel stammen überwiegend aus ihrem Unterricht.

Literaturangaben

Bibliographie

Echevarrìa, J./Vogt, M.E./Short, D. (2006). *Making Content Comprehensible for English Learners. The ECHEVARRÌA Model.* Boston u. a.: Pearson.

Ernst, M. (1995). „Fehlerkorrektur und Leistungsbewertung im bilingualen Sachfachunterricht". In: *Praxis des neusprachlichen Unterrichts 42*, 3, 258–264.

Fehling S./Finkbeiner, C. (2002). „Evaluation von Schulleistungen im bilingualen Sachfachunterricht". In: Finkbeiner, C. (Hrsg.) (2002). *Bilingualität und Mehrsprachigkeit. Modelle, Projekte, Ergebnisse.* Hannover: Schroedel, 22–32.

Hönig, I. (2007). "Assessment in CLIL – A case study". University of Vienna, http://ec.europa.eu/education/policies/lang/key/legislation_en.html (Zugriff am 12.11.2009).

Ioannou-Georgiou, S./Pavlou, P. (2003). *Assessing Young Learners.* Oxford: Oxford University Press.

Genesee, Fred (1991). "Assessment in the Immersion Classroom". In: Lorenz, E.B./Met, M.: *Assessment in the Immersion Classroom. Teacher's Activity Manual.* Rockville, Maryland.

Lenz, T. (2004). „Schriftliche Leistungsüberprüfung im bilingualen Geographieunterricht". In: Bonnet, A./Breidbach, S. (Hg.): *Didaktiken im Dialog.* Frankfurt, Main: Lang, 103–114.

Massler, Ute (2010a). „Assessment in CLIL Learning". In: Ioannou-Georgiou, S./Pavlou, P. (Eds.). *Guidelines for CLIL Implementation in Primary and Pre-primary Education.* Cyprus Pedagogical Institute, 115–137.

Massler, U. (2010b in Druck). "Principles and Examples for Assessing CLIL Learners in Primary Teaching". IATEFL TEA SIG Newsletter.

Müller, M. (2008). „Probleme der Leistungsmessung im bilingualen Unterricht". In: *Praxis Fremdsprachenunterricht, 4,* 37–41.

McKay, P. (2006). *Assessing Young Language Learners.* Cambridge University Press: Cambridge.

Roth, H. (1963). *Pädagogische Psychologie des Lehrens und Lernens.* Hannover: Schrödel.

Schönknecht, G./Klenk, G. (2005). „Sachunterricht. Pädagogische Leistungskultur: Materialien für Klasse 1 und 2". In: Bartnitzky, H./Brügelmann, H./Hecker, U./Schönknecht, G. (Eds.) (2005/2006/2007). *Pädagogische Leistungskultur: Materialien für Klasse 1/2 und Klasse 3/4. Beiträge zur Reform der Grundschule Heft 5 Bd. 119/121/ 123.* Frankfurt: Grundschulverband.

Short, D. J. (1993). „Assessing Integrated Language and Content Instruction". *TESOL QUARTERLY 27*, 4, 627–656.

Vollmer, H. (2002). „Leistungsfeststellung und Leistungsbewertung im bilingualen Sachfachunterricht: Ein Desideratum". In: Breidbach, S./Bach, G./Wolff, D. (Eds). *Bilingualer Sachfachunterricht.* Frankfurt, Main: Lang, 101–121.

Lehrmittel

Natural Science (2007). Band 3. Richmond Publishing Santillana.

Gertrud Heine

12

Musikunterricht auf Englisch – Mehr als Songs und Raps

Musik ist für den CLIL-Unterricht besonders geeignet, weil die Inhalte sehr handlungsorientiert und anschaulich vermittelt werden können. Der Musikunterricht gliedert sich in die Arbeitsbereiche „Musik machen", „Musik hören", „Musik umsetzen" und „Sich über Musik verständigen". Diese Bereiche begegnen und verflechten sich im Unterricht und das Sprechen über Musik gilt als ständiges übergreifendes Prinzip. Für das spontane Mitmachen, z. B. durch Mitsingen, rhythmische Begleitung oder Bewegung, ist nicht viel Sprache nötig. Aber die Organisation und Steuerung musikalischer Aktivitäten bieten reichlich Gelegenheit für fremdsprachlichen Input. Beim gemeinsamen Singen und Musizieren erkennen die Kinder auch bald, dass fachspezifische Inhalte wie Noten- und Instrumentennamen oder Fachtermini kein Selbstzweck, sondern als Verständigungshilfe über Musik notwendig sind bzw. das Zusammenspiel erleichtern.

Im Folgenden werden drei Unterrichtsbeispiele mit unterschiedlichen Schwerpunkten vorgestellt:

1. Liederarbeitung: Kanon „*Morning is come*" (Arbeitsbereiche „Musik machen" und „Musik umsetzen")
2. Instrumentenkunde: *Sound production by flute instruments* (Arbeitsbereiche „Musik machen" und „Musik hören")
3. Begegnung mit Werken und Komponisten: „*La Réjouissance*" von G. F. Händel (Arbeitsbereich „Musik hören")

Kanon *Morning is come*

Der Kanon eignet sich als rituelles Begrüßungslied am Morgen oder als *warming-up* für Musik- oder Englischstunden und ist bereits ab dem ersten Schuljahr einsetzbar (Lollipop, S. 59). Wenn das Lied sicher beherrscht wird, kann es im Kanon gesungen, getanzt und später auch auf Orff-Instrumenten begleitet werden. Mit der Einführung des Textes und der Bewegungen lassen sich Übungen zu Stimmbildung, Atemtechnik und Koordination verbinden, die Körper und Stimmapparat lockern. Eine Videoaufnahme kann hilfreich sein, wenn über die Qualität des Vortrags und über Verbesserungsmöglichkeiten gesprochen wird.

→ Lesson plan 1: Morning is come

Sound production by flute instruments

In dieser Einheit lernen die Kinder den Zusammenhang zwischen der Länge der Luftsäule in einer Flasche (bzw. einem Instrument) und der Tonhöhe kennen. Die Unterrichtsstunden sind für das zweite Halbjahr des dritten Schuljahrs vorgesehen, wenn die fachlichen und sprachlichen Voraussetzungen (Umgang mit dem Schriftbild) geschaffen sind. Viele Kinder lernen Blockflöte und können eigene Erfahrungen und Musikbeispiele einbringen. Eine vorausgehende Einheit zum Thema „Schall" mit Basteln eines Schnurtelefons schafft fachliches Grundwissen und ermöglicht sprachliche Vorentlastung. Mithilfe des Flaschenexperiments wird der Zusammenhang zwischen Luftsäule und Tonhöhe verdeutlicht. Wichtig ist es dabei darauf zu achten, dass die Flaschen nicht angeschlagen, sondern angeblasen werden. Beim Anschlagen tritt nämlich der gegenteilige Effekt ein: lange Luftsäule – hoher Ton. Die gewonnenen Erkenntnisse können auf alle Blasinstrumente übertragen werden; so wird die Funktion von Grifflöchern oder Klappen schnell verständlich. Die Anblastechnik wird auch bei der Panflöte und der Querflöte eingesetzt. Bei der Blockflöte übernimmt die Kante des Labiums die Funktion des *blowholes* der Querflöte. Hörbeispiele zu verschiedenen Instrumenten, sowie Wort- und Bildkarten sind z. B. in der Zeitschrift *Take off! 4/08* zu finden.

→ Lesson plan 2: Sound production by flute instruments (1), KV 1, KV 2
→ Lesson plan 3: Sound production by flute instruments (2), KV 3, KV 4
→ KV 5a: Bottles (für Tafel)

La Réjouissance von Georg Friedrich Händel

Das Stück aus der „Feuerwerksmusik" bietet Sprechanlässe zu Eigenschaft, Wirkung und Funktion von Musik. Es zeigt auch, wie durch Tempo, Lautstärke und Klangfarbe ein bestimmter Ausdruck erzielt wird. Außerdem werden Klangfarben als Gliederungsmerkmale eingesetzt. Das Stück wird oft in unterschiedlicher Weise aufgeführt. Die vorgestellte Klangfarbenpartitur bezieht sich auf eine Aufnahme im Lehrwerk Rondo 3. Das Heraushören der zwei unterschiedlichen Teile gelingt sicher erst nach mehreren Hördurchgängen, da das elementare Gliederungsprinzip ‚neuer Teil – neue Klangfarbe' hier nicht zutrifft. Durch verschiedene „Mitmachaufgaben" (mitsingen, aufzeigen, aufstehen, aufschreiben) gestalten sich die verschiedenen Hördurchgänge abwechslungsreicher und der Verlaufsplan wird schneller erfasst. „Musik hören" beinhaltet auch die Begegnung mit Komponisten; daher liegt als Zusatzmaterial ein einfacher Lesetext über G.F. Händel und die Feuerwerksmusik bei (KV 6).

→ Lesson plan 4: La Réjouissance (Music for the Royal Fireworks), KV 5, KV 6

Words and phrases

Liederarbeitung

breath	Atem
breathe	atmen
gentle	sanft
high	hoch
loud	laut
low	tief
lyrics	Liedtext
quiet	leise
tune/melody	Melodie
voice	Stimme
yawn	gähnen

Sound production

air column	Luftsäule
blowing against an edge	gegen eine Kante blasen
eardrum	Trommelfell
flow of air	Luftstrom
flute	Querflöte
pan flute (panpipe, panpipes, pan pipe)	Panflöte
recorder	Blockflöte
sound waves	Schallwellen
tone/sound pitch	Tonhöhe
tone/sound	Ton
vibrate	vibrieren
vibration	Vibration

La Réjouissance

bassoon	Fagott
brass instruments	Blechblasinstrumente
horn	Horn
oboe	Oboe
percussion instruments	Schlaginstrumente
repeat mark	Wiederholungszeichen
snare drum	kleine Trommel

string instruments	Streicher
tone colour	Klangfarbe
tone colour score	Klangfarbenpartitur
trumpet	Trompete
wind instruments	Blasinstrumente
woodwind instruments	Holzblasinstumente

Literaturangaben

Paterson, A./Willis, J. (2008). *English Through Music*. Oxford: Oxford University Press.

Rondo 3: Offenburg 1989, Mildenberger.

Take off! 4/2008: Art and Music. Westermann, S. 26–46.

Lollipop: Liederbuch für die Grundschule, Berlin 2001, Cornelsen.

Ministerium für Schule und Weiterbildung des Landes NRW, Lehrplan Musik für die Grundschulen, 2009.

Lesson plan 1			
Class 1 and higher	**Topic: Morning is come**	**Subject: Music**	
Subject goals: The students should: • sing and dance with confidence (lyrics, tune, rhythm, movements) • dance while singing a round		**Linguistic goals**: The students should: • understand the lyrics and pronounce the words correctly • infer the meaning of the English terms from the context • understand the teacher's directions in the respective context • contribute to what is going on in the classroom and thereby show that they can connect language to content	
Materials: picture of night; picture of day with rising sun			
Phase / Time	**Teacher / Student activities**	**Organisation of learning**	**Media and Visual Aids**
Warm-up about 5 min	Teacher: *"Welcome! Are you still tired?* *Then please yawn again and again* (teacher yawns). *Let's push the night away* (teacher makes pushing movement). *Rise with the sun* (teacher stands up, puts arms up slowly), *breathe in and let the air stream into your belly* (teacher breathes in, his/her belly goes out). *Breathe out and put your arms down slowly* (teacher breaths out, his/her belly goes in). *Our voice is like the sun. It goes up or it rises and it goes down again* (voice and arms go slowly up and down). *Welcome the day* (teacher claps hands)."	plenum	pictures night/day; board
Exploration about 10 min	Teacher sings the song with movements. Students sing and dance in two groups (to have enough space for movements of arms), later sing as a round.	group work	teacher's voice
Review about 5 min	Teacher asks, *"What was good / not so good / could be improved?"* (Possible suggestions: sing louder, move to the beat …)	plenum	board: results of student's feedback

Lesson plan 2

Class 3 | **Topic: Sound production by flute instruments (lesson 1)** | **Subject: Music**

Prior knowledge:
sound = vibration in the air / sound waves travel through the air and meet the eardrum

Subject goals: The students should:
- understand how the length of the air column affects tone pitch

Linguistic goals: The students should
- infer the meaning of the English terms from the context
- understand the teacher's directions in the respective context
- contribute to what is going on in the classroom and thereby show that they can connect language to content

Materials: four identical glass bottles filled with coloured water at different heights; four bottles filled with coloured water at different heights like on KV 1: Bottle music (for each group); KV 1 (transparency), KV 2: Information picture; cardboard bottles and word cards to be put together for the board; board; transparency marker; Bottles for blackboard

Phase / Time	**Teacher / Student activities**	**Organisation of learning**	**Media / Material**
Tuning in / Activating prior know-ledge about 5 min	Students get a bottle (stimulus). Pupils suggest how they can make a sound with the bottle (e.g. hit it, blow in it). They try to blow the bottle to test their hypotheses: *"We must blow across the bottle or against the 'edge'."* Teacher: *"Why do we hear a sound?"* Pupils: *"The air in the bottle is vibrating."*	plenum	bottle; board: *blow against the edge; air vibrating*
Exploration-preparation of activity about 10 min	Teacher adds some water to three more bottles, shows them. Pupils: *"There is less/more air in the bottle."* The teacher introduces the words 'air column,' 'long air column' and 'short air column'. Pupils guess how the sound changes: *"This sound will be higher / lower / the highest / the lowest."* Teacher: *"Find out if you are right."*		four bottles, board: *air column = Luftsäule; long/short air column*
Activity about 15 min	Pupils work in groups of three or four. They experiment with the bottles and fill in the worksheet.	group work	bottles; KV 1

Review / Consolidation about 10 min	Pupils read their answers. Teacher comments/translates, draws the flow of air (see KV 3) and writes answers on transparency. Pupils check their answers and correct them if necessary.	plenum	KV 1; KV 1 (transparency), transparency marker
Evaluation / Summary about 5 min	"What I have learned": Pupils put the word cards and cardboard bottles together to reconstruct the picture on KV 2; pupils read/translate the sentence: 'The longer the air column the lower the sound.' They add this to KV 1.	plenum (pupils standing in front of the board)	board; cardboard bottles; word cards; KV 2

Lesson plan 3

Class 3 | **Topic: Sound production by flute instruments (lesson 2)** | **Subject: Music**

Prior knowledge: see lesson plan 2

Subject goals: The students should:
- know how sound is produced by a flute and a recorder

Linguistic goals: The students should:
- infer the meaning of the English terms from the context
- understand the teacher's directions in the respective context
- contribute to what is going on in the classroom and thereby show that they can connect language to content

Materials: pan flute; flute; recorder; KV 1, KV 2; KV 3: The flute; KV 4: The recorder; KV 3 (transparency); KV 4 (transparency)

Phase / Time	**Teacher / Student activities**	**Organisation of learning**	**Media / Material**
Tuning in / Activating prior knowledge about 5 min	Teacher shows the pan flute (Stimulus). Pupils tell what they know about the instrument, try to produce a sound: Students affirm that they must blow against the edge. Students describe what they see/hear: *"Long pipes produce low tones, short pipes produce high tones."*	plenum	pan flute; board; KV 1

Phase / Time	Teacher / Student activities	Organisation of learning	Media / Material
Exploration-preparation of activity about 5 min	Teacher shows the flute. Teacher or pupils play a melody. Pupils observe the same manner of sound production (stream of air is blown against an edge and divided). Teacher introduces the words "blowhole" and (metal) "keys". He/she explains that if the holes are closed, the air column is long; if the holes are open, the air column is short.	plenum	flute; board: blowhole; (metal) keys; open, closed
Consolidation about 10 min	Pupils work on the worksheet in pairs.	pair work	KV 3
Review about 5 min	Pupils read their answers aloud. Teacher comments and writes answers on transparency, pupils check their answers and correct them if necessary.	plenum / individual work	KV 3 (transparency), transparency marker
Exploration about 10 min	Teacher shows the recorder. Teacher or pupils play a tune. *"What's the same and what's different from the flute?"* Teacher: *"The flow of air is also blown against an edge; it happens here on the labium* (shows on transparency). *So the blowhole is here; we blow into the air hole."* Pupils: *"But we use our fingers, not metal keys to open and close the holes. We blow into the instrument."*	plenum	recorder; KV 4 (transparency)
Consolidation about 10 min	Pupils fill in KV 4. They check it with the answer key on the board.	pair work / individual work	KV 4; board with answer key of KV 4

Lesson plan 4

Class 4	Topic: La Réjouissance (Music for the Royal Fireworks)		Subject: Music
Prior knowledge: wind, string and percussion instruments, repeat mark, meaning of *mf, f* **Subject goals:** The students should: • identify the different instrument groups by listening • determine the structure of the piece • understand the concept „tone colour score"		**Linguistic goals:** The students should: • infer the meaning of the English terms from the context • understand the teacher's directions in the respective context • contribute to what is going on in the classroom and thereby show that they can connect language to content	
Materials: picture of fireworks; board; posters of instrument families; CD "La Réjouissance"; CD-Player; percussion instruments; KV 5: La Réjouissance; KV 5 (transparency); transparency marker; sheets of paper; KV 6 for extra reading on Händel			
Phase / Time	**Teacher / Student activity**	**Organisation of learning**	**Media / Material**
Tuning in / Activating prior knowledge about 5 min	Stimulus/brainstorming: picture of fireworks on the board. Pupils tell what they see and if they have ever been to a fireworks show (speaking in English and in German). Teacher translates if necessary and writes keywords on the board: e.g. *light, firecracker, rocket, stars, sparks, colourful, loud, dangerous, celebrations, party, happy, loud, noise.* Teacher: *"Imagine you are a composer. You want to write music for a fireworks show. Which instruments would you use? Would you compose slow or fast / loud or quiet music?"* Expected answers: Fast and loud, because the firecrackers are shot quickly one after the other, and there is much noise; loud instruments like drums (bangs), trumpets, horns, violins. Pupils name instruments and show them on the posters.	discussion in plenum	picture of fireworks; board; posters of instrument families

Phase / Time	Teacher / Student activity	Organisation of learning	Media/ Material
Exploration I about 15 min	Teacher: "*Now listen to this musical piece. It was composed for a fire-works show. Which instruments can you hear? How did the music make you feel?*" Pupils identify wind instruments (especially horns, trumpets), strings and drums. They describe the music, e. g. *happy, fast, loud.* Teacher: "*How many different parts has the piece got? Are some parts repeated?*" Pupils listen several times. (While listening, the teacher can have them sing along, raise hands at each transition, stand up when a theme repeats, etc.) Teacher: "*Let's say A for part one, B for part 2, C for part 3, and so on. Listen again and write down how often you hear A, B or C. Work with your neighbour.*" Only two different passages, A and B, are found.	plenum plenum individual / pair work	CD; board CD; sheets of paper
Consolidation about 10 min	Pupils get KV 5. Teacher: "*The music was composed for a fireworks show in London by G.F. Händel in year 1749.*" Pupils read aloud and fill in the gaps together with teacher.	plenum / individual work	KV 5; KV 5 (trans-parency), transparency marker
Exploration II about 5 min	Teacher: "*Now listen again to the music and colour the fields on your worksheet with the right colour.*"	individual work	KV 5; KV 5 (transparency)
Review / Consolidation of learning content about 5 min	Checking by listening: one pupil shows the fields on the transparency while the music is playing. Teacher: "*Is the music quiet or loud?*" Pupils: "*Moderately loud at the beginning, in the end loud* (fill in *mf* and *f*)."	plenum / individual work	KV 5; KV 5 (transparency)

	Teacher: *"Each instrument group has got a different sound. This sound is called the „tone colour", and this table is a „tone colour score". Händel wanted to show the different sounds or tone colours of the instrument groups."* (Teacher and pupils complete last sentence on the worksheet.)		
Activity about 5 min	Listening again, singing and/or playing along with percussion instruments.	plenum / individual work	percussion instruments

 Name: ______________________

Bottle music – High sounds and low sounds

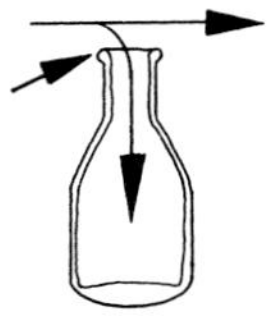

1. How can you produce a sound by blowing?
(Wie kannst du durch Blasen einen Ton erzeugen?)

____

____

2. Why do you hear a sound? (Warum hörst du einen Ton?)

____

____

3. Which circle shows the correct sound pitches? Colour it.
(Welcher Kreis zeigt die richtigen Tonhöhen? Färbe ihn.)

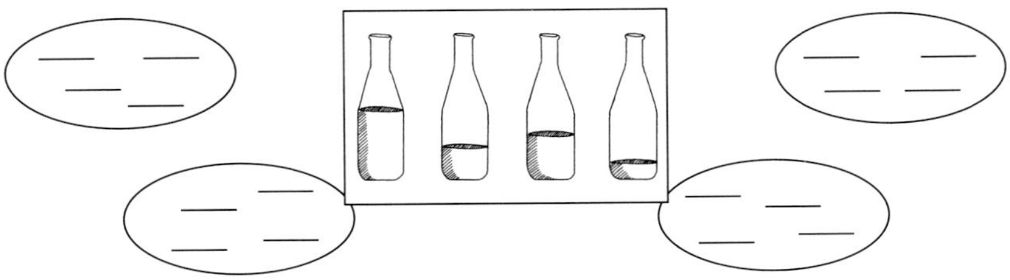

4. Draw the lines for the sound pitches.
(Zeichne die Linien für die Tonhöhen.)

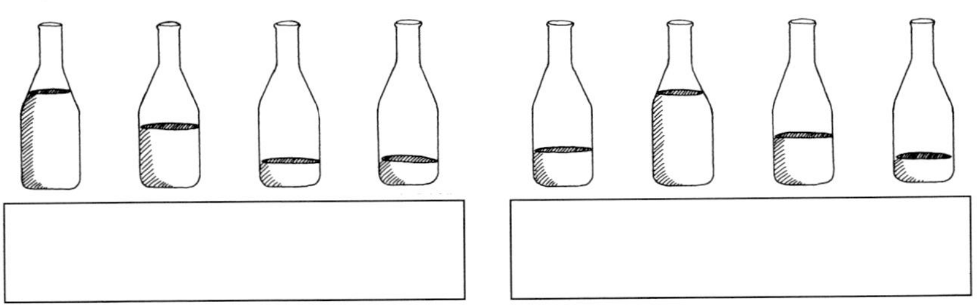

What I have learned:

__________ air column → ____________ sound

__________ air column → ____________ sound

Name: ________________________

high sound	low sound
The **longer** the air column	the **lower** the sound

 Name: ____________________

The flute

1. Fill in.

against an edge   air   *keys*   open   close   long   low   short
high   blowhole   metal keys

When you play the flute you blow

____________________ like blowing across a bottle.

Here you can see the flow of ____________________:

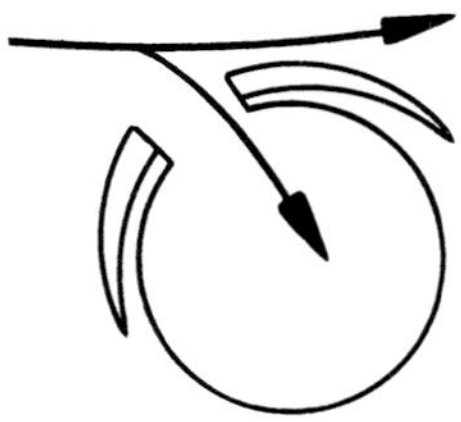

To produce high and low notes you have __________.

You can ______________ the holes and you can

______________ the holes with the keys.

Holes closed → ____________ air column → ____________ notes

Holes open → ____________ air column → ____________ notes

2. Label the parts of the flute.

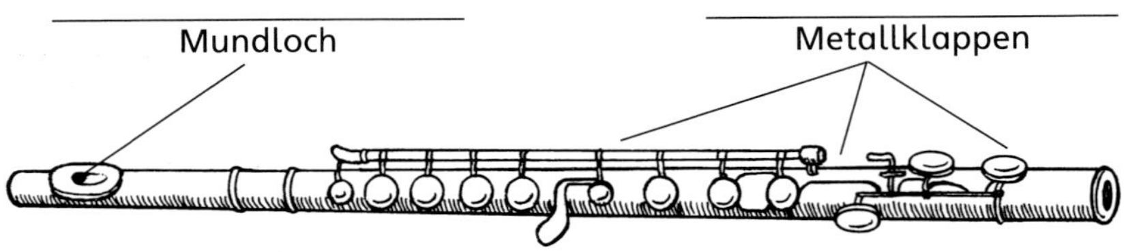

 Name: ____________________

The recorder

1. Fill in.

against an edge flow of air mouthpiece air hole labium
head joint finger holes foot joint

When you play the recorder you blow into the air hole.

The flow of __________ is blown ____________________

at the blowhole, called 'labium'.

Here you can see the ____________________:

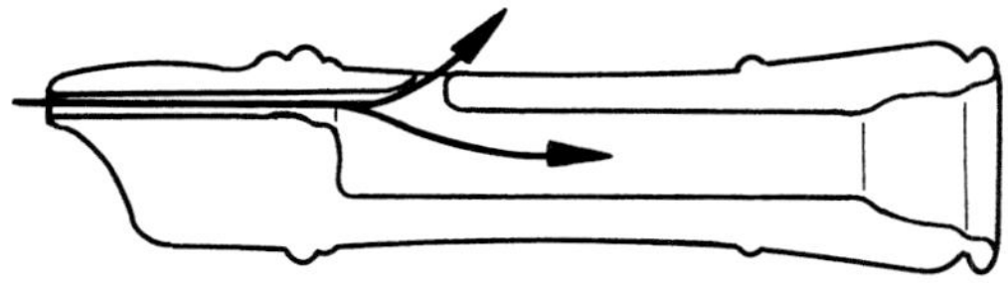

2. Label the parts of the recorder.

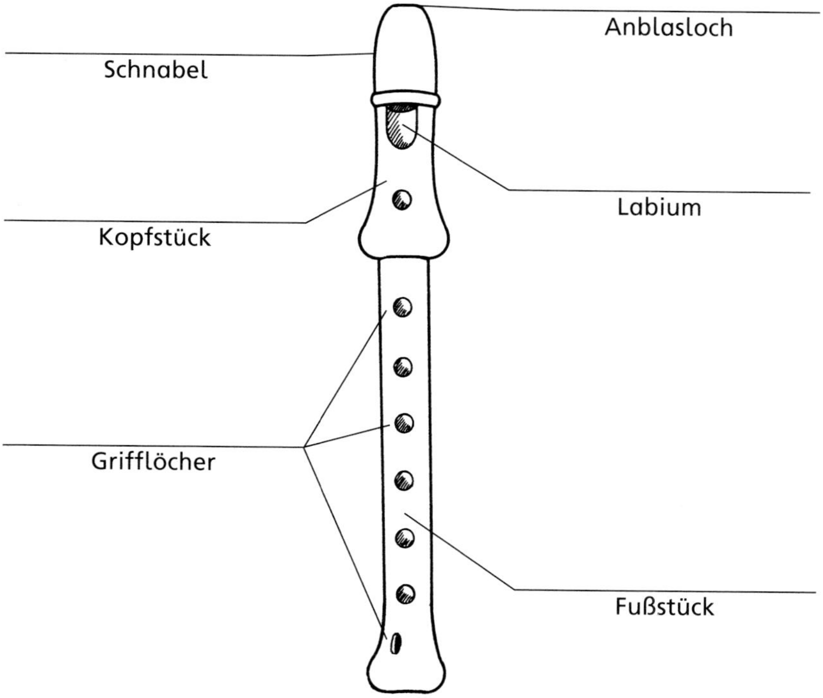

 Name: ____________________

La Réjouissance – Happiness

From: Music for the Royal Fireworks by Georg Friedrich Händel (1685–1759).

1. Fill in.

The piece has got ____________ different parts.

We call them _______ and _______.

They are played by **string instruments** (red),

by wind **instruments** (blue),

and by the whole orchestra together with **snare drums** and **trumpets**

(yellow).

A tone colour score

2. Listen and colour the fields with the right colours.

Each part is repeated 𝄆 𝄇

	𝄆A𝄇	𝄆B𝄇	𝄆A𝄇	𝄆B𝄇	𝄆A𝄇	𝄆B𝄇
string instruments						
wind instruments						
snare drums, trumpets						

What did Händel want to show?

He wanted to show the different ______________________________ of the instrument groups.

 Name: ____________________

Georg Friedrich Händel (1685–1759)

Group 1
Händel was born in Halle, a city in Germany.
When he was seven, he could already play two instruments: harpsichord and organ.

Group 2
His father was not interested in music.
He wanted his son to study law.

Group 3
But Händel became a musician and a composer.
People liked his music very much and he was very successful.

Group 4
In 1712 he went to London.
He changed his name into George Frideric Handel.
In 1749 everybody was very happy because the war was over.

Group 5
The English King wanted to have celebrations with fireworks and music.
So Händel composed the "Music for the Royal Fireworks".
12 000 people came to listen to the rehearsal.

Group 6
The celebrations were a disaster:
it rained heavily and a wooden building caught fire.
But everybody remembered the beautiful music.
In 1759 Händel was buried in Westminster Abbey.

13

Veronika Lanz

Newspaper Games – Bilingualer Sportunterricht

Der Sportunterricht erfüllt zwei wichtige Prinzipien erfolgreichen bilingualen Unterrichts: Anschaulichkeit und Handlungsorientierung. Deshalb ist er in besonderem Maße für CLIL-Unterricht im ersten Lernjahr der Fremdsprache geeignet. Die folgenden Unterrichtsbeispiele zeigen, wie sich Sportunterricht auch in Regelgrundschulen ohne besondere bilinguale Ausrichtung auf Englisch durchführen lässt.

Der baden-württembergische Fächerverbund „Bewegung, Sport und Spiel" stellt die Freude an der Bewegung als oberstes Unterrichtsziel in den Mittelpunkt und soll Kindern die Möglichkeit bieten, durch vielfältige Bewegungsangebote *„grundlegende körperliche, materiale, sinnliche und soziale Erfahrungen"* (Bildungsplan Grundschule 2004: 113) sammeln zu können. Auch in anderen Bundesländern ist Sportunterricht längst mehr als leistungsorientiertes Turnen und Leichtathletik. Beim explorierenden Umgang mit Alltagsmaterialien, wie z.B. Zeitungspapier, Luftballons, Bierdeckeln etc. erkunden die Kinder im ersten Schuljahr typische Eigenschaften des jeweiligen Materials und entwickeln daraus Bewegungs- und Spielideen, die sie auch außerhalb des Sportunterrichts nutzen können. Sie erfahren (unbewusst), dass zum kreativen Spiel nicht unbedingt teure Spielzeuge oder Sportgeräte notwendig sind und werden angeregt, Gegenstände aus ihrem Alltag differenziert zu betrachten und sie für das Spiel und damit auch für die Bewegung zu verwenden. Darüber hinaus werden in den verschiedenen Übungen Koordination und Fitness geschult sowie die Teamfähigkeit gestärkt.

Die beiden Unterrichtspläne verdeutlichen, wie durch sportliche Übungen mithilfe von Zeitungspapier diese Ziele des Fächerverbunds „Bewegung, Sport und Spiel" erreicht werden können. Am Anfang der Stunden stehen einfache, aber bewegungsintensive Aufwärmspiele, in die die Zeitung als Spielmaterial eingebunden wird. Den Hauptteil bilden Bewegungsangebote, bei denen die Kinder individuell experimentierend oder im Team bei einem Staffellauf Körpererfahrungen machen und die Zeitung als Material erproben. Den Schluss der Stunde bildet jeweils wieder ein Spiel mit sammelndem Charakter.

→ Lesson plan 5: Newspaper Games (1)
→ Lesson plan 6: Newspaper Games (2)
→ Flashcards 1–4: Island, wizard, shark, frog

How to say it

Wizard tag (zu Lesson plan 5)

"Today we want to do P.E. with newspapers.
We will use the newspapers for many different games.
Let's start with a game that is called wizard tag.
Look, this is a wizard (shows flashcard wizard).
The wizard has got a magic wand.
You run around the gym.
Three children are the wizards, they are the taggers (shows bands).
The wizards have got a magic wand made from newspapers (shows newspaper roll).
When a wizard touches you with the magic wand, he says "Turn into a frog!" (shows flashcard frog).
It's a magic spell! Let's say the magic spell together (...). When the wizard has touched you, you are a frog and you jump around like a frog (demonstrates jumping around).
But another boy or girl can free you: He or she touches you lightly on the back and then you can go on running (demonstrates running).
Who would like to be a wizard?
Okay, come to me, take a band and take a magic wand.
Here you are. So now watch out for the wizards, boys and girls! Ready, steady, go!"

Relay games with newspapers (zu Lesson plan 6)

"Now let's play some relay games.
We need four teams.
Stretch out your hand.
Everyone gets a number.
Show me the number with your fingers.
You are number one, show me one finger.
You are number two, two fingers (...)
Okay, who has got number one?
Stand up and come to this cone.
Line up here. Who has got number two?
Come over here, to this cone (...)
Can you see these cones?
You have to run in slalom around the cones and then run straightforward back to your team (demonstrates it).
The first child of the team gets a newspaper roll.
Here you are. Take the roll, run with the roll and when you come back to your team hand it on to the next child.

As soon as you have the newspaper in your hand, you start running. The first child goes to the end of the line and sits on the floor (demonstrates). *Let's do a test. Tim, you take the newspaper roll, start running (...) give the roll to Lea now. Lea, start running, Tim sit on the floor here.*
Do you understand the game?
The team that sits on the floor first wins.
Okay, let's start. On your marks, get set, go!"

Words and phrases

band	Parteiband
cone	Hütchen (in Sporthalle)/Pylonen
free	befreien
hop	hüpfen
jog around the gym	durch die Halle laufen
jump	springen
magic wand	Zauberstab
move	sich bewegen
relay game	Staffellauf
shark	Hai
speaking tube	Sprachrohr
tag	fangen
tagger	Fänger
touch on the back	am Rücken berühren
turn into a frog	Verwandele dich in einen Frosch
wizard	Zauberer

Literaturangaben

Bildungsplan Grundschule (2004). Herausgegeben vom Ministerium für Kultus, Jugend und Sport Baden-Württemberg.

Wirth, I. (2006): *Materialideen zur Förderung von Motorik, Wahrnehmung und Konzentration.* Auer Verlag Donauwörth, 102.

Büngers, B. u. a. (2003): *Bergedorfer Grundschulpraxis. Sport 1./2. Klasse Band 1.* Persen Verlag GmbH Horneburg, 59.

<table>
<tr><th colspan="4">Lesson plan 5</th></tr>
<tr><td>Class 1</td><td>Topic: Newspaper Games I</td><td colspan="2">Subject: Physical Education</td></tr>
<tr><td colspan="2">Subject goals: The students should:
• get to know the newspaper as a material that can be used for different games
• experiment with different ways of moving
• improve coordination and fitness</td><td colspan="2">Linguistic goals: The students should:
• infer the meaning of the English terms from the context
• understand the teacher's directions in the respective context
• contribute to what is going on in the gym and thereby show that they can connect language to content
• understand the (game) instructions</td></tr>
<tr><td colspan="4">Materials: newspapers (2 sheets for each child); 3 newspaper rolls; flashcards 2, 4 (wizard, frog)</td></tr>
<tr><td>Time / Phase</td><td>Teacher / Student activity</td><td>Organisation of learning</td><td>Media / Material</td></tr>
<tr><td>Warm-up
game
10 min</td><td>Game: Wizard tag
The teacher shows the picture of the wizard and the bands that are usually used for marking the taggers.
Teacher: "We need three taggers today. The taggers are wizards. Each wizard has a magic wand (shows newspaper roll). When the wizard touches you with the magic wand, he says 'Turn into a frog'" (shows flashcard frog). Teacher lets the class repeat the "spell" a few times. He/she demonstrates with a pupil what to do when touched: As frogs, the children must jump around until someone who is not a tagger, touches them lightly on the back to change them back into a person. The children take turns being wizards.
(Also see How to say it p. 161/162)</td><td>game</td><td>3 newspaper rolls;
flashcards 2, 4;
bands</td></tr>
</table>

Time / Phase	Teacher / Student activity	Organisation of learning	Media / Material
Exploration 15-18 min	**Experimental moving** The children stand in line on one side of the gym. Each one has a sheet of newspaper. Teacher: *"Try to move to the other side of the gym and take the sheet of newspaper with you, but do not use your hands! Can you do that?"* Teacher demonstrates what 'no hands' means by giving one example (e. g. holding the newspaper under the chin). The children experiment with different ways of transporting the paper by moving several times from one side of the gym to the other (under the chin, crawling on all fours with newspaper on the back, between the knees or clutching the newspaper to the chest by running fast, etc.). When the children have had enough time to experiment, the teacher asks several of them to present their way of transporting the paper to the class. He/she encourages the class to imitate: *"Can you do that, too? / Do it like Tim!"*	individual experimenting imitation	newspapers
Closure 8–10 min	**Game: False names** The children stand in a circle, each standing on their sheet of newspaper. One child walks around the circle and touches each child on the shoulder, saying his/her name. As soon as he/she says a false name, he/she runs away and the child that has been touched tries to tag him/her. The first child tries to reach the "empty place" (newspaper) first. The child that loses the race walks around the circle and touches another child until he finally reaches an "empty place" first.	game	newspapers

Lesson plan 6

Class 1	Topic: Newspaper Games II		Subject: Physical Education
Subject goals: The students should: • get to know more possibilities of using the newspaper as a material for playing games • improve coordination and fitness		**Linguistic goals:** The students should: • infer the meaning of the English terms from the context • understand the teacher's directions in the respective context • contribute to what is going on in the gym and thereby show that they can connect language to content • understand the (game) instructions	
Materials: newspapers (2 – 3 sheets for each child); flashcards 1, 3 (island, shark); 1 tambourine; 8-10 cones; 1 band			
Time / Phase	**Teacher / Student activities**	**Organisation of learning**	**Media / Material**
Warm-up 10 min	**Game: Shark attack** Each child gets a sheet of newspaper: Teacher: *"Put your newspaper somewhere on the floor. Sit on it. Your newspaper is an island."* (demonstrates and shows flashcard island) *"Jog around the islands while you hear the drumming sound. You are swimming in the sea. When the drumming stops, the shark attacks!* (demonstrates and shows flashcard 3) *Find an island!"* The pupils jog around the gym and hop on the newspaper sheets when the drumming stops, and the teacher shouts, *"Shark attack! Find an island!"* Then the teacher gives the instruction, *"Fold the newspaper in half."* (demonstrates). This is repeated several times until the newspapers (islands) are very small, and the children have to stand on toes/heels. Variation: One child is marked with a band. He is the shark and may 'swim' around with the other children. When the teacher stops drumming and shouts *"Shark attack"* the shark tries to catch another child who will then become the new shark. The children are safe on the islands.	game	newspapers; flashcards 1, 3; tambourine

Time / Phase	Teacher / Student activities	Organisation of learning	Media / Material
Exploration/ Training 20 min	**Relay games with newspapers** The children are divided into groups of same size. Each group lines up at a cone on one side of the gym. Several cones are put in a row, so that the children have to run/move to the other side of the gym in slalom. The relay game is repeated several times, with a different task for each game, e.g. • Make a newspaper roll. Run around the cones in slalom to the other side of the gym, run back straight and hand on the roll to the next pupil. • Fold the newspaper sheet two times and carry it on your palm. • Fold a hat. Carry it on your head without losing it. • Stand on your newspaper with one foot. "Skate" around the cones and run back. • Crumple up the newspaper into a ball. Transport it around the cones by foot. The teacher demonstrates each new instruction/task. (also see *How to say it* p. 161)	team game	cones; newspapers
Closure 5-8 min	**Game: Chinese whispers** Have children sit in a circle. One sheet of newspaper is rolled up and used as a 'speaking tube'. The teacher whispers any word (e.g. yellow, apple, etc.) into the ear of the child sitting next to him using the "speaking tube". This pupil then takes the speaking tube and whispers the word to his/her neighbour. The last pupil says the word out loud. The next word is whispered by a pupil.	plenum	newspaper

Kathrin Auer / Lena Dahlin

Keith Haring: Pop-Art meets CLIL

Keith Haring und seine Graffitikunst sind weltberühmt. Seine vor Vitalität vibrierenden und fröhlichen Motive sind allgegenwärtig. Die Prägnanz der gestalterischen Mittel und die leuchtenden Farben erleichtern den Kindern den Zugang zu diesem Künstler und ermöglichen ihnen ein eigenes, kreatives Nachempfinden seines Stils.

Keith Haring wurde am 4. Mai 1958 in Reading, Pennsylvania geboren. Schon seit seiner frühen Kindheit interessierte er sich für Kunst. Aufgewachsen mit den Comics von *Walt Disney* und der Pop-Art von Andy Warhol und Roy Lichtenstein wurde er selbst einer der bekanntesten Vertreter der Pop-Art. Er gehörte zu den allerersten, der z.B. kahle Betonflächen wie an der New Yorker U-Bahn oder Brandmauern und Bauzäune mit Graffitis verzierte. Von den Ordnungshütern verfolgt, malte er in großer Hast. Grob skizzierte Menschen, Tiere mit breiten Konturstrichen sowie Bewegungslinien, die aus dem Comic als Speedlines bekannt sind, charakterisieren seine Graffitis. Bilder seiner mit Graffiti bemalten U-Bahnzügen finden sich heute in jedem Standardwerk über Pop-Art. Mit diesen Zeichnungen *„verkörpert Haring die Sehnsucht nach Jugend und Erneuerung, nach einer einfachen Bildsprache, die die Komplexität des Lebens in markante Zeichen bannt“* (Holzfuß/Sonne 2006: 12). Aus den unbekümmerten und arglosen Zeichnungen entwickelten sich im Laufe der Zeit ernstere Inhalte, Fragen und Probleme. Themen wie Apartheid, Ausbeutung, Krieg und die Immunschwächekrankheit AIDS, die 1988 bei Haring diagnostiziert wurde, spielten eine zunehmende Rolle. Haring verheimlichte seine Krankheit nicht. Er war auch keinesfalls hoffnungslos und verzweifelt; im Gegenteil, er benutzte weiterhin lebendige, leuchtende Farben und integrierte Motive der Freundschaft und Erotik in die Darstellungen dieser belastenden Themen. Er versuchte die Menschen aufzuklären, *„er appellierte an die Verantwortung, um die Lust und die Schönheit der Sexualität zu retten. Nicht Verzweiflung und Erstarrung stehen deshalb hinter diesen Arbeiten, sondern die Hoffung auf Glück und – trotz aller Trauer – die Kraft der Lebensfreude“* (Holzfuß/Sonne 2006: 12).

In den Jahren 1980–1989 präsentierte Haring seine Werke weltweit in den renommiertesten Museen und Galerien. Noch vor dem Mauerfall gestaltete er ein Stück der Berliner Mauer und in einem weiteren Projekt entwarf er mit neunhundert Schulkindern zum 100. Geburtstag der *Statue of Liberty* ein Wandgemälde. Er starb am 16. Februar 1990 an den Folgen seiner AIDS-Erkrankung.

In dieser, auf eine Doppelstunde konzipierten Unterrichtseinheit, lernen die Kinder die Person Keith Haring und seine Graffitifiguren kennen. Mithilfe eines

Stopptanzes lernen sie, lebensgroße Figuren in Bewegung zu skizzieren und diese anschließend im Keith Haring Stil auszugestalten und zu beschreiben.

→ Lesson plan 7[1]: Keith Haring: Figures in motion
→ KV 6a: Satzkarten
→ Fotos von Kinderprodukten

How to say it

1. Step (Arbeitsanweisung nach dem Stopptanz): *"First take one paper (A4), and copy two different figures on two different sheets of paper. The figures should be as big as to fit the whole A4 format and thick. Don't draw a stickman. Note: You will need to cut them out."*

The students are allowed to downsize one of the life-sized figures that hangs in the classroom or they can create their own figure. If needed the teacher explains how to downsize a figure.

2. Step: *"Choose the figure you like most and cut it out with your scissors. Lay your figure in the middle of a new white paper (A4 normal). Copy it to the paper with your pencil."*

3. Step: *"Colour your figure with one of your watercolours. Draw a black line around your figure (use a black marker or black watercolours). Add speedlines to the figure."* While saying watercolors the teacher shows the students watercolours that are labeled with the word "watercolours". The same is done with the brush.

4. Step: *"Take another, thicker paper. Copy your figure again on this paper. Colour it the same way you did before. Add black lines, too. Now you cut out the figure on the thicker paper."*

5. Step: *"If there is enough time, draw a frame around your first paper. Finish the whole picture by taping the loose figure with spacers onto the figure of the first paper."*

Words and phrases

dance	tanzen
freeze	erstarren
hug	sich umarmen
jump	springen
move	sich bewegen

scissors	Schere
speedlines	Bewegungslinien
be popular	beliebt sein
watercolours	Wasserfarben

Anmerkung

1 Mitentwicklung: Jessica Sommer, Nadine Bidlingmaier, Geetha Frankenhauser.

Literaturangaben

Holzfuß, C./Sonne, N. (1990). *Keith Haring, Subway Drawings*. Frankfurt: Edition Achenbach, Galerie Nikolaus Sonne.

Sussman, E. (1997). *Keith Haring*, New York: Little Brown and Company.

http://www.haring.com (Zugriff: 15.01.10).

http://www.haring.com/about_haring/bio/index.html (Zugriff: 16.01.10).

http://www.kunst-fuer-alle.de/deutsch/kunst/kuenstler/portrait/keith-haring/21/index.htm (Zugriff: 16.01.10).

http://www.haringkids.com/ (Zugriff: 16.01.10)

Lesson plan 7

Class: 4 | **Topic: Keith Haring - Figures in motion** | **Subject: Art**

Subject goals: The students should:
- get to know Keith Haring and his art work
- experience Keith Haring's way of drawing
- train their drawing abilities
- work with watercolours and brushes
- move to music
- create movements out of a stop dance
- outline the figures in motion on the wallpaper

Linguistic goals: The students should:
- infer the meaning of the English terms from the context
- understand the teacher's directions in the respective context
- contribute to what is going on in the classroom and thereby show that they can connect language to content

Materials:
Teacher: "Diary of Keith Haring" (fictive, including pictures); a map of the USA; a world map; CD-player and pop-music; paper; thick wax crayons; KV 6a: sentence cards
Students: scissors; blank A4 sheets; thick A4 sheets; pencils; newspapers; brushes; water; watercolours; black marker (instead you can also use black watercolours); double-sided adhesive tape; spacers (prepared by the teacher, you can use matchboxes, foam, etc.).

Phase / Time	Teacher / Student activities	Organisation of learning	Media / Material
Introduction to the topic about 5 min	To introduce Keith Haring and his art to the students, they need to come to the front and sit down in a semicircle in front of the board. As a silent impulse the teacher places one picture (Keith Haring: *Best Buddies*) in the middle of the circle so that all students can see it. The students comment on the painting (presumably in German). If students don´t talk, the teacher encourages them by asking questions such as *"Which colours does Keith Haring use in the picture? What are the figures doing?"* The teacher also comments on the speedlines and their effect and significance.	teacher-student discourse (semicircle)	pictures; maps

Phase / Time	Teacher / Student activities	Organisation of learning	Media / Material
	The teacher shows another picture by Keith Haring (*Five Figures Dancing*), and asks the students to describe it. While discussing the paintings with the students, the teacher uses adequate expressions to describe Keith Haring's paintings such as speedlines, etc. The students' understanding of these new expressions is supported with the help of visualisation and contextualisation.		
Exploration about 10 min	To provide an insight into Keith Haring's life and his art, the teacher reads the diary of Keith Haring out loud. The diary describes important stages in Keith Haring's life and shows some of his drawings and paintings. The teacher supports the students' comprehension with "photos" that are shown in the diary. While reading the diary, the teacher takes short breaks to show the students the photos. During these breaks he/she encourages the students to talk about what they have seen and heard. Afterwards, the students return to their seats.	teacher-student discourse (semicircle)	diary of Keith Haring
Explanation of the activity about 5 min	In the following activity, the students will perform a 'freeze dance' which serves as a lead-in to the main part. The pupils create movements and learn how to capture them. By doing this, they experience how realistic Keith Haring's drawings and paintings are. Due to the limited space within the classroom, the activity needs to take place in a corridor or in a gym. Once all the students are gathered outside, the teacher explains the dance: 1) Students will work with a partner (after the explanation). If there is one student left, there can be a group of three students. Each student in a group will need to give him/herself a number, either 1 or 2.	teacher-student discourse; pair-work	sheets for all the groups for the number of repetitions planned; adhesive type; thick crayons

Phase / Time	Teacher / Student activities	Organisation of learning	Media / Material
	2) The teacher shows the posters that are taped to the walls around the room. There are enough pieces of paper cut from a roll of wallpaper for all groups. Each sheet is as long as the tallest student. There are several sheets of paper taped over each other so that the students can have several tries. A thick wax crayon is already at each place. 3) When the music starts playing the students begin to dance, making all kinds of different movements. The teacher demonstrates the kinds of movements that can be made (e.g. hands up high, stretch one leg, make a ballet figure, etc.) When the music stops, the teacher shouts, *"Freeze in"*, and the students freeze their movement. 4) Student number one tries to hold his/her position while student number two leads him/her to the nearest paper. Student number two outlines the shape of student number one (and his frozen movement) on the paper with the crayon. 5) The next step will be the 3) again. This time, student one draws student two. This continues until the teacher stops the activity.		
Activity about 10 min	Students do the activity. After that, they take their drawings into the classroom. During a 10-minute break, the teacher and some students hang up the life-sized drawings in the classroom.	group work	CD-player; music; wallpaper; crayon
Explanation of the activity about 10 min	The students then create their own paintings that will be similar to Keith Haring's paintings: While most of the life-sized drawings of the dance are hung up in the classroom, some are put at the bottom of the board. The students sit in a semicircle in front of the board. To make the students curious about what they are going to do, the teacher shows some finished pictures that he/she made before. The teacher explains each step of the next task with the help of pictures and written explanations on the board (also see *How to say it* p. 168).	plenum (semicircle)	board: KV 6a

Phase / Time	Teacher / Student activities	Organisation of learning	Media / Material
Practical implementation 30 min	After the teacher has explained each step and has made sure the students know what to do, the students return to their seats, prepare their workplace (e. g. cover the table with newspaper, get watercolours and brushes, put on a painting smock, etc.) and begin work.	individual work	A4 paper; pencil; scissors; brushes; thick A4 paper; tape; spacers; black markers; watercolours
Concluding activity about 10 min	At the end of the lesson, the students meet in a circle. Students' artworks are laid down in the middle of the circle for all to see. Some students (on a voluntary basis, but also selected ones) show their work to the others. Each painter comments upon his/her artwork. The painter should give his/her figure a name, describe the colours he/she used, the action depicted in the picture, and the feelings shown. To do this, the students use sentence halves which are posted on the board (e. g. 'I named my figure …'; 'My figure looks like …'). The students are encouraged to compare their artwork with Keith Haring's pictures.	plenum	KV 6a

15

Bianca Baier

Road safety

Kinder bewegen sich täglich im öffentlichen Verkehr, meist zu Fuß oder auf dem Fahrrad. Verkehrsregeln zu missachten oder nicht zu verstehen, würde für sie eine große Gefahr darstellen. Die Verkehrserziehung spielt daher in der Grundschule eine bedeutende Rolle und findet bereits ab der ersten Klasse statt. Die Verkehrserziehung bereitet die Kinder auf die Fahrradprüfung in der 4. Klasse vor.

Die hier vorgestellte Unterrichtsstunde für eine erste Klasse widmet sich drei wichtigen Verkehrszeichen, denen die meisten Kinder täglich begegnen: den Verkehrsschildern für Zebrastreifen, Spielstraße und Radfahr-/bzw. Fußgängerweg.

Zunächst werden die Verkehrszeichen im Klassenzimmer thematisiert. Dabei wird das Vorwissen der Kinder aktiviert, sie bringen ein, was sie bereits über das richtige Verhalten im Straßenverkehr wissen. Hierfür werden mithilfe von Spielzeugfiguren Verkehrsszenen nachgestellt. Die Situationen werden im Plenum diskutiert und erklärt.

Im Anschluss üben die Schülerinnen und Schüler das verkehrsgerechte Überqueren des Zebrastreifens in einem Rollenspiel im Klassenzimmer. Danach wird dieses Verhalten am Fußgängerüberweg vor dem Schulhaus geübt.

In der ersten Klasse wird das Unterrichtsgespräch dadurch gekennzeichnet sein, dass die Schülerinnen und Schüler Deutsch sprechen und die Lehrkraft Englisch.

In weiterführenden Stunden können weitere Verkehrszeichen nach diesem Prinzip aufgegriffen werden.

→ Lesson plan 8: Traffic signs
→ Flashcards 5 – 10 (3 Straßensituationen / Verkehrschilder Zebrastreifen, Spielstraße und Radfahr- bzw. Fußgängerweg)
→ KV 6b Verkehrsschilder (Puzzle)

Words and phrases

cycle lane (track, route)	Radweg
left	links
look left, right, left	links, rechts, links schauen
pavement	Fußgängerweg
play street	Spielstraße
right	rechts

to cross	überqueren
traffic signs	Verkehrszeichen
zebra crossing/ pedestrian crossing	Zebrastreifen

Lesson plan 8

Class 1/2 | **Topic: Traffic Signs** | **Subject: Road Safety Education**

Subject goals: The students should:
- learn what the traffic signs: 'pedestrian crossing', 'caution: children playing', 'cycle route and pavement' look like, and what they mean
- know how to behave when they encounter these traffic signs
- practice using a pedestrian crossing outside

Linguistic goals: The students should:
- infer the meaning of the English terms from the context
- understand the teacher's directions in the respective context
- contribute to what is going on in the classroom and thereby show that they can connect language to content

Materials and preparation:
flashcards 5–10; toy cars; toy figures; envelopes for every student each with puzzles from KV 6b; pedastrian crossing sign; white stripes (symbolising a pedestrian crossing)

Phase / Time	Teacher / Student activities	Organisation of learning	Media / Material
Introduction to the topic about 3 min	Pupils form a circle in front of the board. The teacher shows flashcards of different traffic situations and the students comment on what they see.	plenum	flashcards 8–10
Problem about 3 min	Pupils match the traffic signs with the correct situations. Each pupil gets a card that shows one of the different traffic signs. Each of the three situations has already been recreated on one of the tables at the back of the classroom. The pupils have to find the table which shows the traffic situation on their card.	plenary	traffic signs; figures; flashcards 5–7
Exploration about 6 min	All pupils gather in front of one of the tables. They comment on and explain the depicted situation. The pupils and the teacher then do the same thing on the next two tables.	plenum	traffic signs; toy figures; toy cars
	The pupils go back to their seats. They get three envelopes. In each envelope, there is one picture of a traffic sign cut into pieces. The pupils put the signs together and glue them into their exercise book. They then colour them in correctly. The solutions are on the back of the board.	individual work	envelopes with puzzle

Phase / Time	Teacher / Student activities	Organisation of learning	Media / Material
Problem / Exploration 13 min.	The teacher shows a picture of a pedestrian crossing sign and a street. He/she asks, *"How do you cross the street when you see that sign?"* The pupils say what they already know. Then the pupils practice the directions 'left' and 'right' and how to cross the street correctly. The pupils use the words *"left – right – left – go!"* In the back of the classroom, there are some white stripes on the floor (zebra crossing). They are used for a role play: two pupils want to cross the street at the pedestrian crossing, and two other pupils are car drivers.	plenary	pedestrian crossing sign; white stripes (pedestrian crossing)
Practical implementation 10 min.	Before going outside to practice walking across a pedestrian crossing, the teacher gives instructions and reminds them of the rules. This may include, *"Don't cross until the car has stopped!" "Wait for everyone else on the other side of the street!" "Stay together"*. Everybody goes outside. The pupils cross the pedestrian crossing in groups of four. The class then goes back to the classroom.		

16

Georgia Müller

Ducks

Die meisten Kinder haben schon Enten an Teichen oder Flüssen beobachtet und gefüttert. Manche werden vielleicht sogar im Frühling ein Entennest mit Eiern gesehen haben.

In dieser Unterrichtseinheit für eine dritte Klasse wird die Stockente behandelt. Was ist eine für Enten artgerechte Nahrung? Weshalb frieren Enten im Winter nicht? Und weshalb können sie so gut schwimmen? All diese Aspekte sind für Kinder von großem Interesse. Es bietet sich daher an, dieses Thema im Unterricht zu behandeln und das Vorwissen der Kinder mit einfließen zu lassen. Auch ein Ausflug an einen nahen Weiher oder Fluss kann damit verbunden werden.

Wie bei den meisten Entenvögeln unterscheiden sich Männchen und Weibchen im Aussehen: Der Erpel ist meist bunt mit grünfarbigem Kopf und Hals und einem gelben Schnabel, die Ente braun. Die Entenküken sind zunächst gelb. Enten sind verwandt mit Schwänen und Gänsen und leben an Teichen und Flüssen. Je nach Art können Enten bis zu zwölf Jahre alt werden.

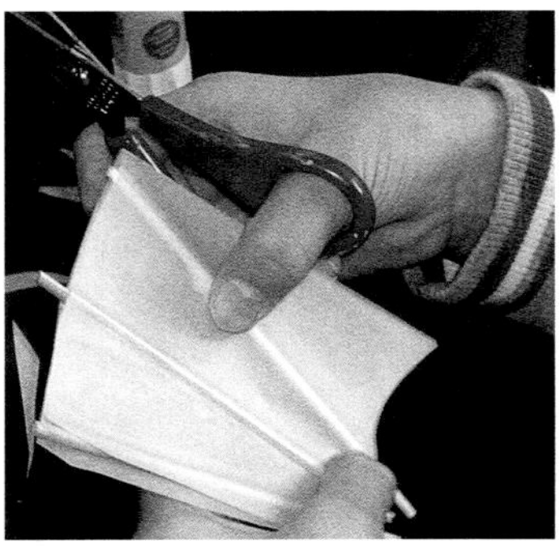

Abb. 1: Schwimmhäute basteln

Dank ihrer Schwimmhäute sind Enten sehr gute Schwimmer. Durch das Nachbauen der Schwimmhäute mithilfe von Pergamentpapier und Schaschlikspießen und das Experimentieren im Wasser erfahren die Schülerinnen und Schüler, warum Schwimmhäute gut geeignet sind, um Wasser zu verdrängen und auch beim Tauchen helfen.

Häufig verfüttern Menschen den Enten altes Brot. Dass Brot jedoch keine artgerechte Nahrung ist, sondern für die Tiere sogar schädlich sein kann, muss mit den Kindern besprochen werden. Da sich Enten hauptsächlich im oder am Wasser aufhalten, fressen sie Würmer, Insekten und kleine Fische, die sie durch sogenanntes Gründeln am Wasserboden fangen. Aber auch Pflanzen wie Gras und Seetang gehören zur Nahrung der Enten.

→ Lesson plan 9: Ducks
→ KV 7–11
→ Flashcards 11–14 (schwimmende, laufende, fliegende, tauchende Ente)

How to say it (Making webbed feet)

Teacher: *"Who knows how ducks move? And why do they have webbed feet?*
Let's make some webbed feet out of parchment paper and sticks (teacher shows the material).
First you put three sticks on a piece of parchment like this (teacher shows how the sticks should be arranged). *Then you glue the sticks onto the paper. Now you glue the second piece of parchment paper on top of the other. After that you cut off the rest. Now we try the webbed feet out in the water. Move them through the water. Then take three sticks and move them, too. What's the difference?"*

Words and phrases

beak	Schnabel
bread	Brot
dive	tauchen
drake	Erpel
duck	Ente
duckling	Entenküken
feather	Feder
plant	Pflanze
webs	Schwimmhäute
worm	Wurm

Lesson plan 9

Class: 3	Topic: Ducks	Subject: Science

Subject goals: The student should:
- know where ducks live
- know the differences between drakes, ducks and ducklings (colour, gender and size)
- know what ducks eat and how they catch their food
- know how to make webbed feet out of parchment paper
- know how webbed feet work

Linguistic goals: The students should:
- infer the meaning of the English terms from the context
- understand the teacher's directions in the respective context
- contribute to what is going on in the classroom and thereby show that they can connect language to content

Materials:
Teacher: footprints of a duck cut out of brown paper; KV 7–11; flashcards 11–14, tape; overhead projector
Students: parchment paper; sticks; glue; scissors and 3-4 big bowls filled with water

Phase / Time	Teacher / Student activities	Organisation of learning	Media / Material
Introduction to the topic about 2 min	The teacher sticks some footprints of a duck on the board. The students guess to which animal these footprints belong. After the students have found out that these are duck's footprints, the teacher opens the board where pictures of a duck, a drake and a duckling are posted.	teacher-student discourse	a duck's footprints on board; KV 10
Exploration I about 8 min	The teacher and the students create a mind-map with pictures and word cards about ducks: what they look like, what they eat and where they live. The students are asked to describe the ducks and what they eat. If necessary, the teacher translates into English. After a student has said something about the duck, he/she comes to the board and labels the picture with the corresponding word card. The teacher asks the students to memorise all the facts about ducks from the mind-map and then he/she closes the board.	teacher-student discourse	KV 9; 10

Phase / Time	Teacher / Student activities	Organisation of learning	Media / Material
Consolidation of learning content about 10 min	The students are given KV 7 about ducks. They need to remember the facts from the mind map in order to be able to fill out the worksheet. If they can't remember the English word, they can write it down in German. If some students finish earlier, they can colour in the ducks on the worksheet in the appropriate colours.	individual work	KV 7
Correction about 5 min	To correct the worksheets, the teacher projects an OHP transparency onto the classroom wall. Some students read the text and say the missing words. Either a student or the teacher writes the correct words on the transparency.	teacher-student discourse	transparency; OHP
Exploration II about 15 min	The teacher asks the students how ducks move. The students try to explain it (if necessary the teacher paraphrases German utterances into English). If they don't know the words *walk, swim, fly, dive,* the teacher provides them while showing pictures of a flying, walking, swimming and diving duck. The teacher shows a model of webbed feet and asks the students why ducks have webbed feet. The students give their ideas, but the teacher doesn't comment on the students' ideas.	plenary brainstorming	flashcards 11–14
	To explore why ducks have webbed feet, the teacher gives every student a piece of parchment paper and some sticks and explains how to make webbed feet (also see *How to say it* p. 179). The students try out their webbed feet in large bowls of water. They then share their observations (alternatively, the students experiment with their webbed feet at home and bring their observations to class the next day.)	individual work	parchment paper; sticks; bowls with water
	Students who work extra fast can do KV 8 and / or 11 additionally. In other groups, KV 8 and 11 can be presented in subsequent follow-up lessons.		KV 8; 11

 Name: ______________________________

What I know about ducks (1)

1. Fill in.

These are __________________.

They live in the __________________.

They are never cold, because they have ____________________________.

They can swim very well, because of their __________________________.

What I know about ducks (2)

1. Find the missing words.

U	I	J	N	I	H	A	Q	E	N
H	P	L	A	N	T	S	V	D	T
F	Z	E	D	S	A	S	D	G	T
R	Z	I	C	E	C	R	E	A	M
G	S	N	I	C	I	L	P	I	H
V	R	B	X	T	Q	N	K	F	Z
W	O	R	M	S	A	V	O	I	E
Q	R	E	C	L	M	D	E	S	J
G	P	A	P	E	R	A	Q	H	Z
C	W	D	I	O	R	U	K	O	J

2. Fill in.

Ducks like to eat:

____

____

____

____

Ducks shouldn't eat:

____

Name: ____________________

duck	duckling	drake
ducks eat	ducks have	fish
insects	plants	bread
worms	a beak	feathers

Name: ____________________

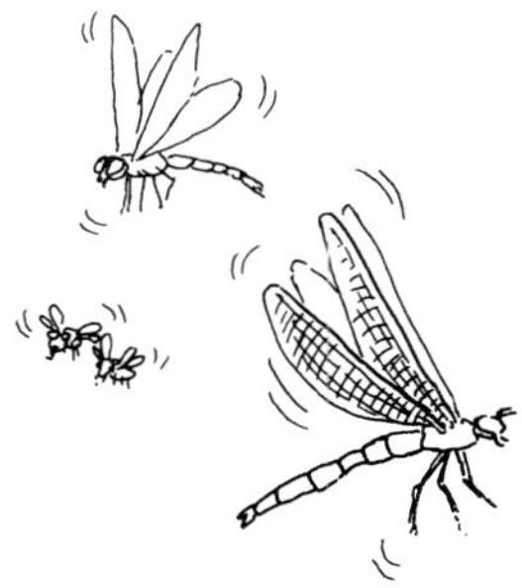

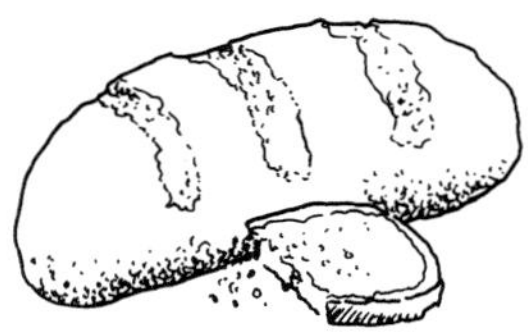

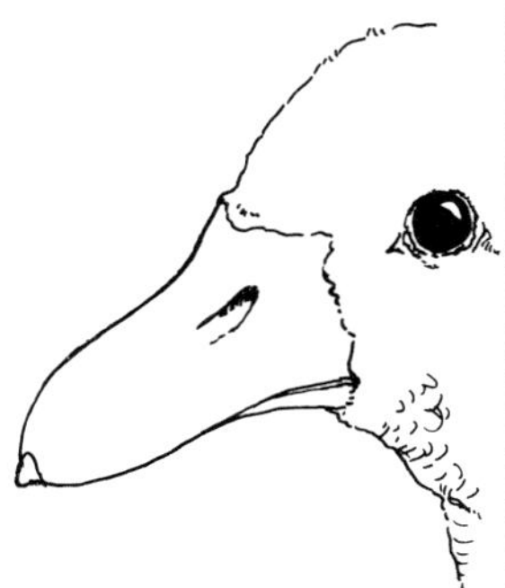

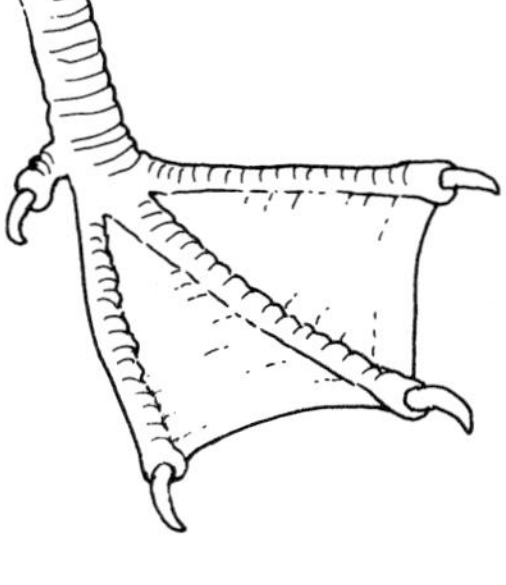

webs

 Name: ______________________

Ducks

1. Draw a duck and label it.

worms duckling wings head drake snails insects beak duck
bread plants webs body tail

What is special about ducks? ________________

2. Erkläre auf Deutsch, wofür diese Besonderheit gut ist und warum.

____

____

Viktoria Bee / Maxine Deichfuß

The importance of teeth care

17

Da sich Kinder zu Beginn der Grundschule in der Phase des Zahnwechsels vom Milchzahn- zum Dauergebiss befinden, ist das Thema „Zähne" ein wichtiger Bestandteil des Sachunterrichts. Die Kinder lernen die verschiedenen Zahnarten und deren Funktionen kennen und gewinnen ein Verständnis für die Bedeutung einer gründlichen Zahnpflege.

In den folgenden zwei Unterrichtsstunden lernen die Kinder auf Englisch das menschliche Gebiss und die Funktionen der einzelnen Zähne kennen. Außerdem sollen sie die Wirksamkeit von fluoridierten Zahnpflegeprodukten gegen Karies erfahren: Mit dem Fluorgelee-Experiment untersuchen die Kinder die Auswirkungen von Säure auf Eierschalen. Die Reflexionsphasen ermöglichen den Kindern, den Transfer zwischen dem Säureangriff auf die Eierschalen und der beim Essen im Mund entstehenden Säure auf die ungeschützten Zähne vorzunehmen. Die Beiträge der Kinder werden angesichts der mangelnden Sprachkenntnisse in Klasse 1 sicherlich auf Deutsch erfolgen. Wichtig ist, dass die Lehrkraft ausschließlich Englisch spricht, die deutschsprachigen Äußerungen der Kinder inhaltlich aufnimmt und ins Englische überträgt. Abschließend leitet sie zum Thema Zahnpflege über.

Der Wechsel vom Milchzahn- zum Dauergebiss

Im menschlichen Gebiss unterscheidet man Schneide-, Eck- und Backenzähne. Der hintere Backenzahn des Milchzahngebisses und die drei hinteren Backenzähne des Dauergebisses werden als Mahlzähne bezeichnet.

Das Milchzahngebiss umfasst 20 Zähne: acht Schneidezähne, vier Eckzähne, vier vordere Backenzähne und vier hintere Backen- bzw. Mahlzähne. Der Zahnwechsel vom Milchzahngebiss zum Dauergebiss erfolgt zwischen dem sechsten und 14. Lebensjahr. Das Gebiss eines Erwachsenen umfasst 32 Zähne: acht Schneidezähne, vier Eckzähne, acht vordere Backenzähne und 12 hintere Backen- bzw. Mahlzähne. Jeder dritte Erwachsene besitzt nur acht hintere Backenzähne, da jeweils der Hinterste, der sogenannte Weisheitszahn, entweder nicht herausbricht, nicht angelegt ist oder vom Zahnarzt entfernt werden muss (Spornitz 2004: 299).

Funktion der unterschiedlichen Zahnarten

Die Zähne sorgen für die mechanische Zerkleinerung der Nahrung. Die Schneidezähne schneiden die Nahrung in kleinere Stücke. Für zähe Nahrung dienen die Eck- bzw. Reißzähne als Reißwerkzeuge. Die Nahrung wird dann von den vorderen Backenzähnen sowie den Eckzähnen weiter zerkleinert. Zuletzt mahlen und zerkauen die hinteren Backen- bzw. Mahlzähne die Nahrung zu einem Brei.

Karies

Karies ist eine der häufigsten Infektionskrankheiten der Welt. Die Ursache für Karies sind Bakterien des Zahnbelags (Plaque), die Zucker und Speisereste in Säure umwandeln. Diese Säure greift den Zahnschmelz an und zerstört ihn. Karies findet man häufig an den Zahnhälsen und in den Zahnzwischenräumen, da diese Stellen mit der Zahnbürste nicht gut erreicht werden und deshalb Speisereste hängen bleiben können.

Insgesamt gibt es vier Faktoren, die an der Entstehung von Karies beteiligt sind: Zahnbeläge, zahnschädigende Nahrung, Bakterien und die Zeit, während der die Bakterien den Zahn zersetzen können. Karies kann nicht entstehen, wenn eine der Grundvoraussetzungen fehlt oder wenn eine oder mehrere dieser Faktoren abgeschwächt auftreten (Karsdorf 1976: 161). Karies entsteht, indem der Zahnschmelz durch Säure abgebaut wird und sich kleine Löcher im Zahn bilden. In diese Löcher treten Bakterien ein, die den Zahn von innen weiter zerstören. Da das Zahnbein weicher als der Zahnschmelz ist, dringen die Bakterien immer tiefer in Richtung Zahnmark (Pulpa) vor. Hier können die ersten Anzeichen von Schmerz auftreten. Haben Bakterien und Säuren das Zahnbein zur Hälfte durchdrungen, können sie das Zahnmark angreifen. Dies kann eine Entzündung des Zahnmarks hervorrufen und verursacht Zahnschmerzen. Schreiten die Bakterien noch weiter vor, kann der Zahn absterben. Heutzutage werden viele Zahnpflegeprodukte mit Fluorid angereichert, um den Säureangriff auf die Zähne zu reduzieren. Fluoride sind natürliche Bausteine des Körpers, die an Knochenbildung und Wachstum beteiligt sind. Fluorid in der Zahnpasta hilft bei der Imprägnierung des Zahnschmelzes und hemmt den Bakterienstoffwechsel (Karsdorf 1976: 161f).

→ Lesson plan 10: Adult teeth
→ Lesson plan 11: Teeth care
→ KV 12–14
→ Flashcards 15–18 (Experiment Fluorgelee) / Flashcards 12 a–c (KV 12); KV 13, 13a, 14 (in Postergröße)

Experiment zur Wirksamkeit von fluorierten Zahnpflegeprodukten

Die Vorbereitung

Das Experiment wird in Gruppenarbeit durchgeführt. Jede Gruppe benötigt ein hart gekochtes Ei, das in der Mitte mit einer Trennlinie versehen ist. Eine Hälfte des Eis wird mit einem Kreuz markiert. Ein weiteres hart gekochtes Ei wird für zwei Tage in Essig eingelegt.

Für die Einführung des Versuchsablaufs bietet es sich an *Flashcards* (siehe Zusatzmaterial auf der CD-ROM) anzufertigen, die die einzelnen Schritte bildlich unterstreichen.

Die Durchführung des Experiments

Zu Beginn platziert die Lehrperson alle benötigten Materialien auf einem für alle sichtbaren Tisch und fordert die Schülerinnen und Schüler auf, ihre Ideen zum Versuchsablauf zu äußern. Die Lehrkraft wiederholt die Vermutungen der Kinder auf Englisch. Mithilfe der Realien erklärt die Lehrkraft den Ablauf des Experiments. An der Tafel hängen die *Flashcards* 15-18 in der falschen Reihenfolge. Die Kinder ordnen sie und zeigen dadurch, dass sie den Ablauf des Experiments verstanden haben. Die Schülerinnen und Schüler führen nach Möglichkeit das Experiment selbstständig durch und holen sich die Materialien für ihre Gruppe bei der Lehrperson ab.

Der Versuchsablauf

1. Ein Kind bestreicht mit dem Finger die mit dem Kreuz versehene Eiseite mit Fluorgelee. 2. Das Ei wird mit der fluoridierten Seite aufwärts in einen Eierbecher gesetzt, damit das Fluorgelee einwirken kann. 3. Die Einwirkzeit von zwei Minuten wird von den Kindern mit einer Stoppuhr gemessen. 4. Während der Einwirkzeit befüllt ein anderes Kind ein Trinkglas zur Hälfte mit Essig. 5. Nachdem das Fluorgelee zwei Minuten eingewirkt hat, wird das Ei in das Glas mit Essig gelegt. Die Kinder beobachten es. 6. Die Kinder tauschen sich in ihren Gruppen über ihre Beobachtungen aus.

Die Nachbesprechung

Die Schülerinnen und Schüler treffen sich im Sitzkreis und berichten von ihren Beobachtungen. Diese Phase wird angesichts der mangelnden Sprachkenntnisse der Kinder sicherlich auf Deutsch erfolgen. Die Lehrkraft nimmt die Äußerungen der Kinder auf und überträgt sie ins Englische. Den Kindern sollte aufgefallen sein, dass sich auf der Seite ohne Fluorgelee Bläschen bilden, was ein Zeichen für die Zersetzung der Eierschale ist. Im Anschluss präsentiert die Lehrkraft das zwei Tage in Essig eingelegte Ei. Die Schale dieses Eis hat sich mittlerweile vollständig aufgelöst.

Nun sollte der Transfer zwischen dem Säureangriff auf die Eierschale und der beim Essen im Mund entstehenden Säure auf die ungeschützten Zähne erfolgen. Anschließend leitet die Lehrkraft zum Thema Zahnpflege über.

Alternativ: Um die Zersetzung der Eierschale durch die Essigsäure für die Kinder direkt erfahrbar zu machen, können die mit Essig und einem Ei gefüllten Gläser der Kinder auf die Fensterbank gestellt werden. Mithilfe eines Beobachtungsbogens dokumentieren die Kinder in den nächsten Tagen den Zersetzungsprozess.

Erklärung

Bei den an der Schale erkennbaren Bläschen handelt es sich um Kohlenstoffdioxid, welches bei der Zersetzung der Kalkschale entsteht. Ist die Eierschale mit Fluorgelee bestrichen, entstehen diese Bläschen nicht, denn das im Gelee enthaltene Fluorid dringt in die Eierschale ein und lagert sich zwischen den Kalkteilchen ab. Dies schützt die Schale und verringert die Zersetzung.
(weitere Informationen siehe auch: http://www.wehrfritz.at/pdf/03-C-124-EssigEi-L.pdf).

How to say it

Fluorid Experiment

1. *Every group gets one egg, one egg cup, one glass, one tube of fluoride jelly and one bottle of vinegar.*
2. *Draw a line around the middle of the egg. Mark one side with a cross.*
3. *Put fluoride jelly on the side with the cross.*
4. *Place the egg in the egg cup. Let the jelly dry for two minutes.*
5. *Fill half a glass with vinegar.*
6. *Put the egg in the vinegar. Observe what is happening.*

Zahnhygiene/Gebiss

"I brush in the back.
I brush the outside.
I brush the inside.
Adults have eight incisors.
Adults have four canines.
Adults have 16 or 20 molars."

Words and phrases

adults	Erwachsene
brush your teeth	Putz deine Zähne
canines	Eckzähne
dentist	Zahnarzt
denture	Gebiss
egg cup	Eierbecher
egg	Ei
floss	Zahnseide
fluoride jelly	Fluorgelee
glass	Glas
incisors	Schneidezähne
molars	Backenzähne
mug	Becher
pliers	Zange
scissors	Schere
stone	Stein
stopwatch	Stoppuhr
teeth	Zähne
tooth decay	Karies
tooth	Zahn
toothbrush	Zahnbürste
toothpaste	Zahnpasta
vinegar	Essig
wisdom teeth	Weisheitszähne

Literaturangaben

Karsdorf, G. (1976). *Gesundheitserziehung*. Volk und Wissen, Volkseigener Verlag, Berlin.

Spornitz, U. M. (2004). *Anatomie und Physiologie. Lehrbuch und Atlas für Pflege- und Gesundheitsfachberufe*. Vierte überarbeitete Auflage. Heidelberg: Springer Medizin Verlag.

http://www.agz-rnk.de/agz/content/3/3_3/3_3_1/index.php (Zugriff 18.02.2010).

http://www.onmeda.de/krankheiten/karies.html (Zugriff 18.02.2010).

http://www.wehrfritz.at/pdf/03-C-124-EssigEi-L.pdf (Zugriff 18.02.2010).

Lesson plan 10

Class: 1 | **Topic: Adult Teeth** | **Subject: Science**

Subject goals: The students should:
- learn how many teeth an adult has
- understand and differentiate between the different functions of teeth
- work in teams and present their results to the class

Linguistic goals: The students should:
- infer the meaning of the English terms from the context
- understand the teacher's directions in the respective context
- contribute to what is going on in the classroom and thereby show that they can connect language to content

Materials:
dentures; poster (of KV 13); flashcard 12a–c; teeth out of paper (to put on the poster's empty dentures); glue; scissors; pliers; two stones;
There should be three groups, one for each kind of teeth (alternatively: six groups). Each group gets: Poster, KV 12–14; KV 13/14 (poster-sized)

Phase / Time	Teacher / Student activities	Organisation of learning	Media / Material
Introduction to the topic 5 min	The teacher asks the students to come to the front of the classroom and form a semicircle. He/she then asks the students how many teeth they now have, and how many teeth they will have after all of their baby teeth have been replaced by permanent teeth. The students say what they know.	teacher-student discourse	
Exploration 10 min	The teacher introduces 'Mr Teeth (dentures)' who already has his complete set of teeth. Mr Teeth shows the students a poster with the picture of his open mouth that doesn't contain any teeth. He asks the students to put the teeth back into his mouth (dentures serve as a model). Afterwards, the teacher asks the students if they know what the different kinds of teeth are and what they are used for. The students hypothesise about the functions of teeth. The teacher then explains the different types of teeth and visualises their functions with the help of a pair of scissors, a pair of pliers and two stones.		dentures; paper teeth; glue; two stones; pliers; scissors

Phase / Time	Teacher / Student activities	Organisation of learning	Media / Material
Preparation of the group-work 5 min	The teacher explains what the students have to do next. There are groups of students for all the different kinds of teeth (group 1: incisors, group 2: canines, group 3: molars). Very likely, there are at least two groups for each type of tooth.	teacher discourse	Flashcards 12a–c;
Consolidation of learning content 12 min	The teacher divides the students up into groups and then asks them to go back to their seats. When they are seated he/she distributes the material. Each group is given one poster (KV 13), and KV 14. They use the pictures and information sheets to make a poster about their type of tooth. While the students are working the teacher goes around and helps if necessary.	group-work	KV 13; 14; glue; scissors; pencils
Presentation of group-work 13 min	The teacher asks three of the groups to present their posters.	presentation of group-work	completed posters
Concluding activity 5 min	If there is still time, the teacher hands out a worksheet for each student to work on individually. Alternatively: the students will do it as homework.	individual-work	KV 12

Lesson plan 11

Class: 1	**Topic: Teeth care**		**Subject: Science**
Subject goals: The students should: • observe how an acid liquid can destroy egg shells • understand that a fluoride jelly can protect their teeth from acid liquids • repeat how to brush their teeth properly		**Linguistic goals:** The students should: • infer the meaning of the English terms from the context • understand the teacher's directions in the respective context • contribute to what is going on in the classroom and thereby show that they can connect language to content	

Materials:
Teacher: flashcards 15–18; hard-boiled egg soaked in vinegar for two days; giant toothbrush; tube of toothpaste; mug, package of dental floss; giant teeth and gums model
Students: hard-boiled egg with shell; bottle of vinegar; egg cup; glass; tube of fluoride jelly; worksheet for each student; marker

Phase / Time	Teacher / Student activities	Organisation of learning	Media / Material
Introduction to the topic 7 min	The teacher shows the materials for the experiment and puts them on the table. The students guess for what the materials are needed. The teacher asks the pupils to form a circle in front of the board. The teacher demonstrates how the experiment works with the help of the realia and flashcards 15–18. The students rearrange the flashcards to reflect the different steps of the experiment at the board.	teacher-discourse	hard-boiled eggs; vinegar; egg carton; cups; fluoride jelly; flashcards 15–18
Exploration 10 min	The teacher forms groups of four students. Each group is given material for the experiment. 1. Each group gets an egg, egg cup, glass, tube of fluoride jelly and bottle of vinegar and a marker. 2. The students draw a line around the middle of the egg and mark one side with a cross. 3. They put fluoride jelly on the side of the egg which is marked by a cross.	group work	hard-boiled eggs; vinegar; eggcups; glasses; fluoride jelly

Phase / Time	Teacher / Student activities	Organisation of learning	Media / Material
	4. They place the egg in the egg cup so that the jelly can dry for two minutes. 5. Meanwhile, they fill half a glass with vinegar. 6. After two minutes, they put the egg in the vinegar and observe what happens.		
Reflection 5 min	The students describe their observations (supposedly in German) and make hypotheses about the possible reasons why one part of the egg doesn't show any bubbles. Afterwards, the teacher shows the egg which has soaked in vinegar for two days demonstrating how destructive vinegar (or any acid liquid) is for egg shells and for teeth. Transfer: *"What can you do to protect your teeth?"*	teacher-student discourse	1 hard-boiled egg soaked in vinegar for two days
Extension	Each group places their glass with the egg on the window sill. Over a period of two to three days the students observe what happens to the egg and whether the part with the fluoride jelly is also affected by the vinegar. The students and the teacher talk about their observations.	teacher-student discourse	

Name: ______________________________

Teeth

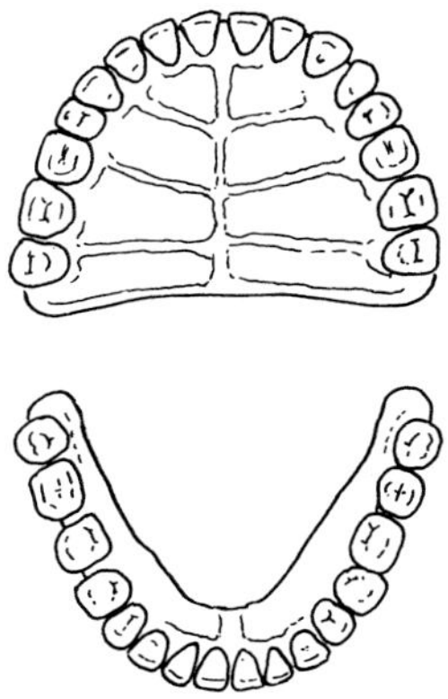

Incisors (Schneidezähne)

Colour the incisors blue.

Adults have ________ incisors.

Function:
Incisors cut the food like a pair of scissors.
Draw the function:

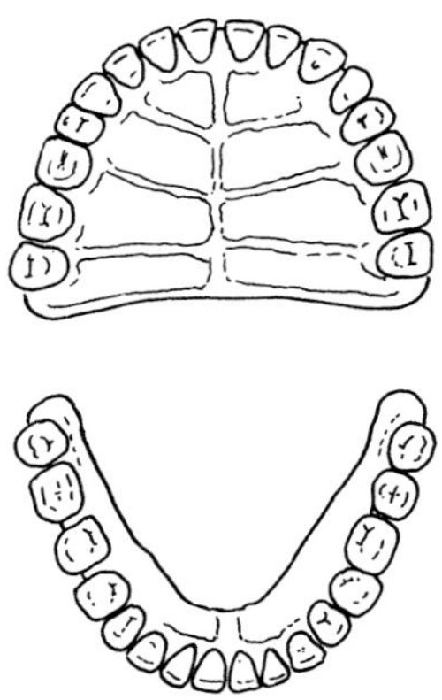

Canines (Eckzähne)

Colour the canines red.

Adults have ______________ canines.

Function:
Canines tear off the food like pliers.
Draw the function:

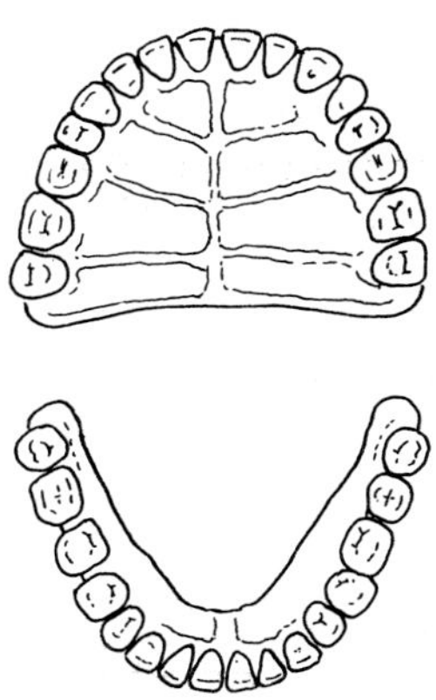

Molars (Backenzähne)

Colour the molars green.

Adults have ________________ molars.

Function:
Molars grind the food like two stones.
Draw the function:

Name: ______________________________

Adult teeth

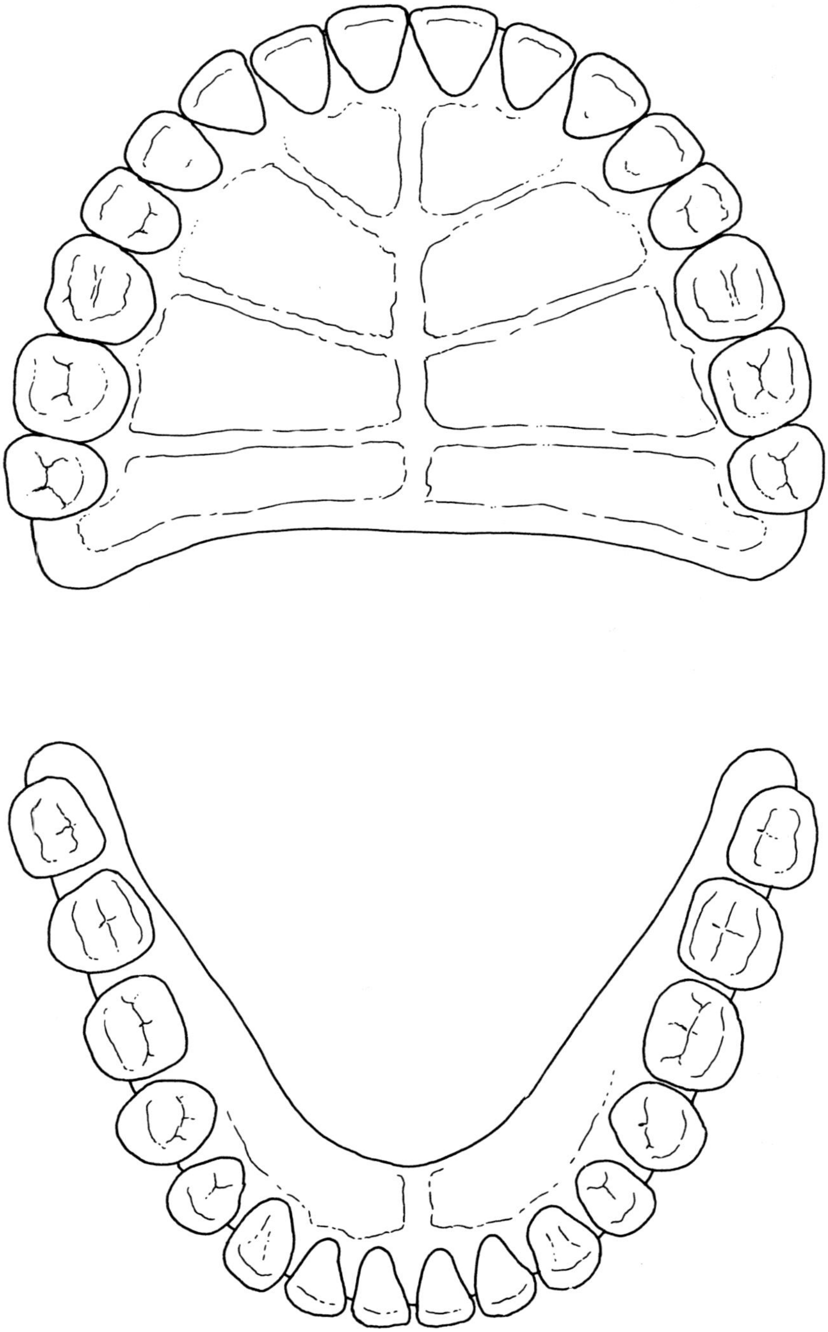

 Name: ______________________

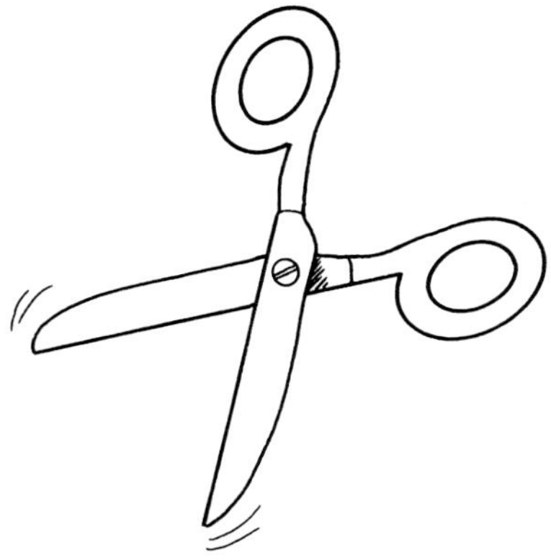

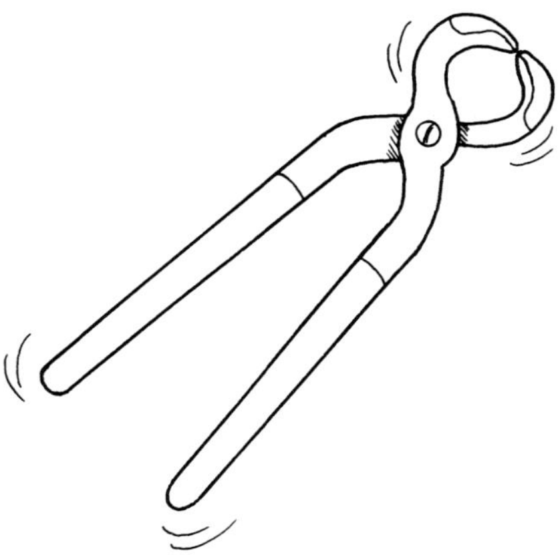

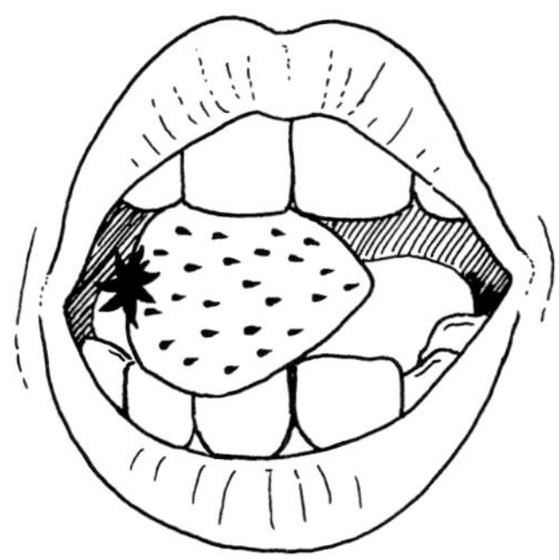

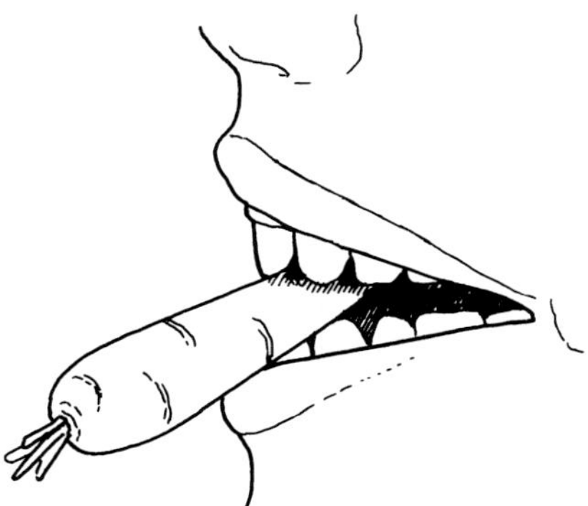

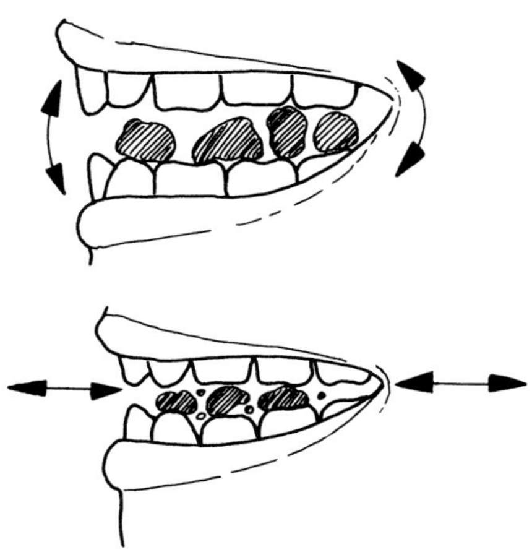

18

Kerstin Hager/Mirijam Schnaitter

Dairy products: Milk and butter

Milch ist ein wertvolles und vielseitiges Lebensmittel, das in der Ernährung der meisten Kinder einen hohen Stellenwert einnimmt. Wo kommt die Milch her? Was ist darin enthalten, und was kann man aus Milch herstellen? Diese und weitere Fragen sind für Grundschulkinder von Interesse und eignen sich aufgrund vieler praktischer Anwendungsbereiche sehr gut für den bilingualen Sachfachunterricht. Das Thema lässt sich hervorragend mit dem Lernen an außerschulischen Orten – wie beispielsweise einem Besuch auf dem Bauernhof, einer Käserei oder Molkerei – verbinden.

Da Kinder Milchprodukte oft nur als industriell produzierte und in Plastik verpackte Artikel aus dem Supermarkt kennen, ist es für Schülerinnen und Schüler spannend, mit einfachen Mitteln ein Milchprodukt selbst herzustellen.

In dieser Unterrichtseinheit, für die mindestens eine Doppelstunde benötigt wird, geht es zum Einen um das Entdecken von Eigenschaften ausgewählter Milchprodukte. Die Kinder schlüpfen hierzu in die Rolle von Lebensmitteltestern und dokumentieren ihre Erfahrungen in einem Forscherbuch. Zum Anderen wird die Herstellung von Butter thematisiert. Hierbei wird Wert darauf gelegt, dass die Schülerinnen und Schüler Hypothesen aufstellen, diese mit ihrem Partnerkind besprechen und ihre Ideen im Forscherheft notieren. Die Reflexionsphasen im Plenum bieten die Möglichkeit für den Austausch von Ideen und Erfahrungen und erlauben es der Lehrperson, vertiefende Fragen zu stellen. Hierbei ist es wichtig, dass die Kinder sich jederzeit auf Deutsch äußern dürfen, solange sie dazu in der englischen Sprache nicht in der Lage sind.

→ Lesson plan 12: Milk and dairy products
→ KV 15 a–f (My milk-booklet)
→ KV 15g: Word cards dairy products

Das Experiment

Butter wird aus Sahne bzw. Rahm hergestellt. Durch langes Schütteln oder Rühren der Sahne wird die Eiweißschicht, die die Fettkügelchen umgibt, verletzt, worauf die Fetttröpfchen an diesen Stellen miteinander verklumpen. Die Luftblasen, die sich beim Schlagen der Sahne bilden, schließen die wässrigen Bestandteile ein. Nach einer gewissen Zeit des Rührens werden die Luftblasen zerstört, und das gebundene Wasser wird wieder frei gesetzt. Es entsteht Butter und Buttermilch (vgl. Dr. August Oetker Nahrungsmittel KG 2004: 134).

Grundsätzlich wird zwischen Sauer- und Süßrahmbuttermilch unterschieden. Bei der industriellen Produktion werden der Süßrahmbuttermilch spezielle Säuerungskulturen zugesetzt (vgl. Ternes et al. 2007: 279f). Im Gegensatz zu der selbst hergestellten Buttermilch aus Sahne schmeckt Buttermilch aus dem Supermarkt deshalb mild-säuerlich und hat eine dickflüssige Konsistenz.

Achtung! Kinder mit Laktoseunverträglichkeit können den Test nur eingeschränkt durchführen.

How to say it

Food testers

"Today, you are going to be food testers! You are going to test our dairy products here. That is how we are going to do it: Find a partner. Then get one cup of each product. One cup of yoghurt, a cup of milk. You also get little cups. Take the little cup and pour in a little bit of milk. Then taste it. Take your booklet and write down your findings (in English or in German)." (Die Lehrperson begleitet jede Anweisung mit der jeweiligen Handlung.)

Butter experiment

"We are doing a butter experiment! That is how you do it: Take your bowl, a mixer and one cup of whipping cream. Then open your whipping cream and pour it into the bowl. After that, take your mixer and start whipping. (Die Lehrperson begleitet jede Anweisung mit der jeweiligen Handlung.)

What did you find out in your butter experiment? What happened? What do your own products taste like? (Die Lehrperson bietet einigen Kindern an, die selbstgemachte Butter(milch) zu kosten.) *Does butter(milk) from the supermarket taste the same?"* (Die Lehrperson bietet den Kindern an, die selbst produzierten Produkte mit denen aus dem Supermarkt zu vergleichen.)

Words and phrases

beige	beige
buttermilk	Buttermilch
cream cheese	Frischkäse
cream	Sahne
cream separates from milk	Sahne setzt sich von Milch ab

creamy	cremig
crumbly	bröselig
curd	Quark
dairy product	Milchprodukt
emerge, sth. comes up	entstehen
greasy, fatty, oily	fettig
long-life milk	H-Milch
low-fat milk	fettarme Milch
mixer	Rührgerät
pale	hell, blass
raw milk	Rohmilch
rich	reichhaltig, köstlich
see-through, transparent	durchsichtig
slick, slippery	glitschig
smeary	schmierig
sour	sauer
thick	dickflüssig
to whip (cream)	(Sahne) schlagen
whipped cream	Schlagsahne
whole milk, full-cream milk	Vollmilch
yellowish	gelblich
yoghurt	Joghurt

Literaturangaben

Dr. August Oetker Nahrungsmittel KG (Hrsg.) (2004). *Dr.-Oetker-Lebensmittel-Lexikon: Über 8000 Begriffe aus den Bereichen Lebensmittel und Ernährung.* Bielefeld: Dr. Oetker Verlag.

Ternes, W./Täufel, A./Tunger, L./Zobel, M. (Hrsg.) (2007). *Lexikon der Lebensmittel und der Lebensmittelchemie.* Stuttgart: Wissenschaftliche Verlagsgesellschaft mbH.

Lesson plan 12

Class 2 / 3	Topic: Milk and dairy products	Subject: Science

Subject goals: The students should be able to:
- taste, feel, smell and observe the characteristics of various dairy products
- describe the products orally and in writing
- speculate on butter-making and express their hypotheses
- produce butter themselves
- recognise and describe differences between home-made butter(milk) and industrially produced butter(milk)

Linguistic goals: The students should:
- infer the meaning of the English terms from the context
- understand the teacher's directions in the respective context
- contribute to what is going on in the classroom and thereby show that they can connect language to content

Material: (for 20 students):
various dairy products and milk; KV 15a-f *(milk booklet)* for each student; overhead projector; optional: matching jigsaw puzzle parts; student worksheet *The dairy product test* as a poster (KV 15b)
Food: 1 liter (l) of raw milk (if required, milk needs to be heated to 40 degrees Celcius); 1 l whole milk; 1 l low-fat milk; 500g natural yoghurt; 250g curd; 250g sweet cream butter; 500 ml buttermilk; 500 ml whipping cream
Equipment: 80 transparent plastic cups (0,2 l) (number of cups: each product multiplied by the number of groups); 20 tiny transparent plastic cups (each student gets one sample cup); 20 coffee spoons or plastic scoops for testing curd and butter (each student gets one); 5 mixers; 5 mixing bowls (the higher the better); 5 containers of 0,2 l whipping cream (one per group); multi sockets; KV 15g (word cards)
OHP; board; 2 tables for dairy products

Preparation before the lesson starts:
All of the products (see above) have to be filled into the cups, and all of the cups have to be labelled. This could also be done with the help of some of the students. Raw milk is symbolised by a milk churn. All the other dairy products should be labelled with tags from English-speaking countries. Products should be arranged in a line. As each team should test each product, there should be a row of marked plastic cups in front of the corresponding dairy product. For example, a row of ten plastic cups marked with *raw milk* and filled with the same is placed in front of the milk churn. Plastic scoops or coffee spoons should be stuck into the butter and curd. Furthermore, there are 20 (number of students) tiny sample cups on this particular table.

Time / Phase	Teacher / Student activities	Organisation of learning	Media / Material
Introduction to the topic: 3–5 min	The teacher asks students about dairy products they already know. Students name dairy products which are translated into English by teacher. (Word cards can be placed.) The teacher tells students that they are *food testers,* and that they are supposed to smell, taste, look at and feel those products.	frontal (semicircle in front of the board)	board
Transition: 3 min	Students should pair up. This can be done with the aid of matching jigsaw puzzle parts, or students can choose their own partner. Students sit with their partners.		optional: matching jigsaw puzzle parts
3–5 min	Teacher demonstrates the *dairy product test* with the aid of one product by using the respective equipment (see *How to say it* p. 201). The teacher now hands out a *milk booklet*. Students write down their name on the front page of the booklet. Note: After the unit, students can draw a picture – which they relate to the topic - into the oval on the front page of the booklet.	plenum (students gather around the table with the dairy products)	table with dairy products; KV 15a–f
Exploration I 20–30 min	Students work in groups of two and test various dairy products and milk. Students fill in the worksheets of the *milk booklet.* The various products should be experienced through different senses. Students feel, smell, taste and look at the products. After having tested the products, each student chooses his or her favourite product and names reasons for his/her decision. Students write down their findings and comments in their *booklet* in either German or English.	pair-work	products and cups; KV 15a–f
Reflection I 10 min	Teacher collects the students' findings on a poster. He/she translates the students' input into English and visualises the favourite dairy product of all members of the class (this can be made by a show of hands or by a chart). Some of the students should give reasons for their decision.	plenum	poster

Time / Phase	Teacher / Student activities	Organisation of learning	Media / Material
Exploration II 10 – 12 min	Formulation of hypotheses about making butter (KV 15d): Students discuss and write down their ideas as to how butter could be made. Afterwards, some of those ideas are collected.	(frontal) pair-work	KV 15d; board or OHP-transparency with an oversized version of the worksheets
Instruction 2-3 min	The teacher demonstrates the butter experiment (see *How to say it* p. 201). Students watch. Groups of four are formed (two groups of two). Safety note: It is important to instruct students on the handling of the mixer. Keep your fingers away from the beaters if the mixer is plugged in!	frontal (semicircle in the front)	mixer; bowl; 1 container of whipping cream; oversized version of the worksheet (transparency)
Exploration III 10 min	Each group whips the cream until butter is produced. Students compare home-made butter with the industrially-produced version and note their findings.	group-work	KV 15a-f; mixer; bowls; cream for each group; industrially-produced butter
Reflection 10 min	The test results are summarised by the class. The teacher helps if it is necessary. The liquid (buttermilk) which emerges in the butter-making process is discussed and explored (see *How to say it* p. 201). Several students are allowed to try self-made butter(milk) and industrially-produced butter(milk). Students are asked to read their findings on differences between those products.	plenary discussion	home-made butter(milk); industrially-produced butter(milk)

 Name: ______________________

My milk booklet

Name: ______________________________

Name: ______________________________

The dairy product test

1. Go to the table (with your partner). Get one cup of each product.

2. Please describe each product.

smell it:  taste it:  feel it:  look at it: 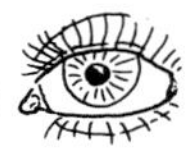

Please describe **raw milk**:		Please describe full **cream milk**:	

Please describe **butter**:		Please describe **low fat milk**:	

 Name: ______________________

Please describe **curd**:		Please describe **buttermilk**:	

Please describe **whipping cream**:		Please describe **yoghurt**:	

Which product do you like best?

____

____

____

Why do you like this product best?

____

____

____

How can you make butter yourself?

1. Which dairy product do you need? Please tick ✓ your answer:

☐ raw milk

☐ full cream milk

☐ butter

☐ low fat milk

☐ raw milk

☐ buttermilk

☐ whipping cream

☐ yoghurt

2.  Talk about it with your partner.

3.  Write down your idea:

____

____

____

____

____

____

____

____

____

Making butter

You need:

a mixer

a bowl

a cup of whipping cream

1. step:

Pour 1 cup of cream into the bowl.

2. step:

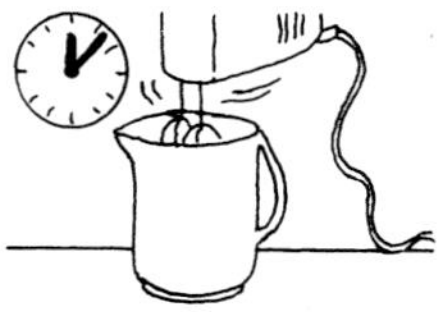

Whip the cream for 5 – 6 minutes.

3. step:

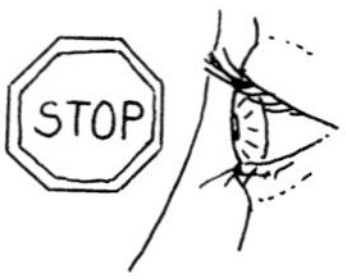

Stop and look!

4. step:

____

____

____

What can you see? Write it down.

5. step:

Taste your butter.

6. step:

____

____

____

What does your butter taste like? Write it down.

7. step:

Taste the butter from the supermarket.

8. step:

____

____

Compare your butter with the butter from the supermarket. What are the differences?

 Name: ______________________________

Some milk words:

dairy products — Milchprodukte

raw milk — Rohmilch

full cream milk — Vollmilch

low fat milk — fettarme Milch

buttermilk — Buttermilch

whipping cream — Schlagsahne

yoghurt — Joghurt

curd — Quark

butter — Butter

19

Tobias Kindl

Types of rainfall

Im Laufe der Grundschulzeit wird Niederschlag in seinen verschiedenen Erscheinungsformen in unterschiedlichen Lernkontexten thematisiert; sei es im Zusammenhang mit den Jahreszeiten, der Verkehrserziehung oder den Lebensbedingungen für Tiere. Von den bis zu 19 verschiedenen Niederschlagsarten (vgl. Ahlheim 1989: 90 f.) werden in der Grundschule jedoch höchstens sechs behandelt. Als Vertreter der fallenden Niederschläge bieten sich Regen, Schnee und Hagel an. Für abgesetzte Niederschläge kommen Nebel, Tau und Reif in Frage. Hierbei handelt es sich um die gängigsten, den Schülerinnen und Schülern bekannten Niederschlagsarten.

In der hier vorgestellten Unterrichtsstunde für eine dritte oder vierte Klasse werden diese Niederschlagsarten voneinander abgegrenzt. Mithilfe des Experiments *Rain in the classroom* wird den Schülerinnen und Schülern gezeigt, welche Vorgänge bei der Entstehung von Regen wichtig sind.

→ Lesson plan 13: Types of rainfall
→ KV 16 (Types of rainfall)
→ KV 16a: word cards rain/atmospheric layer

Niederschlag: Entstehung und Typen

Sämtliche Wetterphänomene unserer Erde spielen sich in der erdnahen Troposphäre (Wetterschicht) ab, die bis in eine Höhe von 18 Kilometer reicht (vgl. Häckel 1999: 52). In unseren Breiten wird die Entstehung fallender Niederschläge auf den Bergeron-Findeisen-Prozess zurückgeführt, wonach Eis in den oberen Wolkenschichten Ausgangspunkt für die Niederschlagsbildung ist. Mit zunehmender Höhe innerhalb der Troposphäre fällt die Temperatur bis auf ca. –80 °C ab. Auf der Basis sogenannter Gefrier- oder Kristallisationskerne bilden sich Eiskristalle. Weil sich innerhalb einer Wolke jedoch relativ wenig solcher Kerne befinden, ist die Anlagerung von Wassermolekülen vonnöten, um Niederschlag zu erzeugen. Wenn schnell wachsende Eiskristalle aufgrund ihres zunehmenden Gewichts zu fallen beginnen, hängt es im Grunde nur noch von der Temperatur und der Fallgeschwindigkeit ab, ob der Niederschlag die Erde in fester (Schnee, Graupel, Hagel) oder flüssiger (Regen) Form erreicht (vgl. Häckel 1999: 14 ff.; Walch/Frater 2004: 145 ff.). Bei abgesetzten Niederschlägen (Beschläge) hingegen handelt es sich um „flüssige oder feste, aus kondensiertem Wasserdampf gebildete Ausscheidungen, die nicht auf den Boden fallen, sondern sich an jeder Art von Hindernissen absetzen“ (Häckel 1999: 131). Streng genommen gehört Nebel also weder zu den Niederschlägen noch zu den Beschlägen; dennoch bietet sich die Behandlung von Nebel in dieser Unterrichtseinheit an, da er in unseren Breiten häufig auftritt und den Schülerinnen und Schülern als Form des Niederschlags erscheint.

Niederschlag – und dann?

Niederschläge verschwinden nicht einfach, wenn sie die Erde erreicht haben. Sie sind ein wesentlicher Bestandteil des Wasserkreislaufs unserer Erde. Vereinfacht läuft er folgendermaßen ab: Wasser verdunstet hauptsächlich über den Meeren, kondensiert in kälteren Luftschichten zu kleinen Tröpfchen, schlägt sich in fester oder flüssiger Form nieder und fließt letztendlich ober- oder unterirdisch ins Meer zurück. Für die vorliegende Unterrichtsstunde und das Experiment sind die ersten drei Prozesse zentral: Verdunstung, Kondensation und Niederschlag (vgl. Walch/Frater 2004: 17).

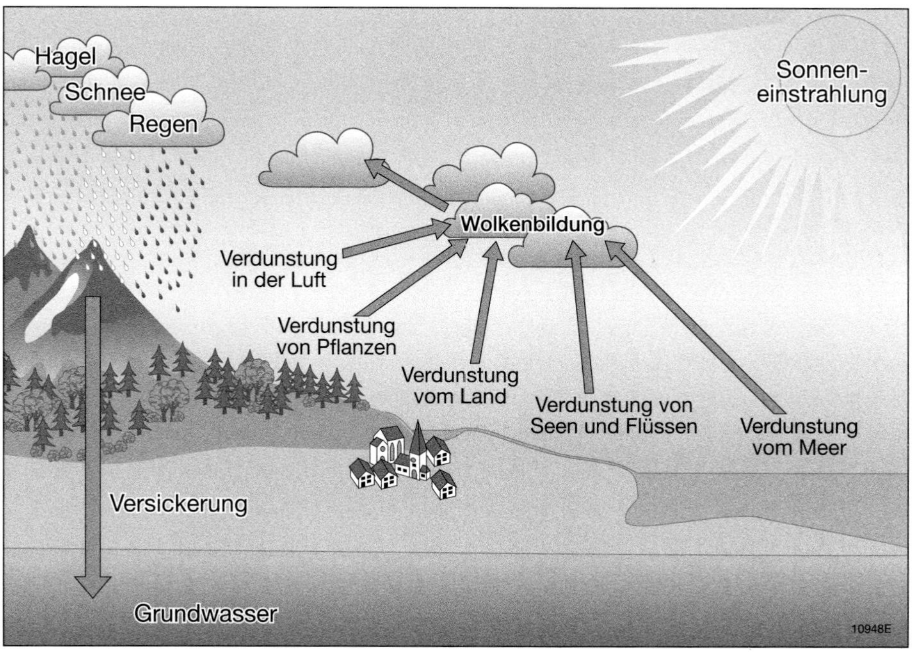

Abb. 1: Der Wasserkreislauf

Wichtige Formen des Niederschlags

Schnee (snow)

Eine Schneeflocke besteht aus vielen angeordneten Schneekristallen. Schnee ist die häufigste Art des Niederschlags (vgl. Walch/Frater 2004: 148).

Hagel (hail)

Hagelkörner sind Eiskügelchen, die durch die Anlagerung unterkühlten Wassers an Eiskristallen entstehen. Aufgrund starker Aufwinde wachsen sie innerhalb einer Gewitterwolke weiter an, bilden mehrere Schichten und werden schließlich so schwer, dass sie wegen ihrer enormen Fallgeschwindigkeit nicht auftauen und als Hagel niederschlagen (vgl. Häckel 1999: 123 f.).

Regen (rain)

Die Fallgeschwindigkeit von Regen liegt in etwa bei drei bis acht Metern pro Sekunde. Die durchschnittliche Tropfengröße beträgt ca. zwei Millimeter (vgl. Häckel 1999: 113 ff.).

Nebel (fog)

Nebel kann durch die Abkühlung wasserdampfhaltiger Luft oder durch die Zufuhr von Wasserdampf oder Kondensationskernen entstehen. Strahlungsnebel, der sich dem ersten Entstehungstyp (Abkühlungsnebel) zuordnen lässt, ist Grundschulkindern wohl am geläufigsten: Er entsteht, wenn sich bodennahe Luftschichten in der Nacht abkühlen und der in der Luft enthaltende Wasserdampf kondensiert (vgl. Häckel 1999: 91 ff.).

Tau/Reif (dew/frost)

Tau und Reif entstehen dann, wenn sich eine Oberfläche unter die Taupunkttemperatur abkühlt. Ob es zu Tau oder Reif kommt, hängt dann von der Umgebungstemperatur ab, die bei Tau über und bei Reif unter 0 °C liegen muss (vgl. Häckel 1999: 132).

How to say it

Experiment: Rain in the classroom
"Today, we are going to make rain in the classroom. What do you think? Is it possible to make rain in here?
(L wartet auf Reaktionen und übersetzt diese ggf. auf Englisch. Dann stellt L Wasserkocher und Topfdeckel auf den Tisch.)
Can we use the electric kettle and the lid of the pan to make rain?
(L nimmt beim Sprechen den jeweiligen Gegenstand in die Hand.)
(L spiegelt die Vorschläge der Schülerinnen und Schüler auf Englisch und regt zu weiteren Vermutungen an.)
What could happen? Do you have any suggestions?
(L schaltet Wasserkocher an und kommentiert, was geschieht.)
Now, the water is evaporating. That means the water is turning into steam. The steam is rising. Can you see the steam?
(L nimmt Topfdeckel und hält ihn über den Wasserkocher.)
Let's take the lid of the pan. See, I am holding it over the boiling water. Look what happens.
(L wartet Reaktionen ab und übersetzt diese.)
The hot steam is turning into water. The steam is condensing. Can you see it? What's the water like?
(L hält Topfdeckel über Papiertücher, damit S den „Regen" sehen.)
Oh, look! Some drops of water are falling down, just like raindrops! It's raining in the classroom!
(L regt die Klasse an, das Experiment gedanklich zu wiederholen. Die Kinder sammeln die wichtigsten Bedingungen für das Gelingen des Experiments, wie z. B. heißer Dampf oder kalter Topfdeckel.)
What happened? How did the experiment work? What is important to make rain in the classroom?

Words and phrases

atmospheric layer	Luftschicht
boil	kochen
condense	kondensieren
dew	Tau
electric kettle	Wasserkocher
evaporate	verdampfen
fog	Nebel
frost	Reif
globe	Globus
hail	Hagel

lake	See
lid of a pan	Topfdeckel
rain	Regen
rainfall	Niederschlag
snow	Schnee
steam	(Wasser-)Dampf
troposphere	Troposphäre

Literaturangaben

Ahlheim, K.-H. (1989). *Wie funktioniert das? Wetter und Klima.* Mannheim, Wien, Zürich: Meyers Lexikonverlag.

Häckel, H. (1999). *Meteorologie. 4.*, völlig überarbeitete und neugestaltete Auflage. Stuttgart: Ulmer.

Roth, G. D. (2004). *Wetterkunde für alle. Wolkenbilder und andere Wetterphänomene, Wettervorhersage, Großwetterlagen.* 11., durchges. Aufl. München: BLV-VerlagsgesmbH.

Walch, D./Frater, H. (2004). *Wetter und Klima. Das Spiel der Elemente – atmosphärische Prozesse verstehen und deuten.* Berlin: Springer.

Lesson plan 13

Class 3/4 | **Topic: Types of rainfall** | **Subject: Social Science**

Subject goals: The students should:
- identify and distinguish between six different types of rainfall
- explain the process of precipitation (in their mother tongue)
- establish the connection between experiment and reality

Linguistic goals: The students should:
- infer the meaning of the English terms from the context
- understand the teacher's directions in the respective context
- contribute to what is going on in the classroom and thereby show that they can connect language to content

Materials:
pictures/collages of rain, snow, hail, fog, dew and frost; KV 16a: word cards; KV 16; electric kettle; lid of a pan; water; paper towels; globe; 1 sponge; poster of a cloud; blue crepe paper; blue, brown, yellow and white chalk; board

Time	Scheduled progress	Organisation of learning	Media / Material
Introduction to the topic about 10 min.	The pupils gather in front of the classroom where the teacher provides several pictures of rain, snow, hail, dew, fog and frost. They look at the pictures and say (in either language) what they can see and what they associate with the pictures. German utterances are immediately translated and commented on by either the teacher or other pupils. Needless to say, English expressions are appreciated and encouraged. The pupils share their prior knowledge and their experiences with regard to rainfall and its different types. By means of repetition in chorus, and by assigning the word cards to the corresponding pictures, the pupils familiarise themselves with the English expressions of the six types of rainfall. In this phase it is important that each type of rainfall is conceptually defined, e.g. that dew and frost come into being when the temperature is above (dew) respectively below (frost) 0 °C.	plenum	pictures of rain, snow, hail, fog, dew and frost (can be collages as well); KV 16a

Time	Scheduled progress	Organisation of learning	Media / Material
Consolidation task about 10 min	The pupils go back to their seats. They are given KV 16 and are asked to glue it into their exercise books and to read it at home. The fact-sheet will be discussed during the revision phase in the following lesson. Meanwhile, the teacher prepares the electric kettle, the lid of the pan, one pint of water and several paper towels for the following experiment.	plenum and individual work	KV 16
Experiment about 10 min	The pupils gather around a table in the back of the classroom, where the teacher prepared the experiment. The teacher asks the pupils what they can see on the table and what they suggest what could be happening next. While the water is heating and evaporating, the pupils make assumptions and share their thoughts. The question is: *"Is it possible to 'make' rain in the classroom?"* (see *How to say it* p. 215) Experiment: The water boils and ascends as steam. The steam condenses into water when touching the cold lid. It precipitates as 'rain' (onto the paper towels to make the precipitation visible). The next questions are: *"What happened? What is important to 'make' rain in the classroom? Why did the experiment work?"* The answers lead to the next "step".	teacher-centred and plenum	electric kettle; lid of a pan; one pint of water; paper towels
Relevance of the experiment about 5 min	The pupils stay where they are. The teacher provides a globe and a sponge which is labelled with the term 'troposphere'. The teacher points at the sponge and says: *"This sponge stands for the troposphere. The troposphere is an atmospheric layer. It is important because our weather is made here"*. The teacher asks: *"What does the lid of the pan have in common with this sponge? What do you think?"*	teacher-centred and plenum	globe; sponge

Time	Scheduled progress	Organisation of learning	Media / Material
	Explanation: The lid of the pan stands for the troposphere. The troposphere is an atmospheric layer. The air in the troposphere gets the colder the higher it goes up. The water evaporates. That means it turns into steam. The steam forms clouds. When the cloud has reached a certain altitude, the steam turns into water again. The steam condenses. Then it comes down (to earth) as rain, snow or hail. This depends on the temperature and on how fast the water falls.		
Consolidation and final explanation about 10 min	The pupils form a semicircle in front of the board. Thereon, the pupils can see a lake, a mountain and the sun. While holding the poster of a cloud next to the board, the teacher points to the board and asks: *"What can you see on the board and in my hand? What happens to the water?"* The pupils explain that the water turns into steam. The water evaporates. The steam rises higher. The higher the cloud, the colder it gets. The steam turns into very small drops of water again, i.e. the steam condenses. The wind blows the cloud towards the mountain. The cloud gets even higher. The drops of water get colder. They freeze and become very heavy. They fall down to earth as rain, when it is warm. When it is cold, they fall down as snow. The pupils plot their contributions to the process of precipitation on the board by drawing arrows and symbols or by writing down keywords if necessary with the help of the teacher. The pupils go back to their seats and copy the picture from the board into their exercise books.	teacher-centred and plenum	board; blue (lake); brown (mountain); yellow (sun) and white chalk; poster of a cloud, blue crepe paper (rain)

Fact-sheet: Types of rainfall

Cut out the sentences and glue them into your exercise book.
Draw pictures.

Frost is white and looks like snow. If the temperature is below[1] 0° Celsius and it is very cold, you can see it on plants. And if you have a closer look[2], you can see little ice crystals. You can find **frost** in winter.

Rain is water which falls from clouds. Some people catch **rain** in containers[3] and use it for watering plants when the weather is dry or hot. If it rains, you should wear a raincoat or use an umbrella[4].

Fog looks like a huge[5] cloud that lies on the ground.
You can see it in autumn, especially near rivers[6].
If **fog** is very dense, it is difficult to see anything.

Dew is like frost, but it is liquid[7]. You can see it in the morning when you go to school. **Dew** consists[8] of small water drops.
When there is dew, the grass is wet[9].

Hail comes down as hard and sometimes heavy stones. These stones are called hailstones. It often hails when it is windy and cold.
Most people do not like **hail**, because it can destroy[10] one's harvest[11].

Snow falls from clouds as soft flakes[12]. If it is cold enough, it does not rain – it snows. **Snow** melts[13] in your hands and consists of small ice crystals, just like frost. If there is enough snow, you can build a snowman or go sledging[14].

[1] below	unter
[2] (to) have a closer look	genauer betrachten
[3] container	Behälter
[4] umbrella	Regenschirm
[5] huge	sehr groß
[6] river	Fluss
[7] liquid	flüssig
[8] (to) consist of sth.	aus etw. bestehen
[9] wet	feucht, nass
[10] (to) destroy	zerstören
[11] harvest	Ernte
[12] flake	Flocke
[13] (to) melt	schmelzen
[14] (to) go sledging	Schlittenfahren gehen

Kerstin Hager

10 wins – Ein Strategiespiel

10 wins ist ein Strategiespiel nach Wittmann/Müller (2004) für zwei Personen, das mit einem kleinen Trick immer gewonnen werden kann. Die Lehrperson behauptet selbstsicher, dass sie das Spiel immer gewinnen wird. Damit provoziert sie die Lernenden, was dazu führt, dass sie mit großer Ausdauer an der Entdeckung der Gewinnstrategie arbeiten. Der Wunsch der Kinder gegen die Lehrkraft antreten zu dürfen, wird über die gesamte Doppelstunde hinweg vorhanden sein. Der Aufbau des Spiels sieht folgendermaßen aus:

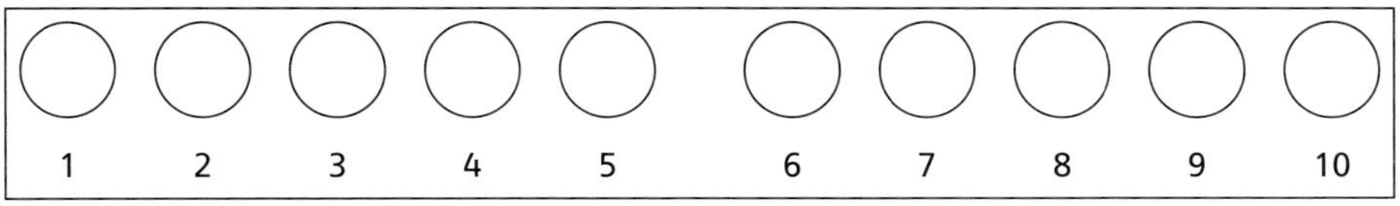

Spielplan 10 wins (nach Wittmann & Müller 2004)

Spielverlauf:

Jeder Spieler bekommt sieben Wendeplättchen (die auf der einen Seite rot und auf der anderen Seite blau sind). Die Spielenden legen abwechselnd ein oder zwei Plättchen. Gewinner ist die Person, die zuletzt ein Plättchen legen kann und damit die Zehn trifft (Wittman/Müller 2004: 74f). Eine mögliche Endsituation, in der gewinnt, wer seine Plättchen auf die angekreuzten Felder gelegt hat, könnte somit folgendermaßen aussehen:

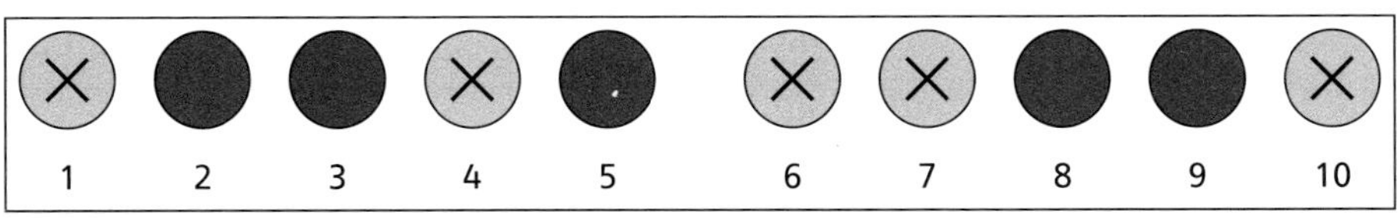

Mögliche Endsituation 10 wins

Es ist wichtig, sowohl vor, während als auch nach dem Spiel immer wieder innezuhalten und Fragen zu stellen, die auf das Erkennen von Strukturen und Regelmäßigkeiten abzielen, z. B.:
Who will win? Why?
What's the trick?
Why do you always win?
What's your strategy?
When do you know that you will win?

Eine weitere entscheidende Rolle spielt die zeichnerische und/oder schriftliche Dokumentation der Hypothesen bei der Durchführung des Lernangebots. Dieser Prozess ist deshalb so wichtig, da bei der Artikulation und Darstellung von Vorgehensweisen und Annahmen, die Bewusstmachung der eigenen Gedanken erforderlich ist (vgl. Rathgeb-Schnierer 2006: 91).

Die Gewinnstrategie

Hilfreich für das Nachvollziehen-Können der Schülerlösungen ist es, sich die Gewinnstrategie selbst zu erschließen. Die Lehrkraft sollte zunächst für sich selbst herausfinden, mit welcher Strategie sie bereits zu Beginn des Spiels *10 wins* einen Sieg herbeiführen kann. Welche Rolle spielt der erste Zug? Welche Strategie muss man auf *12 wins* anwenden, wenn nur 1 oder 2 Chips pro Runde gelegt werden dürfen?

Auflösung

Um sicher das Feld 10 belegen zu können, muss in der Runde zuvor das Feld 7 belegt werden. Um die 7 belegen zu können, muss zuvor das Feld 4 erobert werden. Und um das Feld 4 sicher belegen zu können, muss in der ersten Runde das Feld 1 gewählt werden. Zwischen den „Gewinnerfeldern" liegen also jeweils zwei Zahlen. Da jeder Spielende höchstens zwei Chips legen darf, kann der unwissende Gegner immer nur die Felder zwischen den Gewinnfeldern auffüllen.

Mathematischer Inhalt

Das Spiel fällt in die Kategorie *Strategiespiel,* da es die Gewinnstrategie zu erkennen gilt und man somit recht schnell das Spiel zugunsten des eigenen Siegs lenken kann. Die Einsichten über die Gewinnstrategien erschließen sich den meisten Kindern nur durch die Anregung zur Reflexion, die durch Fragen seitens der Lehrkraft ausgelöst werden kann und soll (Wittmann/Müller 2004: 75).

Dadurch, dass bei dem Spiel *10 wins* der Blick auf die Struktur und die Zusammenhänge gelenkt wird, handelt es sich bei oben beschriebener Aktivität um eine Aktivität zur Zahlenblickschulung. Von besonderer Bedeutung sind beim Spiel *10 wins* die Zahlen 1, 4 und 7, da sie Aussagen über den sicheren Gewinn einer Partie zulassen. Beziehungen zwischen den Zahlen 1 und 4, 4 und 7 als auch zwischen den Zahlen 7 und 10 können entdeckt werden. Zum anderen fördert das Spiel das Nachvollziehen-Können von Lösungswegen und Strategien anderer und die Kommunikation über diese unterschiedlichen Vorgehensweisen und Hypothesen.

Der Einsatz des Spiels *10 wins* in einer CLIL-Einheit
Bei *10 wins* handelt es sich um ein Spiel, das die Kommunikation fördert. Ein weiterer Vorteil liegt darin, dass konkrete Gegenstände wie z. B. der Spielplan mit nummerierten Feldern und die Wendeplättchen, die Kommunikation erleichtern. So ist die Durchführung des Spiels z. B. sehr gut dafür geeignet, in einem authentischen Zusammenhang *Why*-Fragen anzuwenden. Auf die Frage *What's your trick?* kann unterstützt durch eine deutlich fragende Gestik und Mimik die Frage *Why do you always win?* nachgeschoben werden. Das Begründen von Sachverhalten und das Bilden von Hypothesen kann eine tiefe Verarbeitung des Lerninhalts anregen, weshalb dieser Aspekt auch im CLIL-Unterricht keinesfalls vernachlässigt werden darf.

Bei der Durchführung der Aktivität *10 wins* im bilingualen Unterrichtssetting werden dieselben Sachfach-Ziele verfolgt wie im einsprachig deutschen Mathematikunterricht. Jedoch werden sämtliche Äußerungen der Lehrkraft durch Kontextualisierungsmethoden unterstützt, mit dem Ziel, dass die Schülerinnen und Schüler die Aufgabenstellungen und Fragen verstehen.

Wenn Zusammenhänge und Strukturen bis zur Zielzahl erkannt wurden, ist es interessant, das Spiel zu variieren und einen Transfer auf andere Zielzahlen anzubahnen. Eine dieser Variationen wäre das oben bereits erwähnte *12 wins* (zu besetzende Felder: 9, 6, 3; Differenz zwischen den Gewinnfeldern: 2).

→ Lesson plan 14: Ten wins (a strategy game)
→ KV 17–21
→ KV 18–20 (in poster-sized versions)/Schülerarbeiten

How to say it

"Today we are going to play a game. What can you see here? (What is it?)
First of all you have to decide which colour you want to have. Do you want to have blue (zeigt blauen Chip) *chips or red* (zeigt roten Chip) *chips?*
The winner is the one who places his/her chip on field number ten.
I am going to win this game! (macht überzeugte Siegerpose)
I am placing my chip on field number one.
It's your turn now.
Do you want to play against me?
Right here (zeigt auf das Entdeckerfeld auf dem Spielplan) *you write down what you found out* (demonstriert zeigen, überlegen, Idee, aufschreiben).
Or you draw what you found out (zeigt zeichnen).

Who of you was the winner?
Why do I always win?" (deutlich fragende Gestik und Mimik)

Words and phrases

chip	Wendeplättchen/Chip
number line	Zahlenstrahl

Literaturangaben

Rathgeb-Schnierer, E. (2006). *Kinder auf dem Weg zum flexiblen Rechnen.* Hildesheim/ Berlin: Franzbecker.

Wittmann, E. C./ Müller, G. N. (2004). *Das Zahlenbuch 1. Lehrerband.* Leipzig: Klett.

Lesson plan 14

Class 1/2	Topic: 10 wins (a strategy game)	Subject: Mathematics

Subject goals: The students are able to:
- apply the rules of the game
- recognise a numerical series from 1 to 10 on the game board
- discover number relations
- describe at least one strategy which leads to winning
- explain at least one part of the winning strategy
- record their hypothesis on at least one part of the winning strategy either graphically or in writing
- detect relations between the numbers 1, 4, 7 and 10
- comprehend the solution processes and strategies of others

Linguistic goals: The students should:
- infer the meaning of the English terms from the context
- understand the teacher's directions in the respective context
- contribute to what is going on in the classroom and thereby show that they can connect language to content

Material: One oversized game board *10 wins* for demonstrational purposes; poster-sized version of KV 17/18; KV 18–20 (poster); 7 red and 7 blue circular pieces (Wendeplättchen) made of construction paper or colored cardboard (circles should have a diameter of 5 cm in order to match the oversized game board)
For each student: KV 17–19; 7 circular pieces (Wendeplättchen) (the circles should not be bigger than the circles on students' game board)

Time / Phase	Teacher / Student activities	Organisation of learning	Media / Material
Introduction to the topic 3-5 min	After the welcome ritual the students are asked to come to the front and sit in a circle. The oversized game board and the circular pieces are in the middle of the circle. Students express what they can see. The teacher picks up students' German utterances and translates them into English.	plenum (sitting in a circle in the front of the class-room)	oversized game board; matching circles
Problem 5–10 min.	One student is asked to play against the teacher. Before the match can start, the rules of the game need to be discussed. The teacher points at field number 10 and makes clear that the one who places a chip on field number 10 is the winner. He/she illustrates the rules of the game with the help of the KV 18	plenum (circle)	KV 18 (poster-sized); KV 19 (poster-sized),

Time / Phase	Teacher / Student activities	Organisation of learning	Media / Material
	poster and while interacting with the child who plays against him/her: To begin he/she says, *"Everybody needs seven chips. Please take seven chips, Linda."* The first match is demonstrated while explaining the rules. *"You can either place one chip or two chips. Then it's my turn again."* From the very beginning the teacher announces in a very provoking way that he/she will be the winner. This utterance is accentuated by a 'winning pose' of the teacher. As the teacher – at that point – is the only one who comprehends the complex strategy, he/she will win for sure. Therefore he/she makes clear again, that he/she will be the winner anyway. The teacher challenges another student to play against him/her while the other students watch the match. Afterwards the teacher demonstrates how to fill in KV 19 (see *How to say it* p. 223f).		KV 17 (poster-sized); matching circles
Transition 3–5 min.	As soon as the rules are clear, groups of two are formed. Each child is given KV 17–19 and each team gets an envelope with 7 red and 7 blue circular pieces. The teacher pins the poster of KV 18 to the board.	plenum	envelopes with chips; KV 17–19
Exploration I: 10–15 min.	The students play the game *10 wins.* In this first exploration phase, students most likely will be keen to make out the winning strategy and therefore probably won't fill in the worksheet. The teacher is observing.	pair-work	envelopes with chips; KV 17–19
Reflection 10 min.	The teacher asks students to come to the front and sit in a circle. He/she challenges one of the winners amongst the students to play against him/her. The game is played with the oversized material. The teacher makes clear that he/she will be the winner – no matter what. After a couple of chips have been placed, he/she pauses and asks students about their hypotheses as to the winner (see *How to say it* p. 223f). As the teacher will be the only one knowing about the different aspects of the winning strategy, he/she will	plenum (circle)	oversized game board; matching circles

Time / Phase	Teacher / Student activities	Organisation of learning	Media / Material
	win. One more student is asked to play against him/her. Again and again the teacher asks: *"What's the trick? Why do I always win?"* Students are then asked to go back to their seats and play with their partners.		
Exploration II: 10 minutes	Students play the game *10 wins*. The teacher asks the groups to note their ideas, hypotheses, tricks, discoveries, etc. on their worksheets.	pair-work	envelopes with chips; KV 17–19
Reflection II: 10 min.	After the second exploration phase there will most likely be some students who have found out some or most parts of the winning strategy. Therefore, they might be able to win against the teacher. Still, it might be difficult for the students to verbalise all important steps of the strategy. All students are asked to come into a circle again. One of the students who won several times against his/her partner is challenged to play against the teacher. In case this particular student has worked out the entire winning strategy, he/she will win. If the student is only aware of some features of the strategy, the teacher can win again. Before the match starts, while it takes place, and afterwards, the teacher pauses and asks questions like: *"What's your trick? Why do you always win?"* The other students are also addressed: *"Who will win? Why?"*	plenum (circle)	oversized game board; matching circles
Exploration III: 10 min.	By then students have had the chance to pick up several hints and suggestions regarding the winning strategy. The teacher again requests that students note their findings and their solution processes on KV 19.	work in groups of two	envelopes with chips; KV 17–19
Reflection III: 10 min.	In the wrap-up phase, students can prove that they fully understand the winning strategy by winning against the teacher. He/she keeps pausing throughout the match in order to encourage communication on the topic amongst students (see *How to say it* p. 223 f).	plenum (circle)	oversized game board; matching circles

Name: ____________________

Game 10 wins

1	2	3	4	5	6	7	8	9	10
◯	◯	◯	◯	◯	◯	◯	◯	◯	◯

What did you find out? How can you win?

Write it down and draw.

10 wins – rules of the game

1. You need a partner.

2. Everybody needs a worksheet and 7 chips.

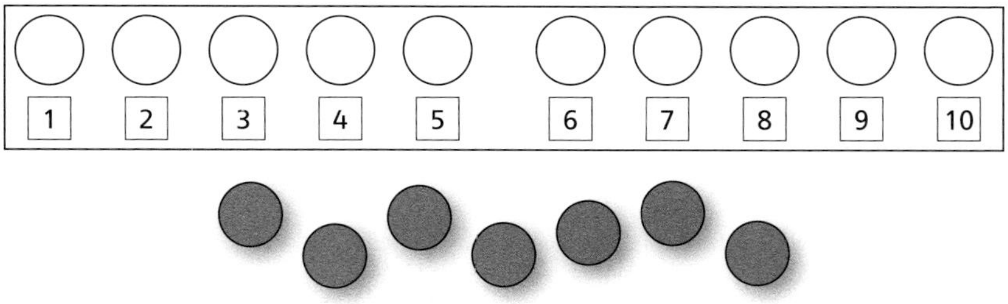

3. You either place 1 chip or 2 chips.

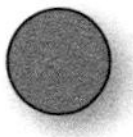 or 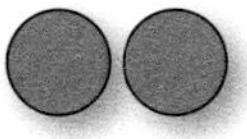

4. The one who hits the 10 is the winner.

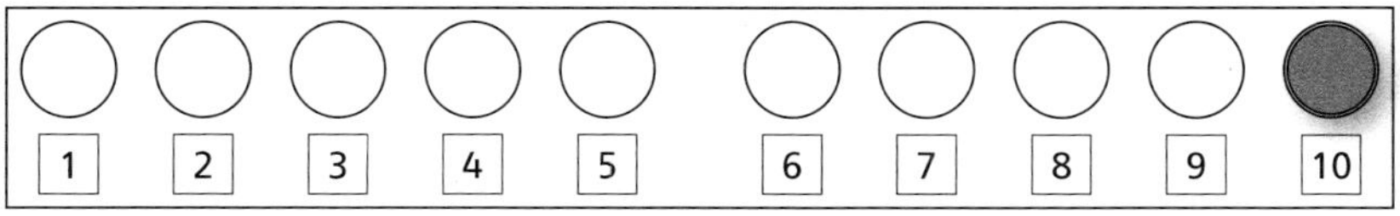

Name: ____________________

Worksheet 10 wins

1	2	3	4	5	6	7	8	9	10

What did you find out? How can you win?

Write it down and draw.

12 wins – rules of the game

1. You need a partner.

2. Everybody needs a worksheet and 7 chips.

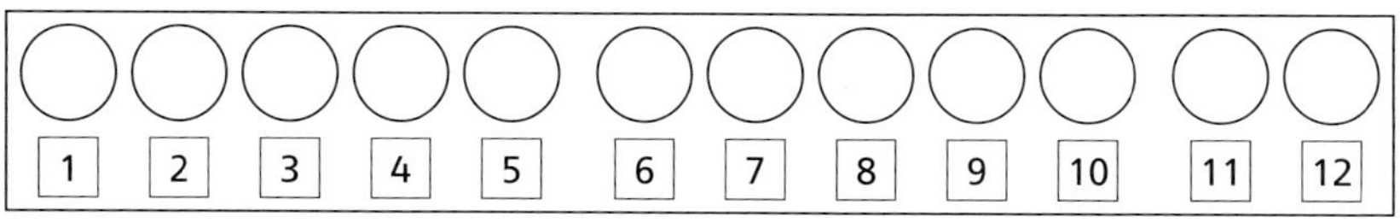

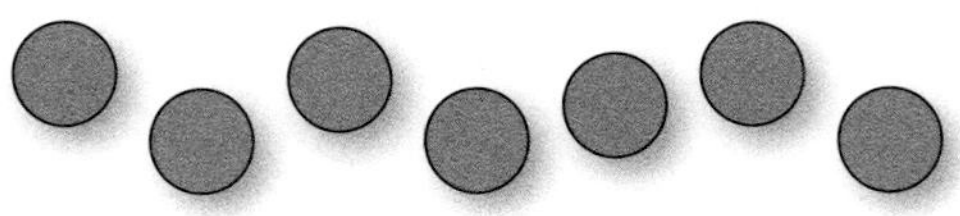

3. You either place 1 chip or 2 chips.

 or 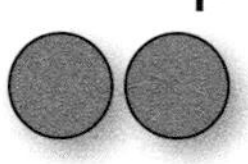

4. The one who hits the 12 is the winner.

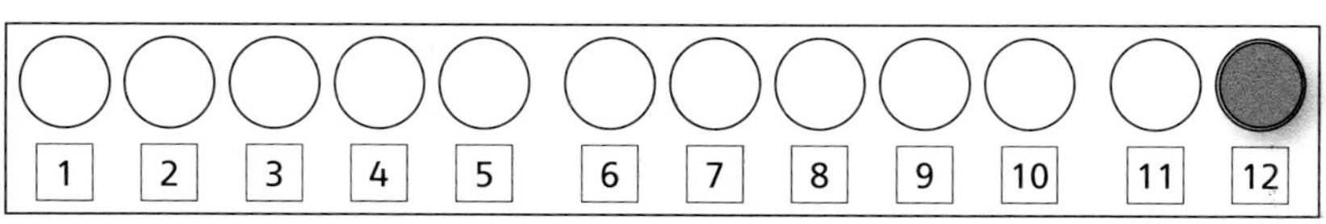

Name: ____________________

Worksheet 12 wins

1	2	3	4	5	6	7	8	9	10	11	12

What did you find out? How can you win?

Write it down and draw.

Die Autorinnen und Autoren

Kathrin Auer, Studentin für das Lehramt an Realschulen an der Pädagogischen Hochschule Weingarten, vertiefend widmet sie sich in ihrem Studium dem Einsatz von CLIL im Unterricht.

Bianca Baier studierte die Fächer Geographie, Englisch und Deutsch für das Lehramt an Grund- und Hauptschulen an der Pädagogischen Hochschule Weingarten. Während ihres Studiums besuchte sie auf CLIL bezogene Seminare und Tagespraktika.

Viktoria Bee studierte Mathematik, Englisch und Deutsch für das Lehramt an Grund- und Hauptschulen an der Pädagogischen Hochschule Weingarten. Während ihres Studiums sammelte sie erste Unterrichtserfahrungen in einem CLIL-Tagespraktikum und vertiefte ihr Wissen in entsprechenden Begleitseminaren.

Dr. Petra Burmeister ist Professorin für „Lehren und Lernen im Fach Englisch" an der Pädagogischen Hochschule Weingarten. Ihre Forschungsschwerpunkte sind Spracherwerb und Immersion in Kindergarten und Schule.

Lena Dahlin, Studentin für das Lehramt an Grund- und Hauptschulen an der Pädagogischen Hochschule in Weingarten, vertiefend widmet sie sich in ihrem Studium dem Einsatz von CLIL im Unterricht.

Maxine Deichfuß studiert an der Pädagogischen Hochschule in Weingarten Grundschullehramt mit den Fächern Englisch, Mathematik und Biologie. Interessanten Ansätzen für den CLIL-Unterricht begegnete sie während ihrer Aufenthalte in den USA, Kanada und Australien sowie in einem CLIL-Tagespraktikum während ihres Studiums.

Dr. Michael Ewig ist Professor für Naturwissenschaftliches Lernen, Schwerpunkt Biologie, an der Pädagogischen Hochschule Weingarten. Er befasst sich seit 2003 mit dem Phänomen des „Bilingualen Biologieunterrichts". Seine Forschung in diesem Bereich konzentriert sich auf das Angebot an Unterrichtsmaterialien sowie Fragen der Leistungsbeurteilung.

Dr. Julia Festman, German and French Linguistics/Literature at University of Bamberg and Humboldt (Berlin), and English Linguistics at Bar Ilan (Israel). Principle Investigator (DFG) at University of Magdeburg on bilinguals' control of language and cognition.

Kerstin Hager ist Referendarin für Englisch und Mathematik. Sie war an der Pädagogischen Hochschule Weingarten als wissenschaftliche Mitarbeiterin tätig. Im Rahmen ihres Promotionsaufbaustudiums führte sie eine Untersuchung zum bilingualen Mathematikunterricht in der Grundschule durch.

Gertrud Heine ist Grund- und Hauptschullehrerin für die Fächer Englisch und Musik und Ausbildungslehrerin der PH Weingarten. Von 2007–2009 war sie Kooperationslehrerin im Forschungsprojekt „ProCLIL". Außerdem war sie am Comenius-Projekt „Steps towards CLIL – from Primary to Secondary School" (2008–2010) beteiligt.

Sophie Ioannou-Georgiou has worked as a teacher trainer for a number of years. She is based in Cyprus where she is now an Inspector for primary English. She was the coordinator of a CLIL pilot programme which ran in Cyprus within the framework of the ProCLIL project and included 10 primary schools and 10 preprimary schools.

Dr. Kristin Kersten studierte Anglistik und Biologie und war als wissenschaftliche Mitarbeiterin an den Universitäten Kiel, Köln und Magdeburg tätig. Sie promovierte mit einer Arbeit zu Verbflexionen im Zweitspracherwerb in einer immersiven Grundschule. Zurzeit leitet sie ein internationales EU-Comenius-Projekt zur Evaluation bilingualer Kindergärten in Europa.

Richard Kiely is Head of the Centre for International Language Teacher Education (CILTE) at University College Plymouth Marjon. He participated in the ProCLIL project and evaluated its outcomes. His research interests include language teacher education, language programme evaluation and language socialization and identity.

Tobias Kindl studiert an der Pädagogischen Hochschule in Weingarten Grundschullehramt mit den Fächern Englisch, Sport und Deutsch. Vertiefend widmet er sich in seinem Studium dem Einsatz von CLIL im Unterricht.

Veronika Lanz, M. A., ist Lehrerin an der Eugen-Bolz-Grundschule Brochenzell. Sie qualifizierte sich durch das Studium des Europalehramts im Bereich „europaorientiertes bilinguales Lehren und Lernen" und unterrichtet CLIL in verschiedenen Sachfächern. Von 2007–2009 war sie Kooperationslehrerin im Forschungsprojekt „Pro-CLIL".

Dr. Ute Massler ist Professorin für „Lehren und Lernen im Fach Englisch" an der Pädagogischen Hochschule Weingarten. Sie leitete das deutsche ProCLIL-Projekt von 2006 – 2009. Ihre Forschung in diesem Bereich konzentriert sich auf Implementierung, Unterrichtsmaterialien sowie Fragen der Leistungsbeurteilung.

Georgia Müller studierte die Fächer Geographie, Englisch und Deutsch für das Lehramt an Grund- und Hauptschulen an der Pädagogischen Hochschule Weingarten. Während ihres Studiums besuchte sie auf CLIL bezogene Seminare und Tagespraktika.

Dr. Andreas Rohde ist seit 2004 Professor für Sprachwissenschaft und Sprachdidaktik an der Universität zu Köln. Zurzeit arbeitet er in einem internationalen EU-Comenius-Projekt zur Evaluation bilingualer Kindergärten in Europa.

Claudia Steiert, M. A., studierte in Freiburg die Fächer Englisch, Deutsch und Sachunterricht für das Europalehramt an Grund- und Hauptschulen. Nach dem Examen war sie als wissenschaftliche Mitarbeiterin im ProCLIL-Projekt tätig. Derzeit absolviert sie ihr Referendariat.

Dr. Daniel Stotz ist Professor für Fremdsprachendidaktik an der Pädagogischen Hochschule Zürich und in der Lehrmittelentwicklung tätig. Er hat CLIL-Projekte in der Schweiz erforscht und war Partner in einem europäischen Projekt zur Kontinuität im Sprachenlernen.

Mirijam Schnaitter studiert die Fächer Englisch und Deutsch für das Sonderschullehramt an der Pädagogischen Hochschule Reutlingen. Während ihres Grundstudiums an der PH Weingarten besuchte sie auf CLIL bezogene Seminare und Tagespraktika.

Caroline Tamm ist Klassenlehrerin der ersten bilingualen Klasse der Grundschule an der Hügelstraße in Tübingen sowie Lehrbeauftragte für das Fach Englisch am staatlichen Seminar für Didaktik und Lehrerbildung in Nürtingen. Sie studierte im Rahmen des Europalehramtes die Fächer Deutsch, Englisch und Sport an der PH Freiburg.

Quellenverzeichnis

Bilder

Umschlagbild: Ute Massler, Freiburg: CLIL Science lesson, Topic: Insects, grade three – *S. 69* Ute Massler, Freiburg: CLIL Science lesson, Topic: Types of rain, grade three – *S. 71 links* Ute Massler, Freiburg: CLIL Science lesson, Topic: Moon, grade four – *S. 71 rechts* Ute Massler, Freiburg: CLIL Science lesson, Topic: Moon, grade four – *S. 79* aus: first season, The seasons, Topic Book, S. 3, Lehrmittelverlag des Kantons Zürich – *S. 81 oben* aus: first season, The seasons, Topic Book, S. 17, Lehrmittelverlag des Kantons Zürich – *S. 81 unten* aus: first season, The seasons, Activity Book, S. 16, Lehrmittelverlag des Kantons Zürich – *S. 109 The 4 Cs:* aus Coyle 2008 – *S. 135* Ute Massler, Freiburg, Ina Willauer-Bohle, Vogt: CLIL Science lesson, Topic: Weather, grade two – *S. 136* aus: Natural Science (adaptiert), 3, S. 36, CLIL Science lesson, Topic: Vegetables, grade one/ two and three, Ina Willauer-Bohle, Vogt – *S. 138 links* Ina Willauer-Bohle, Vogt: CLIL Science lesson, Topic: Ducks, grade three – *S. 138 rechts* Ina Willauer-Bohle, Vogt: CLIL Science lesson, Topic: Ducks, grade three – *S. 159* akg-images, Berlin – *S. 178* Ute Massler, Freiburg: CLIL Science lesson, Topic: Ducks, grade three – *S. 213* Bildungshaus Schulbuchverlage Westermann Schroedel Diesterweg Schöningh Winklers GmbH, Tegra, Braunschweig

Texte (Excerpts)

S. 64 CLIL Geography lesson, grade 5, age 10, Topic: Germany, Christina Pitta-Louka, Cyprus (2008/2009) – *S. 65* CLIL Geography lesson, grade 6, age 11, Topic: Canada, Nicoletta Vassiliou, Cyprus (2008/2009) – *S. 67* CLIL Geography lesson, grade 5, age 10, Topic: Germany, Christina Pitta-Louka, Cyprus (2008/2009) – *S. 70* 'Fire experiments' CLIL science lesson, grade three, age 9, Topic: Fire, Vanessa Winkler, Martina Dittberner, Weingarten, Germany (2009/2010) – *S. 73* CLIL Science lesson, grade two, age 7, Topic: Wild animals versus domestic animals, Cyprus (2009/2010)